创刊号

国际儒学研究通讯

主　编　滕文生
执行主编　张西平　任大援　田辰山

三联书店

Copyright © 2015 by SDX Joint Publishing Company.
All Rights Reserved.
本作品版权由生活·读书·新知三联书店所有。
未经许可,不得翻印。

图书在版编目(CIP)数据

国际儒学研究通讯:创刊号/滕文生主编. —北京:生活·读书·新知三联书店,2015.12
ISBN 978-7-108-05464-7

Ⅰ.①国⋯ Ⅱ.①滕⋯ Ⅲ.①儒学-文集 Ⅳ.B222.05-53

中国版本图书馆CIP数据核字(2015)第194398号

责任编辑	朱利国 胡群英
装帧设计	薛 宇
责任印制	宋 家
出版发行	生活·讀書·新知 三联书店
	(北京市东城区美术馆东街22号 100010)
网 址	www.sdxjpc.com
经 销	新华书店
印 刷	北京市松源印刷有限公司
版 次	2015年12月北京第1版
	2015年12月北京第1次印刷
开 本	635毫米×965毫米 1/16 印张16
字 数	140千字
印 数	0,001-3,000册
定 价	42.00元

(印装查询:01064002715;邮购查询:01084010542)

《国际儒学研究通讯》编辑委员会

学术顾问：张立文　牟钟鉴　安乐哲（Roger T. Ames）　成中英
主　　编：滕文生
执行主编：张西平　任大援　田辰山
通 讯 员：［埃及］阿齐兹（Abdel Aziz Hamdi）［芬兰］Anja Lahtinen ［比利时］巴德胜（Bart Dessein）［泰国］巴萍（Prapin Manomaiviboo1）［蒙古］巴雅萨呼（Bayasakh Jamsran）［澳大利亚］戴理奥（Rosita Dellios）［印度］狄伯杰（B. R. Deepak）［德国］杜仑　［葡萄牙］高埃丽（Elisabetta Colla）［美国］顾林玉　［俄罗斯］黄立良　［土耳其］吉来（Giray Fidan）［斯洛文尼亚］罗亚娜（Jana S. Rošker）［土耳其］欧凯（Bülent Okay）［日本］秦兆雄　［越南］阮俊强（Nguyen Tuan Cuong）［意大利］史华罗（Paolo Santangelo）［法国］王论跃（WANG Frédéric）［美国］魏雅博（Albert Welter）［瑞士］韦宁（Ralph Weber）［澳大利亚］伍晓明　［加拿大］张志业　［马来西亚］郑文泉（Tee Boon Chuan）

（排名不分先后，以音序排列）

编 辑 部：杨慧玲　韩振华　张明明　罗莹　孙健

本期供稿通讯员名录

戴理奥（Rosita Dellios）　　　　澳大利亚邦德大学
杜　仑　　　　　　　　　　　　德国杜伊斯堡·埃森大学
罗亚娜（Jana S. Rošker）　　　　斯洛文尼亚卢布尔雅那大学
郑文泉（Tee Boon Chuan）　　　 马来西亚拉曼大学

目录

创刊词 1

纪念孔子诞辰2565周年国际学术研讨会
暨国际儒学联合会第五届会员大会专栏

广结群力促发展　继往开来谱新篇——"纪念孔子诞辰2565周年国际学术研讨会暨国际儒学联合会第五届会员大会"全程报道
杨雪翠 / 5

"纪念孔子诞辰2565周年国际学术研讨会"学术综述
李存山 / 14

学术研究

当代世界的中西哲学对话
［斯洛伐克］马利安·高利克撰　吴礼敬译 / 41

东南亚朱子学的三个历史形态
［马来西亚］郑文泉 / 57

17世纪来华耶稣会士对儒家"仁"的译介——以《中国哲学家孔子·中庸》为例
罗莹 / 71

典籍译介

马礼逊第一本《大学》英译翻译初探
张西平 / 85

韩国《史记》、《汉书》翻译现状的概括与评价
  [韩] 诸海星 / 95

国际儒学研究概览

2014年德国儒学研究活动报告
  杜仑 / 115
澳大利亚中国学及儒学研究概览
  [澳] 戴理奥撰 伍昕瑶译 / 125

会议综述

儒学国际化，唱响人类共赢价值！——首届"世界儒学文化研究联合会"会议综合述评
  田辰山 / 137
中德哲学中的哲学方法——"2014中德哲学对话"国际学术研讨会综述
  温海明 / 146

学术动态

儒学复兴与中国现代化的理论基础
  [斯洛文尼亚] 罗亚娜撰 史凯译 / 157
"远东文学法文译版数据库"项目介绍
  Pierre Kaser / 179

组织机构介绍

世界朱氏联合会与中国传统文化的国际传播
  朱杰人 / 189

中国传统文化研究年度进展目录

亚洲研究书目（BAS）数据库儒学相关英语论文目录（2013年）
于浩 / 203
亚洲研究书目（BAS）数据库儒学相关英语论文目录（2012年）
郭玉红 / 218

《国际儒学研究通讯》创刊征稿启事 / 237
《国际儒学研究通讯》撰稿体例 / 239
Select Abstract / 243

Contents

Forward

The International Conference in Commemorating 2565th Anniversary of Confucius & the 5th Congress of the International Confucian Association

A Full Report on the International Conference in Commemorating 2565th Anniversary of Confucius & the 5th Congress of the International Confucian Association *Yang Xuecui*

An Academic Review of the International Conference in Commemorating 2565th Anniversary of Confucius *Li Cunshan*

Academic Research

On Interphilosophical Sino-Western Dialogue in the Contemporary World
  Marián Gálik Trans. Wu Lijing

Three Epochs of Chu Hsi Studies in SEA *Tee Boon Chuan*

The Jesuit Translation of the Confucian Concept Ren in the 17th Century
— With Examples From the Latin Translation of *Zhongyong* in Confucius Sinarum Philosophus *Luo Ying*

The Overseas Translation of Chinese Classics

Robert Morrison and His Translation of *Daxue* *Zhang Xiping*

A Summary and Comment of the Current Situation of Translation on *Shi-ji* and *Han-shu* in Korea *Je Hae-sung*

Overview of Overseas Confucian Studies

Overview of Confucian Studies in Germany in 2014 *Du Lun*

Overview of Chinese/Confucian Studies in Australia *Rosita Dellios Trans. Wu Xinyao*

Conference Report

    Confucian Values in a Changing World Cultural Order   *Tian Chenshan*

    Philosophical Method in Chinese and German Philosophy: Review of the International Conference "Dialogue between Chinese and German Philosophy"   *Wen Haiming*

Research Project

    A Confucian Research Project in Slovenia: The Confucian Revival and the Theoretical Foundations of Chinese Modernization   *Jana Rošker Trans. Shi Kai*

    Introduction of the Project ITLEO   *Pierre Kaser*

Organizations

    The World Federation of Zhu's Association and the International Spread of Traditional Chinese Culture   *Zhu Jieren*

Annual Bibliography of Traditional Chinese Culture Studies

    Bibliography of Traditional Chinese Culture Studies from BAS Database (2013)   *Yu Hao*

    Bibliography of Traditional Chinese Culture Studies from BAS Database (2012)   *Guo Yuhong*

创刊词

中华文明历数千载之演进，形成了以儒家思想为主导、其他思想流派百家争鸣的多向多元发展的文化大观，其中的核心内容，早已内化为中华民族最基本的文化基因。中国传统文化，特别是以儒家为核心的思想文化，代表着中华民族的精神世界，是中华民族生生不息、发展壮大的重要滋养。

以儒学为核心的中国传统文化本是中国的学问，但也早已走向世界，为人类文明的进步做出了重大贡献。中国的语言文字、法律制度、宗教思想在东亚各国之间的交流与互鉴，渐次构建了一个具有共同文化基础的东亚文化圈。17—18世纪以儒家为核心的中国思想文化曾对欧洲产生了重要的影响，为欧洲启蒙运动注入了新的活力，包括莱布尼茨、伏尔泰、魁奈等在内的著名思想家，都用孔子的思想推动他们的主张，儒家思想成为欧洲近代思想之源。

当今世界，在物质极大丰富的同时，也面临着诸多方面的挑战，如文明之间的摩擦和冲突日益加剧、个人主义恶性膨胀、人与自然关系紧张等等。"世界上一些有识之士认为，包括儒家思想在内的中国优秀传统文化中蕴藏着解决当代人类面临的难题的重要启示，比如，关于道法自然、天人合一的思想，关于天下为公、大同世界的思想，关于自强不息、厚德载物的思想，关于以民为本、安民富民乐民的思想，关于为政以德、政者正也的思想，关于苟日新日日新又日新、革故鼎新、与时俱进的思想，关于脚踏实地、实事求是的思想，关于经世致用、知行合一、躬行实践的思想，关于集思广益、博施众利、群策群力的思想，关于仁者爱人、以德立人的思想,关于以诚待人、讲信修睦的思想,关于清廉从政、勤勉奉公的思想,关于俭约自守、力戒奢华的思想,关于中和、泰和、求同存异、和而不同、和谐相处的思想,关于安不忘危、存不忘亡、治不忘乱、居安思危的思想,等等。中国优秀传统文化的丰富哲学思想、人文精神、教化思想、道德理念等,可以为人们认识和改造世界提供有益启迪。"

"文明因交流而多彩,文明因互鉴而丰富。文明交流互鉴,是推动人类文明进步和世界和平发展的重要动力。"为推动儒学为核心的中华传统文化在世界各国的传播,交流在世界文化的范围儒学研究的经验,共享文化交流的成果,《国际儒学研究通讯》应运而生,她将成为世界各国学者研究中国传统文化的平台、儒学研究的信息汇集中心,她愿致力于联合来自不同文化背景的学者,在世界范围内探寻以儒家思想为主导的中国传统文化的价值与意义,推动文明之间的交流与互鉴,成为世界各国从事以儒学为代表的中国历史文化研究的学者的共同园地。

纪念孔子诞辰2565周年国际学术研讨会
暨国际儒学联合会第五届会员大会专栏

广结群力促发展　继往开来谱新篇
——"纪念孔子诞辰2565周年国际学术研讨会暨国际儒学联合会第五届会员大会"全程报道

杨雪翠

儒学文化是中国传统文化的主干，也是世界文化的一个重要源流和组成部分。两千多年来，它不仅对中国的历史发展影响深远，对东亚、东南亚以及欧洲和世界其他地区的历史发展也都产生过重要影响。当今世界，和平与发展已成为时代的主题，但仍远未解决。各国各地区在经济与社会、物质文明与精神文明的发展过程中，遇到种种难题和挑战。越来越多的学术界、科学界的专家学者以及政界的一些有识之士，纷纷发表看法，认为从儒学文化中可以找到解决这些难题、战胜这些挑战的智慧、启示和借鉴。

在此形势下，由国际儒学联合会、联合国教科文组织、中国孔子基金会联合主办，中国人民外交学会、北京外国语大学中国海外汉学研究中心协办的"纪念孔子诞辰2565周年国际学术研讨会暨国际儒学联合会第五届会员大会"于2014年9月24日至28日在北京和曲阜两地召开。来自中国（含香港、澳门、台湾地区）、美国、英国、法国、德国、加拿大、俄罗斯、比利时、意大利、瑞士、挪威、捷克、爱尔兰、匈牙利、白俄罗斯、芬兰、丹麦、荷兰、罗马尼亚、塞尔维亚、葡萄牙、冰岛、土耳其、澳大利亚、新西兰、伊朗、以色列、韩国、日本、越南、泰国、印度尼西亚、马来西亚、新加坡、印度、巴基斯坦、缅甸、蒙古、埃及、南非、哥伦比亚、阿根廷、坦桑尼亚、巴林、斯洛文尼亚、厄瓜多尔等国家和地区的国际儒学联合会会员、理事,国际儒学相关学术文化团体,国际友人及中国各界代表七百多人参加了会议。本次会议的主题是"儒学:世界和平与发展"。

9月24日上午,大会在人民大会堂金色大厅隆重开幕,国际儒学联合会会长叶选平先生主持了开幕式并发表了致辞。在致辞中,他简要总结了国际儒学联合会二十年来所致力开展的工作:一是推进儒学文化的研究、交流、传播与应用;二是扩大从事儒学文化事业的队伍与力量;三是致力于促进不同文化与文明的对话、交流与互学互鉴。使与会学者倍感兴奋和鼓舞的是,中国国家主席习近平莅临开幕式现场,发表了近五十分钟的重要讲话。他对这次大会的主题"儒学:世界和平与发展"给予了赞许,认为这是一个很有现实意义的题目。在讲话中,他首先肯定了儒学为中华文明和人类文明进步所做出的贡献,认为儒学是在与中国历史上的其他学说相互竞争和相互借鉴中不断发展更新的,具有经世致用和社会教化的功能,可以为人们认识和改造世界、治国理政、道德建设提供有益启迪。他强调,不忘历史才能开辟未来,善于继承才能善于创新。世界是在人类各种文明交流交融中发展起来的。推进人类各种文明交流交融、互学互鉴,是让世界变得更加美丽、各国人民生活得更加美好的必由之路。并由此提出正确对待不同国家和民族的文明,正确对待传统文化和现实文化的四项原则:一是维护世界文明多样性;二是尊重各国各民族文明;三是正确进行文明学习借鉴;四是科学对待文化传统。中国共产党和国家的最高领导人亲自出席纪念孔子诞辰的大会并发表重要讲话,这在新中国的历史上还是第一次。习主席的讲话意旨精深,内涵丰富,为发展儒学文化、致力于促进世界和平与共同发展指明了方向;为进一步发掘好和应用好儒学文化中的思想精华指明了途径;对把握好传统文化与现实文化相结合、继承与创新相结合的辩证统一关系，都有重要指导意义。开幕式前，习近平会见了出席开幕式的部分外宾和国际儒学联合会负责人。王沪宁、刘延东、栗战书、杨洁篪等出席了上述活动。

开幕式上，秘鲁前总统阿兰·加西亚·佩雷斯、坦桑尼亚前总统本杰明·威廉姆·姆卡帕先后致辞，表示孔子和儒学不仅是中国的，也是世界的。孔子和儒学不仅对中国历史发展产生了巨大作用和重要影响，而且对世界历史发展和人类文明进步也产生了积极作用和深远影响；儒家思想和儒学文化不仅在历史上产生过积极作用，对于解决当今世界共同面临的许多问题和难题，仍能提供智慧、启示、借鉴。罗马尼亚前总统扬·伊利埃斯库为大会发来贺信，他认为现在的世界充满着冲突和矛盾，儒家的和谐价值观对于处理当前的世界难题是非常有益的。俄罗斯汉学家齐赫文斯基也向大会发来贺信，他祝愿与会者进一步研究和宣传孔子的思想，并预祝大会圆满成功！

韩国的徐正燉教授、中国的张岂之教授、美国的安乐哲教授、俄罗斯的季塔连科院士、德国的施寒微教授分别作了学术演讲，题目依次是《东亚儒学的"和平"思想》、《儒学与中华历史及世界》、《第二次启蒙：世界文化秩序变革中的儒学》、《两个文明千年的天才对话》、《儒学与人文主义：文化冲突中全球人文主义的可能性》。

为配合此次大会，9月24日下午，国际儒学联合会与人民画报社合作主办的"全国百位书画家作品展"在中国职工之家酒店开幕。此次展览得到了中国大陆、台湾和澳门地区百位著名书画家的大力响应。这次书画展览作品的主题和表现内容全部是儒学文化的经典文句、经典故事，创作风格也充分体现了中国文人画、文人字的优良传统，体现了正大清新、典雅温润的书卷气和学人气。

9月25日上午，国际儒学联合会第五届会员大会和理事大会顺利举行。会员大会由叶选平会长主持，滕文生副会长作第四届执行机构工作报告。报告指出，五年来，执行机构围绕"增强儒联国际性"的要求，在提高儒学学术研究质量，推进儒学的普及和应用，拓展儒学传播交流的力度和空间，推动儒学教育及其师资培训工作，加强执行机构建设等方面，取得了新的成绩。儒联先后在韩国、德国、俄罗斯、马来西亚等国举办不同专题的国际儒学学术会议，推动儒学文化在国际社会的研究和交流工作开创了新生面。与儒学研究并重的普及工作方面，在坚持每年召开一次专题研讨儒学普及工作座谈会的基础上，积极探索开展形式多样的普及活动，使儒学普及工作上了一个新台阶。在当前文化交流日益加强的形势下，国际儒学联合会与中国国家图书馆合作举办"儒学知识系列讲座"，与多家出版社合作精心组织儒学读物的出版发行工作，与国内外儒学有关组织和单位加强往来与交流，拓展了儒学传播交流的力度与空间。推动师资培训是国际儒学联合会的一项重要工作，五年来国际儒学联合会继续与中国政法大学、四川大学合作培养儒学教育、研究人才，并于2012年9月以学术指导单位的名义，支持中国国家教育行政学院创立"国学教育研究中心"，国际儒学联合会在开展儒学教育、师资培训等方面探索出了一条新途径。五年来，国际儒学联合会不断加强执行机构内部建设，岗位职责进一步明确，服务意识进一步增强，各项规章制度不断健全，在秘书处和执行机构全体人员的共同努力下，2010年荣获中国文化部和山东省人民政府颁发的"孔子文化奖"团体奖，2012年又荣获中国文化部颁发的"文化部先进社会组织奖"。

  牛喜平秘书长作了财务工作报告。报告指出：在叶选平会长的领导下，国际儒学联合会的财务工作取得了新的成绩。五年来，社会捐赠资金快速增加，中国政府财政支持力度加大，利息收入逐年增加，为国际儒学联合会支持儒学研究与普及工作提供了坚实的后盾。国际儒学联合会根据资金捐赠者意愿，定向支持儒学研究、教育和出版工作，取得了比较良好的社会效益。韩国的金圣基副秘书长作《国际儒学联合会章程》修改报告。新修改的章程适应了工作发展的新形势，符合中国民政部《社会团体章程示范文本》的要求，为进一步提高学会履行职责、服务社会的能力提供了制度上的保障。

与会学者肯定了国际儒学联合会五年来在各方面所作出的努力和取得的成绩，为国际儒学联合会经济实力的增强感到高兴。会议审议通过了国际儒学联合会第四届执行机构工作报告、财务报告和《国际儒学联合会章程》修改报告，并按照章程选举产生了新一届会长、副会长、理事、荣誉会长。滕文生先生当选为国际儒学联合会第五届会长。全国政协原副主席、国际儒学联合会会长叶选平先生由于年事已高，不再担任会长，被大会推举为荣誉会长。被推举为荣誉会长的还有戴秉国、陈奎元、杨波。土田健次郎（日本）、卢基扬诺夫（俄罗斯）、安乐哲（美国）、牟钟鉴、李瑞智（澳大利亚）、张西平、张学智、赵毅武、施寒微（德国）、梁承武（韩国）、董金裕（中国台湾）、程艾兰（法国）为副会长。选举理事三百多名。新一届理事中，国际代表有了大幅度增加，由上届的21个国家和地区增加到约五十个国家和地区。滕文生会长在就职致辞中，对为国际儒学联合会付出巨大心血和做出杰出贡献的叶选平会长、杨波副会长，表示了诚挚的感谢和崇高的敬意；对关心和支持国际儒学联合会工作、儒学事业发展的理事和顾问表达了衷心感谢与良好的祝愿。滕会长表示要坚定不移地将前任领导人创下的功业、财富及其高风亮节传承下去，不断地发扬光大，并愿同大家一道，努力做到"广纳群言、广集群智、广结群力"，共同把国际儒学联合会的工作推向一个新的阶段。

接着，国际儒学联合会召开了第五届理事大会，大会一致通过了第五届理事长、副理事长安排方案；推选俄罗斯科学院远东所季塔连科院士为国际儒学联合会第五届理事长，推选王大千、卢德之、朱汉民、阮金山（越南）、苏树辉（中国香港）、李文亮、李焯然（新加坡）、杨朝明、吾妻重二（日本）、吴锡源（韩国）、希尔（印度）、陈来、陈启生（马来西亚）、凌孜、黄金泉（印度尼西亚）、蒋星恒、魏雅博（加拿大）为副理事长，推选李光耀（新加坡）、唐裕（新加坡）、徐正燉（韩国）、齐赫文斯基（俄罗斯）、饶宗颐（中国香港）为荣誉理事长；推选荣誉顾问44名，顾问114名。

为了感谢上一届领导人对国际儒学联合会所做出的贡献，大会还特意为退位让贤的第四届会长、副会长、副理事长颁发了纪念品。此外，为了加强与国外专家和学者的联系，及时反映世界各国儒学及中国传统文化研究的学术进展，沟通学术信息，推动学术交流，国际儒学联合会决定聘请意大利史华罗等20位学者担任国际儒学信息通讯员，并在大会上为其颁发了证书。

9月25日下午至26日，纪念孔子诞辰2565周年国际学术研讨会如期举行。

在研讨会上，美国著名学者杜维明、日本学者铃木规夫、中央民族大学教授牟钟鉴、芬兰外交官高玉麒、斯洛文尼亚汉学家罗亚娜、中国人民大学教授张立文、中国台湾学者董金裕、清华大学教授陈来等作了主题发言，发言的题目依次是《精神人文主义——21世纪的儒学》、《构想"儒学与伊斯兰教结合"》、《学习儒家协调智慧，树立当代新型国际观》、《儒学能为全球和平对话提供什么》、《道德自我的再生——儒学价值对于当代世界的重要性》、《集权与分权》、《尊孔·敬师·传承中华文化》、《道德的生态观》。

大会主题发言之后，按照提交会议论文的主题，与会学者被分成七个小组就儒学与当代经济和社会发展、儒学与不同文明对话、儒学与教育、儒学与生态、德治与法治、儒家思想在世界各国的传播等议题进行了广泛而深入的研讨。

此次会议共收到论文二百一十多篇，中文论文约一百七十篇，英文论文约四十五篇，是历届大会提交论文数量最多的一次，充分展现了儒学研究在中国乃至世界各个国家和地区的丰硕新成果。就论文内容而言，中外学者围绕大会主题，从各自的视角出发，论述了儒学思想对于当代政治、经济、文化、外交、教育、生态等领域的借鉴意义，充分展现了儒学思想的博大精深和惠及当下、泽及深远的现实价值。

9月25日晚上，宴会大厅群贤毕至，高朋满座，大家欢聚一堂庆祝国际儒学联合会成立二十周年。滕文生会长向出席晚宴的来宾致欢迎辞。滕会长首先向国际儒学联合会历届领导人、中国政府有关部门的代表和远道而来的世界各地的朋友和所有来宾，表示热忱欢迎，向二十年来支持儒学事业发展的儒联理事、会员，广大儒学研究者、工作者及各界人士和兄弟单位表示衷心的感谢，向为创立国际儒学联合会做出历史性贡献的已故的邓颖超主席、首任会长谷牧先生表示深切怀念，向为创立国际儒学联合会做出历史性贡献的学术团体和专家学者致以崇高敬意。他指出，在国际儒学联合会历届领导人的正确领导和辛勤培育下，经过二十年的辛勤耕耘，当前儒学事业的发展呈现出蓬勃生机。儒学曾对世界文明的进步做出了贡献。作为中国和世界文化的一个宝库，其所蕴含的思想精华及其价值与作用，既是历史的，也是现实的。应该相信，通过当代人们的创造性转化和创新性发展，儒学是完全可以为当今社会的发展和进步服务的，也是可以谱写出造福人类的新功业新篇章来的。最后，他呼吁在座的和所有支持与致力于儒学文化事业的人们携起手来，为这一事业的发展做出更多的贡献。出席宴会并发表讲话的还有国际儒学联合会原理事长唐裕先生（新加坡）、原副会长成中英先生（美国）、梁承武先生（韩国）、李瑞智先生（澳大利亚）、中国国务院参事室国学中心副主任李文亮，中国孔子基金会理事长王大千等。

9月26日下午，国际儒学联合会第五届执行委员会第一次会议召开。会议由滕文生会长主持，副会长、理事长、副理事长等出席会议。会议审议通过了《关于国际儒学联合会第五届常设机构的设置与工作职责》和《关于国际儒学联合会的儒学信息收集、交流及其管理使用办法》两个专题文件，讨论了《关于国际儒学联合会今后五年的工作计划纲要》，并在这个文件基础上重点讨论国际儒学联合会加快国际化步伐、国际儒学联合会学术研究和宣传传播并重、国际儒学联合会基金募集和使用、国际儒学联合会开辟拓展工作新方向等几个专项问题。

9月27日上午，北京议程闭幕式在中国职工之家酒店举行，会议由国际儒学联合会副会长赵毅武先生主持。来自世界五大洲50个国家和地区的三百多位专家学者，以分组汇报的形式，结合习近平主席在纪念孔子诞辰2565周年国际学术研讨会暨国际儒学联合会第五届会员大会开幕式上的讲话，围绕"儒学：世界和平与发展"的主题以及"儒学与当代经济和社会发展"、"儒学与当代文化的发展和不同文明对话"、"儒学与世界和地区和平"等小组子题，对这次国际学术会议的讨论情况作了精彩的概述和总结。代表七个小组作总结发言的人分别为：中国社科院李存山教授、南开大学乔清举教授、深圳大学景海峰教授、北京外国语大学张西平教授、四川大学舒大刚教授、中国政法大学单纯教授、韩国首尔大学郭沂教授。各组发言人汲取所在小组各位代表的论文精华，为与会学者呈现了一场思想的盛宴。

滕文生会长在闭幕式致辞中指出，这次会议具有里程碑式的意义。一是参加此次会议的人数数量之多前所未有；二是参加此次会议人员规格之高史无前例；三是媒体各界反响之大可谓空前。习近平主席的讲话，为国际儒学的研究、教育和传播、应用，指出了努力的方向，其意义和影响将是深远的。滕会长引用"可久之业益彰，可大之功尤著"这句中国古语，概括出对儒学未来发展的美好愿望。他说，儒学作为源远流长的历史文化伟业，作为世界文化园圃中的一朵永不凋谢的奇葩，其色彩与馨香必定是与日俱新和历久弥彰的；在传承和光大这一历史文化伟业，共同构建当代国际儒学的精神家园中，所有的儒学学者和儒学工作者不仅可以大有所为，而且必定会日积其功而迈远尤著的。最后，他代表国际儒学联合会再次感谢大家的光临，并向各位代表致以良好的祝愿。

9月27日下午，与会代表赴曲阜参加2014年祭孔大典和中国孔子基金会举办的相关活动。

9月28日上午，出席纪念孔子诞辰2565周年国际学术研讨会暨国际儒学联合会第五届会员大会的近二百位海外儒学界代表参加了在曲阜孔庙隆重举行的甲午年祭孔大典。祭孔大典之后，与会代表还出席了由中国孔子基金会主办的《论语》译介工程成果发布会。上述活动是按照大会议程的规定而举行的。国际儒学联合会会长滕文生,中国孔子基金会会长、山东省人大常委会原主任韩喜凯,山东省副省长季缃绮出席发布会并向与会的海外友好人士赠送了《论语》译介工程所出版的书籍。

9月28日下午,纪念孔子诞辰2565周年国际学术研讨会暨国际儒学联合会第五届会员大会圆满落下帷幕。

（杨雪翠,国际儒学联合会秘书处）

"纪念孔子诞辰2565周年国际学术研讨会"学术综述

李存山

2014年9月24日至28日，由国际儒学联合会、联合国教科文组织、中国孔子基金会联合主办的"纪念孔子诞辰2565周年国际学术研讨会暨国际儒学联合会第五届会员大会"在北京和曲阜两地召开。来自中国（含香港、澳门、台湾地区）、美国、英国、法国、德国、加拿大、俄罗斯、比利时、意大利、瑞士、挪威、捷克、爱尔兰、匈牙利、白俄罗斯、芬兰、丹麦、荷兰、罗马尼亚、塞尔维亚、葡萄牙、冰岛、土耳其、澳大利亚、新西兰、伊朗、以色列、韩国、日本、越南、泰国、印度尼西亚、马来西亚、新加坡、印度、巴基斯坦、缅甸、蒙古、埃及、南非、哥伦比亚、阿根廷、坦桑尼亚、巴林、斯洛文尼亚、厄瓜多尔等国家和地区的三百余名学者参加了本次研讨会。会议的主题是"儒学：世界和平与发展"，子题为"儒学与当代经济和社会发展"、"儒学与当代政治和国际关系"、"儒学与当代文化和不同文明的对话"、"儒学与当代学校教育和社会教育"、"德治与法治的辩证关系"、"儒学与生态环境保护"、"儒学与世界和地区和平"和"儒学在世界各地的研究、教育、应用情况"。大会共收到学术论文二百余篇，与会学者围绕会议的主题和子题进行了深入和热烈的讨论。

　　使与会学者倍感兴奋和鼓舞的是，在9月24日的大会开幕式上，中国国家主席习近平莅临人民大会堂的会议厅，发表了近五十分钟的重要讲话。中国共产党和国家的最高领导人亲自出席纪念孔子诞辰的大会并发表重要讲话，这在新中国的历史上还是第一次。习主席的讲话意旨精深，内涵丰富，对于纪念孔子、研究儒学和传统文化具有深远的理论指导意义，也为本次研讨会在高层次的水平上展开奠定了基调。

　　国际儒学联合会会长叶选平先生主持了开幕式并发表了致辞。韩国的徐正燉教授、中国的张岂之教授、美国的安乐哲教授、俄罗斯的季塔连科院士、德国的施寒微教授分别作了学术演讲，题目依次是《东亚儒学的"和平"思想》《儒学与中华历史及世界》《第二次启蒙：世界文化秩序变革中的儒学》《两个文明千年的天才对话》《儒学与人文主义：文化冲突中全球人文主义的可能性》。开幕式之后，在大会上作学术演讲的还有杜维明（美国）、铃木规夫（日本）、牟钟鉴（中国）、高玉麒（芬兰）、张立文（中国）、董金裕（中国台湾）、陈来（中国）、罗亚娜（斯洛文尼亚）等教授，题目依次是《精神人文主义——21世纪的儒学》《构想"儒学与伊斯兰教结合"》《学习儒家协调智慧，树立当代新型国际观》《儒学能为全球和平对话提供什么》《集权与分权》《尊孔·敬师·传承中华文化》《道德的生态观》《道德自我的再生——儒学价值对于当代世界的重要性》。

　　在大会演讲之后，与会学者分成七个小组就下述议题进行了广泛而深入的研讨。

　　第一小组的主题是"儒学与当代经济和社会发展"。在此讨论中，既有对儒家思想义理的深入阐发，也密切联系了当代经济和社会发展的一些现实问题，深切地感受到儒家思想文化在当代负有重大的现实使命。

关于对儒家思想义理的深入阐发，与会学者主要涉及的问题有儒家的仁爱思想、义利之辨的问题。如朱荣智、向世陵等学者深入阐发了儒家的仁爱思想、"博爱之谓仁"的深刻内涵。李翔海、李樑坚等学者对儒家的义利之辨、道义观进行了深入阐发。与此相关，还有多位学者就理欲之辨或"存天理，灭人欲"的问题进行了研讨，其中既有传统儒家理论的问题，也有在现代社会儒家思想如何进行理论调适的问题，以及如何看待"人欲"的问题。虽然学者们有不同的观点，但是在讨论中相互受到启发，加深了认识。另外，讨论中也涉及了其他的问题：儒家的社会伦理，如孝道观等问题；儒家的忠恕之道、中庸之道等问题；儒家的和谐社会理念、大同理想等问题；儒家的道统思想；儒家的礼乐思想、心性论、致良知教、生态伦理等。这些问题都与当代经济和社会发展有着密切的关系。

关于儒学与当代经济，与会学者突出地讨论了儒家道德与市场经济的关系问题。如宋志明教授在《从市场经济看儒学的现代转化》论文中指出，西方的启蒙运动高扬理性主义，反对权威主义，倡导自由、平等、博爱等现代观念，对于西方的现代化进程起到了推动作用。但是这一运动也有缺点，主要表现为对立性思维，把传统与现代、理性与信仰、个人与群体、工具理性与价值理性对立起来。这些损害了人文精神，造成了人格扭曲和异化，导致意义世界与精神世界的迷失，个人主义、消费主义的流行，使文化越来越商业化、世俗化乃至低俗化，造成了人的主体性的再度迷失。中国在现代化进程中遇到的问题，并不是开启现代性，而是批判地接纳现代性，避免价值世界的迷失。在这种情况下，可以把儒家的普适性发掘出来，使之与市场经济相适应，从而成为促进中国现代化的精神动力。

来自苏州工业园区的谢兵教授在《儒学对当代经济和社会发展的影响》论文中指出，中国的市场经济建立之初尚不成熟，有些人对白猫黑猫论作了错误的理解，不是追求勤劳致富，而是丧心病狂地牟取黑利，造成当今社会人文道德沦陷，没有诚信。一些化工厂不顾环境污染，到处排放污水；一些养殖户不顾道德和良心，使用瘦肉精、催熟剂；一些食品厂在食品中添加各种不符合标准的添加剂，残害人们的健康。而儒家把"义"看作君子最高贵的品质，重视诚信，提醒人们关注义利问题。当务之急主要是如何把资本逐利的本性纳入"义"的轨道，这里的"义"具有社会主义条件下法治和价值体系的现代内容，将"义"作为人的行为准则，可以为完善市场经济体系提供肥沃的文化土壤。

来自台湾的李樑坚教授也在《儒家思想的道义观对企业经营之影响》论文中指出，在现今社会中，企业经营者有时为了赚钱，却忘记了做人的本分、做事的原则，以蒙骗的手段来欺瞒消费者。他对台湾近期发生的鼎王"汤底门"、胖达人事件、大统沙拉油事件等食品安全的道德危机案例进行分析，指出道义应是经商的基础条件，企业经营者要把道义放在心中，也要落实在企业经营中，要发扬儒商的影响力；儒商的特性就是以孔孟思维为核心经营理念，发扬善的精神及道义的本质，以成为全世界企业管理的典范。

关于儒学与现代社会发展的问题，如韩国的吴锡源教授在《现代社会与儒教的作用》论文中所说："现代社会促进了科学技术的发展，却缺乏阻止滥用的智慧；经济蒸蒸日上，却缺乏对他人和环境的关心；民主主义已深入人心，却缺少伦理。""未来的生活应是以人的尊严和道德为基础的，以这样的人格为基础的人类和平共存的双赢社会。孔子的'人道精神'和'大同社会'理念正是当今时期所迫切需要的。"韩国的金学权教授在《现代社会与儒家伦理》、俄罗斯的布罗夫教授在《儒学与社会的现代化》论文中，也就这方面的问题作了深入阐述。

针对当前社会出现的一些问题，台湾的方俊吉教授在《弘扬儒家"务本尚德"之教化精神以促进社会和谐发展》论文中，针对"近百余年来，由于重'科技、财经'而轻'人文'，而造成'价值观'混淆，道德标准低落，致使文化发展'失衡'"的情况，他强调要弘扬儒家

"务本尚德"的教化精神,以人为本,而做人又要以孝悌为本,内修己,外安人,把家庭教育、学校教育和社会教育结合起来,促进家庭、社会乃至人类世界的和谐发展。台湾的曾春海教授也在《析论谢幼伟的孝道观》论文中强调,要有对生命的崇敬和感恩,把利益主体与道德主体结合起来,发扬儒家的孝道观,重视家庭伦理,增强社会凝聚力。

中国社科院的赵法生研究员在《乡村儒学的缘起与意义》论文中指出,乡村本应是传统文化的蓄水池,但是现在有些乡村却成为文化的荒漠。"如果说'文革'是对于传统文化的政治冲击,拜金主义则是对于传统伦理的经济解构,这一解构深入到社会生活的每一个方面,使得乡村社会所剩无几的人与人的温情迅速消弭,人与人之间的关系更加功利和冰冷,从而引发了乡村深层的价值认同危机,其中最突出的是孝道的式微和老人处境的问题。"针对这种状况,一批学者在曲阜尼山周围的乡村开展乡村儒学建设实验,其基本理念是:以乡村儒家文化的重建来带动乡土文明的重建,通过儒家的孝道和五伦教育,培育民众的人生信仰和价值观念,重建乡村的人伦秩序和文化生态。他们通过建立定期化的乡村儒学讲堂,构建完整的乡村儒学传播体系,现已取得显著的效果,使村里的孝亲敬老风气渐浓,由家风的改善带动了村风的好转。参加讨论的与会学者,对这一乡村儒学建设的实验表示了浓厚的兴趣和坚决的支持。

关于儒学与世界的和平与发展,中国社科院的李存山研究员在《忠恕之道与中国近现代对外关系》、印度尼西亚孔教会的陈克兴先生在《中庸之道可以化解人间纷争》、南开大学的张荣明教授在《新王道——中国发展战略构想》论文中,阐述了相关的问题。

与会学者讨论的一个热点问题是儒家思想与社会主义核心价值观的关系。习近平主席指出:"深入挖掘和阐发中华优秀传统文化讲仁爱、重民本、守诚信、崇正义、尚和合、求大同的时代价值,使中华优秀传统文化成为涵养社会主义核心价值观的重要源泉。"中国人民大学的肖群忠教授在《仁义信和，民本大同》论文中把"讲仁爱、重民本、守诚信、崇正义、尚和合、求大同"概括为中华核心价值的"新六德"，并且指出核心价值的表达"应该简明扼要，易记才能易行"，为此，他把"新六德"又缩减为八个字，即"仁义信和，民本大同"。浙江社科院的吴光教授在《以德为本，知行合一》论文中论述了"提出社会主义核心价值观的时代背景"，通过分析指出社会主义核心价值观的24个字中有16个字来自以儒家为主导的中华传统文化核心价值体系，即富强、文明、和谐、公正、爱国、敬业、诚信、友善，另外有8个字即"民主、自由、平等、法治"则主要来自于西方文化传统的价值体系。这24个字的核心价值观，既体现了中华民族五千年传统所积淀的人文精神，也体现了中华民族在走向伟大复兴的历史进程中所应有的现代人文精神。澳大利亚澳中文化协会的冯文玮女士在《传承儒学适应当代，文化强国圆中国梦》论文中也对儒学核心价值观与社会主义核心价值观的关系进行了探讨，指出儒家价值观体系中最重要的是仁爱、和谐、诚信、中庸四大范畴，儒家思想是涵养社会主义核心价值的重要源泉。

儒学与当代经济和社会发展有着密切的关系，儒学不仅是中国的优秀文化传统，而且承担着当代的文化使命。与会学者在讨论中体现了对儒学的创造性诠释和创新性发展，认为在儒学的学术研究、传播普及、经世致用等方面都任重而道远。我们要发扬"仁以为己任"的精神，继续努力，使儒家思想在新的时代发扬光大。

第二小组的主题是"儒学与不同文明对话"。在此讨论中，来自美国、加拿大、韩国、中国内地和香港地区等地的学者发表了论文，并就儒学与不同民族文化的交流与对话、对儒学的进一步认识与其未来发展的展望、儒学的和平思想与当代国际秩序的建立、儒学对于世界文化的再启蒙等议题展开研讨。

关于儒学与不同民族文化的交流与对话，宁夏大学的李伟教授探讨了儒学与国内少数民族文化交流的一般机理与原则问题。他指出，从文化的向度来看已经发生转变的民族关系，可以看出以下几个特点：（1）中央与边疆的夷夏关系演变为一体多元的中华民族大家庭内部不同民族之间的平等关系；（2）古代以夷治夷的治理关系转变为以宪法为基础的少数民族区域自治以及中华民族认同下的相互依存；（3）传统上不同生产和生活方式的民族地域差异演变为现代国家组织形式下的东西部地理空间关系；（4）以儒学为正统的文化结构和价值体系演变为以中华民族优秀文化为基础的、以社会主义核心价值观为取向的文化认同；（5）古代农耕文明下的人与自然的关系转变为现代工业文明中各民族共同面对和关注的生态文明问题。从这一古今演变中可以看出文化交流机理的十个原则，即一体多元的多民族格局是交流形成的社会基础；中央集权与少数民族部落政权的治理结构是对话形成的组织形式；"大一统"的天下观是对话形成的心理依据；儒学的"和而不同"开放思想体系和经世致用的学术传统是形成对话的思想基础；民族的大迁徙与大融合是对话形成的历史社会环境；此外还有军事、贸易、科举制、文化多元、因俗而治，以及语言文字作为对话的载体等几个方面。

兰州大学的张建芳教授具体分析了明清时期王岱舆、刘智等人"以儒诠经"的回儒对话，指出了儒家文化在回教本土化过程中发挥的重要作用。她又以清末民初创立于甘肃省临潭县的西道堂为例，说明中国的伊斯兰教是适应社会发展、中正平和的，而不是狭隘、偏激的。

宁夏大学的任军教授具体分析了发生在20世纪90年代的赛义德·侯赛因·纳塞尔（Seyyed Hossein Nasr）与刘述先的"回儒对话"，指出纳塞尔作为伊斯兰教"永恒学派"的一员，其态度是站在传统主义的立场而"反现代"的；而刘述先作为现代新儒家的第三代成员，则是更用心于传统的现代转化，认为儒家传统中需要保存的主要是"仁"、"生"、"理"等中心理念。在一和多的关系问题上，刘述先主张"理一分殊"，而纳塞尔则主张神和真理的唯一性。刘述先和纳塞尔都认识到，儒学与伊斯兰教的相互理解不是一次对话可以成功的，但是这为未来留下了进一步交流的契机。

关于对儒学的进一步认识与其未来发展的展望，与会学者讨论了儒学与宗教的关系，并提出了社会儒学、秩序儒学、世界儒学和儒学复兴等观点。如南京大学的洪修平教授回顾了关于儒家的人文精神与宗教性的讨论，认为儒家不是宗教，而是一种人文主义，但仍具有宗教性，可以在引导当下中国人的精神生活方面发挥重要作用。山东社科院的涂可国研究员提出了社会儒学的概念，认为儒学本来就是社会儒学，包含着作为思想内容的、作为功能实现的和作为存在形态的三个层面；完善儒学社会化的机制途径是儒学的政治化、人文化、大众化、现代化、世俗化。华东师范大学的高瑞泉教授提出了秩序儒学的概念，认为现代儒学的定位应是秩序的重建，复兴儒学有着两条路径，一条是内在的、道德的路径，以熊十力为代表，另一条是外在的、社会的路径，以梁漱溟为代表，后者具有社群主义和社会主义的因素，继承了"知行合一"的传统。山东大学的黄玉顺教授提出了世界儒学的概念，主张变革儒学中的某些内容，使其成为世界性的儒学。他认为传统儒学的核心范畴是仁、义、礼、乐，仁是仁爱的精神，义是正义，包括正当性和适宜性两个原则，仁与义是我们要继承的，而礼是社会规范及其制度，是当下儒学变革首先需要改变的内容，乐是在礼的基础上达到社会和谐。山西大学的刘毓庆教授认为，儒家文化是人类文化的正脉，以儒学为主体的中华文化具有超越科学智慧的"仁学智慧"，其中万物一体的思想有利于解决当下的人类困境，儒学复兴呼唤着儒学巨人的出现。北京大学的干春松教授、黑龙江大学的魏义霞教授论述了康有为的大同思想具有世界性意义。

关于儒学的和平思想与当代国际秩序的建立，美国的成中英教授指出，儒家的政治哲学源于人性中的"道心"，儒家的"为政以德"是从道德走向政治，体现为仁智合一。德是内在的和谐，而和谐是和平的基础。和平不只是力量的对抗和平衡，而是德性的结果。由此他提倡五种力量，即自然之力、刚健之力、柔和之力、智慧之力和道德之力。苏州大学的蒋国保教授指出，原始儒家是温和的和平主义，孔子反对"谋干戈于邦内"，反对以战争、暴力作为解决问题的手段，孟子提出"善战者服上刑"，荀子主张"一天下"，都是主张和平的。中国孔子研究院的杨朝明教授通过对新近出土的竹简材料的分析，指出"中"是儒家传统，"中庸"即是用中。"中道"在国际关系上就是保持"和"，亦即"文明和谐"。同济大学的邵龙宝教授提出了儒学在中国崛起中如何贡献其与世界共享的价值观问题，认为忠恕之道、天人合一、自强、厚德、包容、仁义是儒家的普世价值。韩国的权正颜教授也阐述了儒家思想中有丰饶的世界和平思想。

　　阿根廷的爱德华多教授认为，当今的世界秩序或国际关系原则基本上还是建立在1648年的《威斯特伐利亚条约》的基础上。秩序分为三个部分，一是单位，即民族国家；二是国际结构；三是国际原则。现在是美国仍处于国际主导地位。中国崛起的中期目标是建立新的国际秩序，长远目标是取代原有的体系原则。中国现在还处于国际关系的现状维护阶段，"中国的崛起迄今还未导致国际新秩序的建立，也没有改变国际体系原则"。

　　关于儒学与世界文化的再启蒙，北京外国语大学的田辰山教授指出，所谓"启蒙运动"、"现代性"、"后现代的启蒙运动"等都是基于西方文化的，具有神性普世主义的特点，与天人合一、一多相涵的中国传统文化不同。天人合一是未来世界文明的哲学选项。南开大学的乔清举教授指出，生态危机的呼唤使人们正在突破主客对立的思维方式，中国哲学是生态性的，可基于中国的生态哲学对于世界文化进行再启蒙。以儒家哲学为例，其道德共同体论、生态范畴论、生态功夫论与境界论都是新启蒙的宝贵资源。儒家生态哲学的道德共同体包括从动植物直到土地山川的无机自然界，典型说法有"德及禽兽"、"泽及草木"、"恩及于土"、"恩及于金石"、"顺物性命"等。儒家生态哲学的思路不是基于规范伦理学的权利、价值等话语,而是基于人的仁爱本性的推广和一切事物的本性的实现。仁的本体性内涵有助于形成以德性伦理为特点的生态哲学体系,确立人与自然的新型关系。

第三小组的主题分为"儒学与教育"和"儒学与生态"。在此讨论中,"儒学与教育"主要涉及个人教育、家庭教育、学校教育和社会教育四个层面,许多学者对此都有相当的共识;"儒学与生态"主要涉及儒家思想与生态文明的关系,并就儒家所讲"天人合一"的丰富内涵展开了深入研讨。

关于个人教育,一些学者指出,儒家特别重视"教化",个体教育就是学会做人、融入社会的过程。儒家讲"生生"、"感通",重视生命之间的感应关系、天人一体,这些都不同于今天所说的一般的教育。从平面化理解,一般讲教育,多引述《荀子·劝学》或《礼记·学记》,而代表儒家教育思想精髓的应该是《大学》、《中庸》。当然,知识论、学习知识有它的重要性,中国人讲"活到老,学到老",但儒家所讲的学习是知行合一的,为学与做人、做事分不开。像荀子的德行养成论,也是学思结合、践行修身的。所以,关于个人教育,儒家思想就是关注于"如何成人"的问题,教人怎么做人、怎么做好人,在这个意义上,也可以说儒学就是人学、成人之学。

关于家庭教育,一些学者指出,儒学最重视家庭,家庭可以说是践行教育理念的重要场所,儒家在这方面有着丰厚的思想资源。但随着近现代的社会转型,儒家的家庭伦理在现代化的冲击下日渐失去其效应,一方面受到社会经济和政治变革的影响,旧式的家庭组织逐渐解体或重构,另一方面受到西方文化和伦理观念的影响,传统伦理饱受批评,造成现代社会中普遍存在的家庭伦理失序现象。重构适合中国国情的新型伦理,既要兼顾到现代原则和价值,又离不开对儒家伦理的吸收与转化。特别是礼仪文化熏陶和家教的重要性，对今天来讲刻不容缓。中国在城市化的过程中，礼仪缺失、家教贫乏的情况很严重，这造成了人与人之间的陌生化和情感上的普遍冷漠，成为一个大的社会问题。城市化不仅仅是造城、扩城，也不仅仅是经济的升级更新，它在本质上应该是社会文明程度的提升。如何在"陌生人"的社会环境中，提高人们的道德意识和水平，是今天我们所面临的一个重大挑战，这需要发挥家庭教养的作用。

关于学校教育，一些学者指出，目前的学校教育存在很多弊病，主要是过于功利化，基本模仿西方的教育理念和方式，对传统教育的精华挖掘不够、吸收不够。在近年的大学扩招之后，生源良莠不齐，素质教育跟不上形势，现在高校一方面是办各种精英的实验班，另一方面则是通识课程的扩容和翻新。不管是实验性的，还是普遍性的，素质培养都离不开传统文化的熏陶，这方面要有观念的更新，就是从单纯的知识技能培养转变为对人的全面培养，儒家思想是重要的资源。要克服现代知识的狭隘性，克服学科的生硬切割所造成的弊端，走向综合，打通中西，培养全面发展的人。中小学教育也面临着重知识而轻德养的问题，应该把传统文化教育纳入到教育的具体环节中，让"四书"里面合适的内容走进课堂。热爱祖国优秀的传统文化要从小抓起，努力培养民族的自豪感和自尊心。除了课堂教育之外，有些影响青少年发展的环节也要去抓，培养对祖国文化的真实感情。譬如，学校的课外环节、仪式性的活动，都要体现传统文化的内容，像教师节应该改为孔子的诞辰日才更有意义。

关于社会教育，一些学者指出，公民道德教育很重要，在现代社会离不开制度、法律，但仅仅依靠法律来治理是不够的，儒家思想对于公民道德教育可以发挥重要作用。儒家的礼乐教化是对社会人群的人文教化，是对人的心灵与行为的价值建构，这是我们进行社会教育的重要途径。把仁爱、正义、和谐、节制、忠孝、诚信等美好品德贯穿于社会的各个方面，让人们通过理性的选择，通过各种行为方式表现出来，形成良好的风气。通过"礼"的教化，使人人懂礼守法，每个人都能够明白做人的道理，自觉地尽职尽责，进入社会角色所规范的责任和义务中，在家庭中懂得孝敬父母、爱护子女，在社会中懂得尊重他人、诚信待人。儒家所讲的"君子"人格是高标准的，是把人格往上提升，这对今天社会的平面化、普遍的世风日下有着警醒作用和榜样示范作用。

关于儒家思想与生态文明的关系，学者们探讨了儒家经典中所蕴含的丰富生态思想。譬如，《周易》中所讲的人与自然的和谐，天地人"三才之道"构成了一个很有启发性的生态哲学架构，富有东方文化的特色。《尚书·吕刑》中所论述的"绝地天通"观念，形成了中华文明特有的宇宙意识，人与自然的关系经历了从"民神相分"到"民神相通"，再到"民神合一"的过程，而这恰恰体现了中国式人文精神的觉醒，是理解儒家思想中"天人合一"的一条重要线索。《诗经》中也有丰富的生态意识，其意象表达的人与自然的融合状态，令人神往，给我们很多启迪。"四书"中也有丰富的保护自然环境的思想，如"钓而不纲，弋不射宿"，"不违农时，谷不可胜食也；数罟不入洿池，鱼鳖不可胜食也；斧斤以时入山林，林木不可胜用也"，等等。这些思想可以大力挖掘，和当代的环境保护联系起来宣传，发挥儒家思想的现代作用。也有学者探讨了儒家生态观与道家生态观的关系，从一些细部问题进行比较，认为两家思想可以相互为用，共同构成中国传统文化对我们处理当代问题的重要资源。还有学者比较了儒家生态观和西方后现代文化的异同，认为儒家思想可以补充后现代意识中所缺失的内容。

许多学者围绕着儒家所讲的"天人合一"展开讨论。有学者指出，"天人合一"思想有独特的语境和所指，不能简单地理解为是在讲人与自然的关系问题，它的内涵更丰富、更深刻，要从哲学上来把握和阐释。在科学主义大行其道、人类所面临的环境问题日显窘迫的情形下，随顺着科学治理的思路，将天人合一解释为人类的适应能力或顺应自然的哲学，显然是有吸引力的，这也是现代阐释的主流方式。这种科学化解释，求得了当下的合法性安稳，开始了向生态问题的滑转，也为儒学话语的现实介入拓展了空间。但主客体的分离、自然世界的对象化以及天地人文精神的祛魅后果，都将使儒学面临着新的困境。另外，站在现代学术的立场上，用历史研究的方式来描述和分析天人合一问题，在学术史、思想史领域积累了丰厚的材料，成为当代研究的主产地。一大批学者从史料的爬梳入手，用文字考证、概念辨析和范畴释义的方法，把握思想的脉流，阐发不同时代、不同背景下的各种人物对天人合一观念的理解和叙述，从而构成了丰富多彩、多元多样的思想图景。但是这些都还不够，还需要有更深入的哲学的阐释。在历史的理解中，实际上已包含了观念的演绎和创造，所以哲学的阐释应该呼之欲出、紧跟其后。

第四小组的主题分为"德治与法治的关系"和"儒家思想在世界各国的传播"。显然，前一个问题关涉儒家思想与当今"依法治国"理念的现代性，而后一个问题则体现了儒家思想在域外传播的世界性。

关于儒家思想中德治与法治的辩证关系，与会的冀名峰、贾陆英、王恩来、白平等学者分别从文献、历史和理论分析的角度对孔子的德治与法治思想展开论述。孔子强调德政，提出"为政以德，譬如北辰，居其所而众星拱之"，但是孔子并非只强调德治而忽略法治。在孔子的思想中，他是将德治和法治作为治理国家的两个相辅相成的手段，如《孔子家语》中记载孔子说，为政要"以德以法"，"夫德法者，御民之具，犹御马之有衔勒也"。这就说明，孔子认为治国要做两手，一手是德治，一手是法治，二者不可偏废。《论语》中记载孔子说："道之以政，齐之以刑，民免而无耻；道之以德，齐之以礼，有耻且格。"孔子将道德和礼治视为治国之本，但是并没有完全否认政令和刑罚的作用，而且"礼"在古代中国有习惯法的性质，更何况孔子做过鲁国的大司寇，直接参与了鲁国的司法实践。

先秦时期儒家与法家的治国理念不同，而早期法家的思想也曾受到儒家的影响。曾振宇教授指出，在商鞅所强调的法家文化精神中也蕴含着"爱民"、"利民"的思想，他以"比德于殷周"、"以刑去刑"为理想，这说明在其思想深处也有着人文关怀。

龙大轩教授指出，孝道乃数千年中国文化之精华，对中国传统法律制度影响至深。孝道成为传统立法与司法的核心价值，形成独特而又一以贯之的孝道法文化，对古代社会的秩序构建和人性磨砺发挥了至关重要的作用。当今建构和谐社会，若能对其进行创造性转化，则对弘扬中华优秀传统文化、推进法治建设大有裨益。

近年来，关于儒家主张的"亲亲相隐"与现代法治的关系问题在学术界有较多争论。新西兰的伍晓明教授在论文中专就《孟子》书中"天子舜窃负其杀人之父而逃"章作了深入的文本分析，并对此章所设道德困境进行义理阐释，由此探讨了德治与法治的辩证关系，并引出应该如何立法的问题。长期研究中国古代"伦理法"的俞荣根教授认为，在古代"家国一体"的政治法制体制中，"亲亲相隐"具有家庭私权利抗御国家公权力的功能和价值。在现代社会，把古代帝制法制的公权优先变为法治中国的私权优先，给予亲属权、家庭权恰当的位置，将私权利纳入我们的法律保障之下，这应是古代"亲亲相隐"权的制度和智慧带给我们的启迪和思考。

德国的杜仑教授阐发先秦儒家的"德政"和"礼治"思想，指出"德政"要求执政者必须通过修身提高自身的道德水平，并以此道德力量感化老百姓，而"礼治"也要求执政者必须依礼行事，不能高于礼，这可以为当今建立法治国家提供思想资源。来自海南省社会和法治委员会的张发主任，以其长期从事司法工作的实践经验，论述了优秀传统文化如何与当今的修复性司法相结合、如何将其植入对罪犯的教育改造等问题。

关于儒家思想在域外的传播，来自东亚、东南亚、欧洲以及中国的一些学者都发表了这方面的研究成果。如儒学在朝鲜半岛的传播，韩国的金承炫教授介绍了这一传播过程经历了几个大的阶段：从三国时代到新罗统一，主要是先秦儒学的传入；从高丽前期到高丽中期，主要是汉唐经学的传入；从高丽末期到朝鲜时期，主要是新儒学即宋明理学的传入；而从朝鲜中期到朝鲜后期又有清代考据之学的传入。从高丽末期到朝鲜初期，儒学传入的拐点在于对天命的更深理解，韩国的儒教思想认为天命并不仅仅是外在的一种天之命令，而是宇宙的生机，其与人生相连相通，人可以凭借天道或天理以窥测天行，与天合一。

韩国的崔英成教授认为，韩国的儒学思想有其"理论完善"的历史，一个显著的特点是敏感于时代要求，注重符合时代发展的理论启迪。韩国儒学在良好继承以人为本的儒家思想本质的同时，又注重现实性和实践性，并能根据所处环境的变化而作出主观能动性的应变，这在韩国民族史的发展中起到至关重要的作用。

关于儒学在东南亚的传播与影响，与会学者发表了六篇这方面的论文。如新加坡的李焯然教授论述越南儒学的发展，指出从越南陈朝（1225—1400）开始，越南儒学主要继承了中国的官方儒学，深受程朱学说的影响。但随着汉字被越南"喃字"所取代，最后发展为拼音文字，儒家思想的影响也随着汉字的消失而没落。越南现存的文庙，目前越南官方将其作为文化遗产，而一些民间人士则认为文庙是文化活动中心。以文庙为代表的儒家思想，正在不知不觉地消失在人们的记忆之中。

越南的阮玉诗教授认为，儒家价值体系在越南的影响会有变更或增减，但是"忠"、"孝"、"仁"、"义"、"德"等儒学观念作为社会道德的基础，在越南不会退色，至今仍较流行的关公信仰就是明证。他考察在越南南部地区各个关帝庙举办的文化活动，说明关公信仰已成为华、越、棉三民族的共同文化遗产，是三民族之间文化大融合的桥梁。

马来西亚的郑文泉教授介绍了马来西亚的"国学"。他以马来西亚大学开设"伊斯兰文明与亚洲文明"的课程为例，说明儒家文化如何参与当地的多民族、多宗教的文明对话，促进民族间的团结，从而也使儒学走出近代以来"国故学"的窘境。他认为，儒学的再度复兴，取决于儒学自身在大众化、通俗化、简约化、普世化方向上的变革与创新。

印度尼西亚华裔总会的马咏南部长介绍了18世纪以来儒学在印度尼西亚的传播与发展，特别是20世纪90年代以来儒学（包括孔教）在印度尼西亚的复兴态势。中国华侨大学的王爱平教授主要论述了印度尼西亚孔教的缘起与发展，指出其源于中国儒学，以孔子学说为宗教信仰，是制度型宗教，完成了中国儒学的宗教化、印度尼西亚化、本土化，成为印度尼西亚一部分土生土长的华人保持华人身份认同和文化认同的宗教形式。

法国的王论跃教授论述了利玛窦在其传教过程中与阳明后学的交往，而中国的张西平教授则论述了儒家思想早期在欧洲的传播。德国的Christian Soffel教授关注了自清末"哲学"的用词传入中国始，经学与哲学的关系成为一个重要的问题。他认为，经学、哲学的定义与作用，是中西思想交流的一个关键性问题。儒学若要迈向国际化，学者不单要从中、西所异之处来切入，更必须多关注其共同点。

习近平主席在这次会议的开幕式上指出，文明因交流而多彩，文明因互鉴而丰富。与会学者一致认为，儒学在世界各国的传播研究是一个重要的学术课题，它为我们提供了儒家文化与多种文化相遇后如何交融、互鉴、会通的多种形式和途径，同时也展现了儒家文化具有强大的生命力和世界性价值。

第五小组的主题是"儒家经典、人物及其思想研究"。这本属于儒学研究中的日常功课，与会学者大都成果丰硕，颇有建树。以下只就所提供论文和讨论中涉及的主要方面以及有突出新意的几点作一概述。

关于对儒家经典的研究，论文涉及对《尚书》《诗经》《周易》《论语》《大学》《中庸》《孟子》、郭店儒家简，以及《四书章句集注》《书法雅言》等文献。对人物及其思想的研究，则广泛涉及先秦的几位儒家大师，宋代至明清的张载、二程、王安石、朱熹、陆九渊、王阳明、李二曲、项穆、陈鸿谋等，以及近现代的孙中山、胡适、梁漱溟、牟宗三、谢幼伟等，另还包括越南的黎贵惇等东南亚儒者。所涉机构、学派、事件和论题则有文翁石室、湖湘学派、朱陆之争、豫章书院、日本的《论语》普及教育、日本江户时期的九州儒学源流、韩国理学的"人物性同异论"和"未发论辩"等。专题性的研究又有孔子的"孝"论、《论语》中的"礼""仁"属性、《周易》的"中正"思想、《中庸》的体用观、宋儒的"一体之仁"思想、宋明理学的宗教终极关怀、清道咸时期的"日课"修养功夫，以及寻索后"后现代"的儒家哲学方向等。

其中，考订经典疑义的几篇论文，旁征博引，析微阐幽。如廖名春教授对《论语》"听讼"章与《大学》相关章节的解释，很具有新意。佐藤炼太郎教授阐释《论语》"学而"首章，虽然已经有很多人对此作过注解，但佐藤教授博列中国以及日本学人的解释而折中之，颇具说服力。

罗安宪教授讨论《论语》中孔子"孝"论的三个向度，方勇教授重新审视《论语》中的"礼""仁"属性，王中江教授从郭店简《穷达以时》讨论儒家的德福观及道德自律，王钧林教授阐发儒家的"增量仁爱"及其中正原则，吴根友教授阐发宋儒的"一体之仁"，都能细致入微，卓有新见，很有启发意义。

张学智教授探讨宋明理学的"终极关怀"，通过详密深入的辨析，既厘清了儒家学者的宗教向度，又区别了儒学与其他宗教迷狂的不同，坚持了儒家的理性精神。

中国台湾的陈逢源教授探讨朱子《四书章句集注》中的"湖湘之学"，观点新颖，甚见功力。

韩国的崔英辰教授引入当代生态学的"全生命"、"个体生命"和"补生命"等概念，来阐释韩国理学中的"人物性同异"之辩，在方法上有很大突破，也很有新意。日本神户市外国语大学的秦兆雄教授介绍日本的《论语》普及教育，以及儒学传播和书院制度等，都很有借鉴意义。

在讨论中有学者提出，儒家主张"天地之性人为贵"，这样会不会造成人类中心主义，最终走上破坏环境的道路？对此的回答是，在对待人与自然的关系问题上，东西方哲学是有差异的。大致说来，在"两希"（古希腊和希伯来）文化中人与自然是对立的，因为万物是上帝为人类创造的，所以满足人类才是万物的价值。与此不同，中国圣哲经典则认为，人与自然是共生的，所谓"有天地然后有万物，有万物然后有男女"，万物和人类都是天地的儿女，所谓"民胞物与"就是这个意思。如果我们真正贯彻了儒家的天人观念，特别是"一体之仁"的观念，正好可与天地万物和谐相处。

习近平主席亲自出席本次研讨会的开幕式并发表重要讲话，学者们热议，这是国家最高领导人对儒学和中国优秀传统文化现代意义的再次公开表态，是中国从以经济建设为主导，转而更加具有文化自觉、自信、自强的一个重要标志。这也是广大儒学研究工作者辛勤努力、长期学术积累的一个结果，是一件大好事。不过在讨论中也有学者担心，这会不会再来个"罢黜百家，独尊儒术"？对此的回答是，习主席在讲话中已明确指出，"儒家思想和中国历史上存在的其他学说既对立又统一，既相互竞争又相互借鉴，虽然儒家思想长期居于主导地位，但始终和其他学说处于和而不同的局面之中"，"中国思想文化依然是多向多元发展的"。实际上，中国文化在历史上从来没有真正实现过"独尊儒术"，今后中国文化的发展更不会如此，而是继续保持多向多元、和而不同，既植根于中国优秀传统文化沃土之中，又随着历史和时代前进而不断与日俱新、与时俱进。

第六小组的主题分为"文明对话"、"政治哲学与社会伦理"以及"中国文化的海外传播与交流"，参与本组的主要是国外学者，均以英文发表论文并展开讨论。

关于文明对话，学者们研讨了"儒学在当代世界文明对话中的意义"、"儒学与国际关系"、"以儒家传统为文化内涵的中国现代经济在促进其他地区经济发展中的互惠意义"、"儒学在亚洲邻国中与佛教、伊斯兰教社会相互借鉴、适应的问题"、"儒学如何回应中国与拉丁美洲的国际关系"、"中国崛起与非洲时代：根据儒家哲学与非洲思想来测度非中关系"、"朝向大的综合：民主、哈贝马斯与儒学在非洲"、"价值：经济理性与文化帝国主义的局限"、"儒家传统与韩中人文交流的发展方向"、"跨越界限，突破围墙：印度对儒学的一种回应"，等等。有印度学者专就儒家的核心概念"礼"（rites）和印度传统文化中的核心概念"法"（dharma）进行比较，表明"礼"被视为"天经地义"的法则，而印度文明中的"法"亦被尊为宇宙万物包括社会的生成、演变法则；不同的是，儒家的"礼"重视人为伦理，而印度的"法"更重视生命的内生性动力。

在关于政治哲学与社会伦理的研讨中，各国学者从哲学的视野主要讨论了如下问题：

（1）儒家的德治思想。有学者指出，德治是儒家针对法家、道家和墨家的政治哲学所提出的一套完整的政治观念，这是一种既有政治伦理规范又有法律条文及其解释和适用性的治理体系，被称为"修身，齐家，治国，平天下"。这种将个人、家庭、社会、国家和世界视为一个关联性整体的政治哲学，强调伦理与治理效率的统一性，并不像西方法律体系"脚痛医脚，头痛医头"的分门别类的区别性治理，后者容易产生技术官僚主义，削弱了道德伦理在社会治理中的地位。

（2）儒家的"诚"、"恕"和"仁"等核心概念在构筑当代国际关系中的积极作用。有学者指出，这可以作为中国开发"国家软实力"的深厚思想资源。《中庸》说："诚者，天之道也；诚之者，人之道也。"这里蕴含了宏大的自然公平和尊重各国主权的思想。"忠恕"和"仁"的观念可以作为人权的伦理基础。儒学的道德伦理还可以从和谐的身心关系、人际关系推广到公平正义的国际关系，这是中国"国家软实力"的思想特色。

还有学者发表了"理论和历史视角中的儒家世俗主义"、"儒家话语与政治至善论"、"儒学画布上的新中国——反思中国社会主义的特色"、"儒学中权利取向的伦理"以及"贤能政治"等方面的论文。

在关于中国文化的海外传播与交流的研讨中，一些国外学者论述了儒学在美国、匈牙利、乌克兰、葡萄牙、蒙古、越南、印度尼西亚、巴基斯坦等国的传播与交流进程。从历史年代上说，近代以前基本上是由周边的朝鲜、日本、越南、印度尼西亚、菲律宾等亚洲国家主动来学习中国文化，另一个传播途径是由中国学者到周边国家取经时顺便传播，还有就是由西方传教士在向中国传教时顺便将中国文化传入西方，其产生的积极影响主要是欧洲近代的启蒙运动。近代以来，儒家文化以及道家道教、中国佛教的文化通过西方学者的翻译、评介工作而逐步走向世界。当前的文化传播与交流，主要因应于经济的全球化和中国经济实力的迅速提升。中国开始关注国际经济与文化的互补性，希望其他国家在与中国经济互动时也开展文化互动，相关举措如大量举办国与国之间的文化年活动，还有就是在海外创办了大量的孔子学院或中国文化课堂。这体现了最有现代性意义的文化传播与交流形态，希望这种方式能不断得到完善和提高。

第七小组的主题分为"儒学思想研究"和"儒学与全球化"，这也是主要由国外学者以英文发表论文并展开讨论，具体内容包括儒家思想与儒学史研究、儒学与全球化以及世界秩序、儒学与世界和平、儒学与环境保护等几个方面。

在关于儒家思想的研讨中，新加坡南洋理工大学陈金梁教授在《儒家式和谐与社会复杂性的管理》论文中深入探讨了儒家"和"的观念，指出"和"既是一种指导方针，也是一种具有活力的处理各种社会复杂性的手段。

瑞士伯尔尼大学 Richard King 教授在《孟子思想中的美德与人伦》论文中指出，实践美德在很大程度上表现在与他者的关系中，而作为道德判断的对象，每个人又属于个体。《孟子》一书向我们展示了美德的两个方面，以及建立在人性和人伦关系之上的德目，这些关系包括父母与子女、君与臣、夫与妇、朋友之间等。Richard King 教授结合当前有关道德问题的争论和西方的传统，深入考察《孟子》的相关章节，试图澄清美德与人伦相关联的一些问题。

以色列耶路撒冷希伯来大学 Amira Katz-Goehr 教授用孟子的一句名言"耻之于人大矣"作为论文题目，她从近五年来发生在加沙地带的两场战争谈起，指出任何战争都是没有胜利者的，而道德的失败更是一个值得重视的维度。当第三次加沙战争的暴力图像出现时，人们首先会感到无语，然而在她看来有一个词更具有实质意义，这就是"耻"，以及由它派生出来的可耻、无耻、羞耻。她通过《论语》、《孟子》等儒家经典及其各种英译本，深入分析了"耻"以及相关的词，诸如羞、辱、惭、愧、贱等，最后把目光转向《圣经》有关"耻"的论述，对中西文明中的"耻"文化作了别开生面的比较。

德国公民教育学院 Michael Spieker 教授在《如何把自然人教育成有教养的人——重新考察西方教育哲学以便开启与儒学的对话》论文中，围绕着三个有关教育的主题，考察了西方从柏拉图、康德到杜威的传统。这三个主题，一是人的教育总是意味着对身体和心灵的教育，而不是仅仅发展知识能力；二是在知识的维度，教育被设想为以发展批判能力为目标；三是为了促进一个丰富多彩的人生，教育必须建立在一个开放的原则之上。他的论文以两个意味深长的问题作为结束，一是我们如何走向自我和哪些方面会导致来自儒家哲学的批判？二是思想和行动如何在儒家传统的启发下创造一个光辉的人生？

德国科隆大学 Sasa Josivovic 教授以中德哲学比较为背景，从多个角度阐释了孔子思想的当代价值。他还对目前流行的所谓"普世价值"提出质疑，并对老子的"自然"和西方语言中的nature作了令人耳目一新的比较，很有启发意义。

意大利罗马大学Paolo Santangelo教授围绕着"法治"、"德治"、"人治"等概念探讨了儒学的发展演变。他还分析了儒家在人类学维度关于人类多样性的长期争辩中所显示的不同观点与创造性。

在儒学史研究中，丹麦哥本哈根大学Bent Nielsen教授在《重新考察马王堆帛书〈易之义〉：儒家的、道家的还是其他》论文中指出，《易之义》是作为一种政治哲学文献的一个构成部分来编写的，这种文献试图提供一种不仅能够替代法家或儒家，而且能够替代五行宇宙论的政治哲学。它由《周易》、《老子》以及包括《易之义》在内的一批不为我们所知的文献构成。《易之义》的编者采用了不同来源和不同学派的史料，所以不管是"儒家的"还是"道家的"，都不足以准确描述《易之义》的学派属性。这部逸书更像是和帛书《老子》甲乙本一起出土的所谓黄老文献。

冰岛大学北极光孔子学院Geir Sigurosson院长在《真实、内在与效果：儒家教育哲学语境中的五行》论文中，通过儒家的"礼"来揭示儒家的学习、教育和人文化成的理念。他以新近出土的《五行》篇为考察对象，具体探讨了审美教养以及礼和乐的关系，展示儒家关于人类行为中的个性化与创造性的观念，并进一步讨论了儒家思想中关于人类行为的内在和外在形式及其复杂性。

瑞士苏黎世大学Ralph Weber先生在《代表传统——对杜维明新儒学的一种分析》论文中，深入探讨了儒家传统及其当代的代表——杜维明的新儒学。

关于儒学与全球化以及世界秩序，澳大利亚邦德大学Rosita Dellios教授在《竞争的地方主义时代的儒家地缘政治》论文中，阐述了她和James Ferguson教授在2013年出版的《中国寻求世界秩序：从和平崛起到和谐世界》一书的主题，此书主要讨论儒学与当代国际关系。她指出,孔子和明代的郑和都有温和巨人的声誉,都倾向于"软实力"的方式。孔子相信人是可以通过榜样来教化的,而郑和则运用经济手段和声望来赢得附庸国。在儒家地缘政治的主题中,外交和互惠的手段比恫吓与惩罚更实惠。在当代中国和平发展的外交政策和经济合作实践中,有效的军事实力的增长将提高信誉并因此带来回报。竞争与合作的地缘政治必须建立在国家综合实力的基础之上,作为必然结果,在带有儒家特征的地区秩序建构中,中国可能形成一种新的世界秩序模式。

罗马尼亚的罗中经济文化交流友好协会会长鲁博安先生(Constantin Lupeanu)在《孔子与全球化》的论文中,首先讨论了历史上的孔子,尤其是孔子关于世界的观念、孔子与其弟子的关系等问题。他认为,孔子是真正的全球化之父。接着,他探讨了儒家思想的历史发展和对整个世界的影响,并且阐述了罗马尼亚思想家对世界的看法以及文化对话等问题。

土耳其汉学家Giray Fidan在《国际关系的儒家路径》论文中,结合当今世界局势,尤其中东地区的乱局,阐释了儒学在处理国际关系中的价值和启示。

现在韩国任教的中国学者郭沂在《世界秩序的重建与中华普世价值的作用》论文中,引述英国历史学家汤因比在20世纪70年代初的一个论断:"将来统一世界的大概不是西欧国家,也不是西欧化的国家,而是中国。"汤因比举出的主要理由是:"第一,中华民族的经验……第二,中华民族逐步培养出来的世界精神。"郭教授认为,所谓"中华民族的经验"主要是中国古代的治理实践,所谓"中华民族的世界精神"主要是儒家的天下主义。在当今全球化的过程中,地方知识如何转变为世界知识?有两个例证,一是新的政治秩序的建立,二是普世价值尤其中华普世价值的形成。

儒学在全球化的过程中正在产生广泛的影响,澳大利亚的资深外交官Reg Little讲述了"亚洲之外中国经典的诵习",日本的多久市市长

YoKoo Toshihiko介绍了"孔子与多久市的教育",马来西亚的张依萍女士介绍了《论语》在马来西亚翻译的历史与现状。

关于儒学与世界和平,印度尼西亚的Chandra Setiawan博士在《儒教对宗教与全球和平的贡献》论文中旁征博引,从多种维度探讨了儒学的价值及其对世界和平的贡献。他引述Thomas Hosuck Kang博士的看法,儒学是人类行为的普世性体系,包括宗教、哲学、心理学、社会学、人类学、伦理学、科学以及其他面向。他强调指出,对于建构一个和平的世界来说,儒家的大同社会理想提供了一个基本观念,而孔子对人类未来的设想,包括太和、大同思想等,与当前的全球化有着密切的关联。大同思想至少强调了十种价值,即民主理想、爱与关心、信任、社会团结、仁慈、公正、勤俭、安全、和平与和谐、社会秩序。

缅甸的Chitt Naing先生在《孔子对全球与地区和平的教诲与指引》论文中指出,从人类诞生之日起,自相残杀的战争就没有中断过,从家族、群体之间的战争到地区性战争,乃至发展到世界大战,令人触目惊心。早在2500年之前,我们的圣人孔子就已经深切体察了战争的残酷与和平的好处,并提出了一系列指引我们走向和平的理念和原则,这些教诲具有超时代的意义,对于我们今天的人类仍然行之有效。

关于儒学与环境保护,英国的姚新中教授在《儒家环境保护的生态观之价值》论文中,通过对早期儒家文献中所包含的儒家生态观念的分析性评估,指出在儒家生态观中包含两个对立的面向,一个是以人为中心,另一个是以天为中心,这大体上与20世纪西方环境哲学领域的两个主要阵营相对应。儒家生态观的这两个面向在环境保护中具有不同的功能:以天为中心的面向为儒家生态伦理建构了一个形而上的和宗教的架构,以人为中心的面向则提供了一种实践价值和环境保护的意义。前者是核心或基础,后者则是运用。当代新儒家寻求将这两个面向结合为一个整体,从而为我们理解人在宇宙中的地位、人与自然的和谐以及环境保护的意义,提供一个理论的和实践的指引。

缅甸西仰光大学的 Thandar Moe 教授在《孔子的"中庸"伦理学说与环境保护》论文中也认为，孔子的"中庸"思想可以为环境保护提供一个伦理向导，以节制人的贪欲，激发人的感恩天性，提高人的责任心，弘扬一种生态的世界观。在阐发儒家的生态思想时，她将道家、佛教以及西方的思想也纳入了比较的视野。

总之，本次研讨会的参会学者多，论文的学术水平高，讨论深入而热烈，显示了儒学研究在中国乃至世界各个国家和地区的丰硕新成果。在大会闭幕式上，新一届国际儒学联合会会长滕文生先生在闭幕式致辞中表示，这次会议具有里程碑式的意义。习近平主席的讲话为国际儒学的研究、教育和传播、应用，指出了努力的方向，其意义和影响深远。国际儒学联合会新的领导班子，要以国际儒学联合会成立二十周年为契机，借这次大会的强劲东风，抓住当前儒学发展的有利时机，同心同德，乘势而上，努力为国际儒学文化事业的发展发挥好"组织、协调、服务、推动"作用，努力加强同世界各地的儒学团体、儒学研究者、儒学工作者的团结和互联互通，努力为共同开创国际儒学的研究、教育和传播、应用的新局面而不懈奋斗。

（李存山，国际儒学联合会学术委员会）

学术研究

当代世界的中西哲学对话*

[斯洛伐克]马利安·高利克撰　吴礼敬译

在当今世界这个全球化时代，人类面临的一个重要任务就是通过对话和合作来实现可持续（但并非绝对）的世界和谐与共同发展。作为一名研究知识史的汉学家，我认为这个目标沿袭了儒家提出的"和而不同"的要求，或者说契合了由汤一介教授等人概括提炼的"普遍和谐"的当代哲学遗产。[1]

---

*　马利安·高利克（Marián Gálik），任职于斯洛伐克科学院东方研究所，是"布拉格汉学学派"的代表人物之一，2005年荣获被誉为人文学术诺贝尔奖的"亚历山大·冯·洪堡奖"。他的主要研究领域为中国文学、中西比较文学、中西知识史，代表作有《中国现代文学批评发生史（1907—1939）》、《中国现代思想史研究》等。本文原题为"On Interphilosophical Sino-Western Dialogue in the Contemporary World"，曾在2012年北京第三届世界汉学大会宣读，原文发表于《中国哲学季刊》（Journal of Chinese Philosophy）第40卷特辑。文章提出将比较哲学的相关理论问题放到全球化时代中西对话的大背景下加以考察，并对比较哲学的理论进行了讨论。限于篇幅，译文对原文进行了一些删节。——译者注

[1]　参见汤一介：《"和而不同"与"文明共存"》，《人民日报》（海外版）2005年8月10日；汤一介：《和而不同》，沈阳：辽宁人民出版社，2001年；赵建永：《汤一介先生与"普遍和谐概念"的重构》，载胡军、孙尚洋编《探寻真善美》，北京：北京大学出版社，2007年，第482—499页；方东美：《中国人的人生观：广大和谐的哲学》（Chinese View of Life: The Philosophy of Comprehensive Harmony），台北：联经出版公司，1980年。同时还可参考张立文：《和合学》，北京：中国人民大学出版社，2006年；李晨阳：《儒家的和谐理想》，《东西方哲学》（Philosophy East & West），2006年第4期，第583—603页。

一

我认为刘述先教授在世纪之交提出的睿智观点,对我们这个全球化时代显得尤为重要:

> 人类迈入新千年之际,儒家思想传统成为今日的重要参照已是不争的事实。为了胜任这一角色,儒家思想正在经历一场变革,舍弃它唯我独尊的传统抱负……智者绝不会寄人篱下追逐一时风尚潮流,唯其如此,才能在这个全球多元化的时代里,在众声喧哗里发出自己的声音。如果儒家传统在当今世界能够对发现仁心的亲切体证、对生生不已和天人合一的精神、对终极关怀等都有所裨益,那么尽管它不再像过去那样成为独领风骚的意识形态,不再能统治社会,它仍然能在众多精神传统一齐登场的世界演奏会中占有一席之地,和其他各种传统相互批判,相互学习,共存共荣。这正是我们对未来的希望和期许之所在。[1]

1998年,在山东召开的"第四届当代新儒学国际学术研讨会"提出了"必归于儒"的口号,杜维明对这一过于热烈的口号提出批评。他认为,在当今的全球化世界里,这样的提法显然不妥,新儒学只能是文化哲学世界齐声合奏里的一曲清音。[2]

另一位著名的当代新儒学代表人物成中英教授也表达了类似的观点。在2003年4月14日写给我的信中,他强调,要想在未来创造多形态的哲学,我们首先应该"了解在本体论、宇宙论、全球伦理学、环境伦

---

[1] 转引自白安理(Umberto Bresciani):《重塑儒学——新儒学运动》(*Reinventing Confucianism: The New Confucian Movement*),台北:利氏学社汉学研究中心,2001年,第533页。
[2] 白安理:《重塑儒学——新儒学运动》,第533页。

理学、关于人和社会的哲学、政治哲学、美学和世界宗教哲学等领域的探讨中到底取得了多少成就，而这种探讨必须基于在欧洲和中国的传统之间进行比较和综合研究"。当然，他所着眼的主要还是中西之间的对话，而不是世界（主要是亚洲）其他地方的哲学和宗教。

我在这里强调现当代的新儒学这一中国哲学自有其原因。这是近百年来学者阐述得最为透彻的中国哲学，它肇始于马一浮及其"六艺"或"六经"是中国文化精华的观点，梁漱溟在《东西文化及其哲学》一书中认为，西方文化是最低的文化，中国文化要高出一等，而印度文化则是最高级的文化。如果我们把梁启超和王国维也纳入新儒学的大家庭，那么新儒学的历史则远不止一百年时间。20世纪和21世纪的新儒学不仅仅是古代、中世纪和自宋至清一路绵延的儒学的新发展，并且它还吸收了中国的道家思想，尤其是来自印度和中国的佛教思想，从而大大丰富了它的内容。

同样，欧洲哲学也是其吸收的资源。在现当代的新儒学著作中，可以找到自柏拉图（Plato）至德里达（Jacque Derrida）的很多伟大的欧洲哲学家的身影，尽管他们并不总是以正面形象示人。中国学者王元化2001年与著名的法国哲学家德里达的对话显示：德里达也附和他的伟大偶像黑格尔（Georg Wilhelm Friedrich Hegel）说，中国没有哲学，只有思想。赵敦华教授对此观点这样加以评论：

> 对于一直在解构西方哲学传统的德里达而言，这句话是在褒奖没有落入"哲学"窠臼的中国思想，其弦外之音是把"哲学"等同于"西方哲学"，把中国传统思想与西方哲学传统完全对立起来。德里达

并不了解中国传统思想,对他的泛泛之谈,大可不必认真对待。[1]

赵敦华批评其同胞一味认同德里达,此言极是。他反对那些认为中国学者应该维护中国思想的"独特传统",使其免遭西方哲学"污染"的人,力倡自王国维以来的中国哲学家一直秉持的观点,且似乎对冯友兰1948年以来对未来世界哲学的想象更具同情。余懿娴教授认为冯友兰从佛教的"大全"原则出发,提出"普遍原则应该成为道德宇宙的基础,人性能在其中得到完善"的思想,冯的文章中"将柏拉图和朱熹,康德和道学家作了比较,将人性的完善作为儒学的主要目标"[2]。

二

半个多世纪以后,我们在成中英的开创性著作《20世纪中国哲学的本体诠释学的解释:身份与前景》(An Onto-Hermeneutic Interpretation of the Twentieth-Century Chinese Philosophy: Identity and Vision)里找到了不一样的前景,尤其是这本书的最后一个部分《一场伟大对话的开启及未来的前景》。[3] 1919年以来,欧洲哲学家和中国同行之间的直接交往并不算多。1919年到1921年,杜威(John Dewey)在中国待了两年多。罗素(Bertrand Russell)1921年9月来到中国,在中国待了一年多

---

[1] 赵敦华:《为普遍主义辩护——兼评中国文化特殊主义思潮》,《中国哲学前沿》(Frontiers of Philosophy in China),2009年第1期,第125页。另一篇为普遍主义辩护的文章见于汤一介:《寻求文化中的"普遍价值"》,《世界汉学》,2010年春季号,第9—15页。该文英文译见《汉学与跨文化交流》(Sinology and Cross-Cultural Communication),北京:汉办与中国人民大学,2009年,第251—259页。

[2] 参见余懿娴:《现代中国哲学》(Modern Chinese Philosophy),《网络哲学大百科全书》(Internet Encyclopedia of Philosophy),2007年;冯友兰:《中国哲学和未来的世界哲学》(Chinese Philosophy and Future World Philosophy),《哲学评论》(Philosophical Review)第57卷,1948年,第539—549页。

[3] 成中英、巴宁(Nicholas Bunnin):《当代中国哲学》(Contemporary Chinese Philosophy),Malden and Oxford: Blackwell,2001年,第365—404页。

的时间。德国哲学家杜里舒（Hans Driesch）1922年来到中国。柏格森（Henri Bergson）本来也在邀请之列，但是因为经济的原因没能成行。鲁道夫·奥伊肯（Rudolf Eucken）因为年龄和疾病的原因也无法在中国久住。以梁启超为首的中国知识分子作为观察员参加了巴黎和会，他们见到了一些有声望的政治家、文人和柏格森这样的哲学家，但这大多不过是好奇的中国人（大部分是青年知识分子）和"一战"后的大人物之间的礼节性会晤。这些大人物认为中国和东方的智慧很有意思，也令人着迷，但是和海市蜃楼一样只是一时炫人眼目，然后就消失无踪。他们好像也对欧美哲学界感到不满和失望，至少部分如此。梁启超这样描述他的西方伙伴："好像沙漠中失路的旅人，远远望见个大黑影，拼命往前赶，以为可以靠他向导，哪知赶上几程，影子却不见了。因此，无限凄惶失望。"[1]这些西方同伴更感兴趣的是如何重新划分世界，而不是和中国同伴之间展开真切或许还能非常成功的对话。

即使我们由衷敬佩王国维、梁启超和冯友兰的远见卓识，上个世纪头十几年期间在中西哲学家之间展开直接交流也并不具备条件。后来的情况大为改观。20年代的自由风气一过，30年代和40年代哲学各领域盛行的是更多的限制。世界哲学在很短的时间间隙内来到中国（实际上只是在19世纪末到20世纪30年代中叶而已），大多以各种哲学史的形式出现，或者将文艺复兴以来的形形色色的哲学家论资排辈。在欧洲，这一切都逐步演进、自然发展，中国的情形却另当别论。伴随而来的常常是不够独到的眼光，这样，我们也就能够理解随之而来的冲击—回应过程中可能出现的各种误解。

西方哲学和中国哲学一样，也经常建构和重构它的系统和结构实

---

[1] 周策纵：《五四运动史》（*The May Fourth Movement: Intellectual Revolution in Modern China*），斯坦福：斯坦福大学出版社，1967年，第328页。梁启超这段话，出自《欧游心影录》中的"科学万能之梦"。——译者注

体。两者都是由一整套著作组成，这些著作源自每个不同的作者、流派或各类哲学运动概念，它们在国别或疆域上皆有着千丝万缕的联系。至于主题，它们坐标的一根轴，我们权且叫它横轴，主要由在受影响的文明之内传播新的因素（来自不同文化环境的外来因素）来决定，而另一根轴，也就是纵轴，则受本土的传统体系和结构的影响。[1]

由于系统和结构方面的原因，哲学要比文学等更容易受到外来因素的影响。它在创造性上不及文学，因此也就更加挑剔，而它在认知上的深度，导致它只会影响较小的受众圈子。如果我们从冲击—回应这个角度来看待哲学，我们就必须得说清楚它所谓的"外部"系统和结构实体，说清楚它的各种研究领域。我年轻的时候曾写过和这类问题有关的文章，讨论本体论、认识论、科学逻辑（就是讨论科学方法论的那部分内容）、价值论、哲学史、社会学、逻辑学和美学。那时我的目标主要是研究德国知识史对现代中国产生的冲击。[2]如果我们将成中英写给我的信当中的论述与之加以比较，就可以看出这种区别。如果我们进一步考虑他在上文提到的"未来的伟大对话和前景"的种种观点，这种区别会更大。

我在1975年第一次发表文章探讨冲击—回应间的辩证关系时，并没有提及对话问题[3]，在另一场谈话中虽有涉及却未加以特别强调，只提到来自中西方的著名学者之间的会晤，以及讨论了未来可能出现的一种兼具中国和西方特征的哲学。[4]根据欧洲比较文化研究所编撰的《共享多

---

[1] Lubor Hájek 等编：《西方影响之下的东方》（*The East under the Western Impact*），布拉格：Academia, 1969年，第26页。
[2] 高利克：《德国对现代中国知识史的影响：初步研究指南》（*Preliminary Research-Guide: German Impact on Modern Chinese Intellectual History*），慕尼黑：东亚文化和语言研究论坛，1971年。
[3] 高利克：《现代中国知识史研究（一）：世界与中国：20世纪的文化冲击和反应》（*Studies in Modern Chinese Intellectual History*），《亚非研究》（*Asian and African Studies*）第11卷，1975年，第11—56页。
[4] 高利克：《你向何处去，哲学？——思索中西对话的必要性》（*Quo vadis Philosophia？: Musings about the Necessity of Sino-Western Dialogue*），原发表于《中国哲学季刊》第31卷，2004年第1期，第65—81页，后来翻译并收录于胡军和孙尚扬编著的《探寻真善美》一书，第535—549页。

样性：欧洲跨文化对话的国家手段——欧盟委员会研究报告》（《你向何处去，哲学？——思索中西对话的必要性》），跨文化对话并不仅仅指20世纪60年代以后美国和欧洲所倡导的不同个体之间的对话，并不限于在跨文化交际理论内部展开的对话。[1]

  跨文化对话是在属于不同团体的组织和个人之间开诚布公并相互尊重地交换意见，目的是深入了解对方的全球观。大致说来，这种对话可以采取各种各样的交流方式，其范围可以包罗万象，知识交锋、媒体的普及化、艺术交流、反映自身文化的作品和／或反映世界上其他文化的著作，都可纳入进来。[2]

它是2008年"中欧跨文化对话年"期间为欧盟教育培训与文化委员会所拟定的规章。中国政府遵循了这项文件的规定，并在2009年中欧第十二次峰会期间要求欧盟委员会今后在跨文化合作领域多多展开配合。2010年10月6日至7日，由安伯托·艾柯（Umberto Eco）和李比雄（Alain Le Pichon）率领的欧洲跨文化研究院（European Transcultura）成员及其他专家，在中欧首届文化高峰论坛上会见了由裘锡圭和黄平率领的中国同行，双方共同讨论了未来开展合作的种种可能。[3]我是参加这次峰会的唯一一位欧洲汉学家代表。2011年5月18日至19日，超过三百

---

[1] 大卫·霍普斯（David S. Hoopes）：《跨文化交际概念与跨文化经验的心理学》，载玛格丽丝·普施（Margareth Push）主编《多元文化教育：跨文化训练方法》（*Multicultural Education: A Cross-Cultural Training Approach*），芝加哥：Intercultural 出版社，1981年，第10—38页；以及拉里（Larry A. Samovar）等著：《理解跨文化交际》（*Understanding Intercultural Communication*），伦敦：Wadsworth出版社，1981年。

[2] 英文资料参见http://www.interculturaldialogue.eu/web/files/14/en/Sharing_Diversity_Final_Report.pdf。

[3] 高利克：《布鲁塞尔中欧首届文化高峰论坛会议报道——一位与会者的反省》，原文刊于《亚非研究》新辑第20卷，2011年第1期，第135—141页，中文译文参见《汉学研究通讯》第30卷，2011年第2期，第61—65页。

名与会者在太湖世界文化论坛第一届年会上晤面。在这次会议上，大家至少探讨了历史启示带来的种种问题和各种不同文明的具体价值，尽管并不全面。2012年又被定为中欧跨文化对话年。国外汉学家的参与显得微不足道，只有大概六十名来自其他国家的学者参加了上述论坛，美国汉学独步当今世界，可惜竟没有一人与会。[1]

三

现在我们回到成中英的前景和伟大对话的概念，它早在欧盟委员会研究报告中提倡远景和对话之前好几年就已经提出。成中英借鉴的主要思想家是奎因（Willard Van Orman Quine），奎因的思想牵涉所谓科学的理论，主张科学的理论"不管遇到什么与之相抵触的经历或新的观察资料，都可以维持它的连贯性以及对真理的断言。这是整个知识体系面对的外部现实，它可以通过很多方式对概念进行调整，保证必要的变化，以确保基本理论不受反常事实的冲击而失效。即使我们想要做出改变来回应现实，我们也不能一下子就改变整个理论体系……这就是奎因的著名比喻，随着我们在宽阔的海洋上航行，诺亚特的船可以一点一点地修补起来"[2]。因为中国的和西方的哲学在系统和结构实体上各不相同，自然会维护各自的身份，因此彼此的相互适应应该是缓慢有序地进行的，任何彻底的改变都不太可能实现。目标结构可能会接受发射结构的很多因素，这一点我们可以在中国现当代哲学受西方影响的历史中看出来。而中国哲学对当代哲学产生影响则变得困难重重，因为西方哲学家对中国哲学尚处于一知半解层面。成中

---

[1] 参见笔者的会议报道：《文化中国往何处去？对首届世界文化论坛的思考》，《亚非研究》新辑第20卷，2011年第2期，第289—297页。
[2] 成中英：《二十世纪中国哲学的本体诠释学的解释：身份与前景》，载成中英、巴宁著《当代中国哲学》，第401页。

英教授在著作中提出将本体诠释学作为将来中西哲学对话的一个主题[1]，但似乎他花在中国哲学上的时间要比西方哲学多得多。[2]根据成中英的说法，比较研究之另一个有前景的领域是本体宇宙学，其中"道、天、理、气可以和西方的神学传统和形而上学传统展开密切而又持续的对话"[3]。接下来的领域是综合伦理学，其中西方的伦理原则可以包含儒家和道家的道德智慧，不知什么原因，他在这里并没有提到佛家思想。他特别强调汉斯·昆（Hans Küng）在寻求全球伦理学方面所做的努力。在这里成中英又一次突出了当代儒家哲学、道家的本体宇宙学和生态学的伦理层面。

成中英强调"当代中国哲学强于形而上学，而弱于科学民主"[4]。根据他的观点，尽管这样，它还是有助于基因生物学领域的研究，通过它对人类心理和本性的理解有助于实现基因生物学在生物医学领域的应用。最后，成中英论述了权利的问题，这个问题在现代社会一定程度上遭到了忽视。他希望在世界哲学的大框架之内，中国能够一起阐释"以公正和谐为特征的全球哲学；以天才与培育为目标的全球美学，以交流和理解为特色的全球逻辑学，以促进人类幸福和解放为旨归的全球科

---

[1] 成中英：《二十世纪中国哲学的本体诠释学的解释：身份与前景》，载成中英、巴宁著《当代中国哲学》，第403页。
[2] 成中英：《二十世纪中国哲学的本体诠释学的解释：身份与前景》，载成中英、巴宁著《当代中国哲学》，第357页。同时可参看成中英：《孔子的本体诠释学：道德与本体》（Confucian Onto-Hermeneutics: Morality and Ontology），《中国哲学季刊》第27卷，2000年第1期；以及其他学者讨论此一问题的相关文章，如伍安祖：《中国哲学、诠释学与本体诠释学》，《中国哲学季刊》第27卷，2000年第1期，第379—385页；潘德荣、忻榕：《论成中英的本体诠释学》，《中国哲学季刊》第22卷，1995年，第215—231页。在最后这篇文章的开头，我们可以看到："成中英的本体诠释学是中西文化冲突和融合下的产物。本体诠释学的存在宣告了中西文化体系之间相互理解、渗透和融合的可能性。各种社会重大问题迫使我们将世界看成一个全球化的整体。本体诠释学扎根于中西文化的土壤，提供了一条哲学回顾和反思的道路，有助于促进我们的理解。"
[3] 成中英：《二十世纪中国哲学的本体诠释学的解释：身份与前景》，载成中英、巴宁著《当代中国哲学》，第403页。
[4] 成中英：《二十世纪中国哲学的本体诠释学的解释：身份与前景》，载成中英、巴宁著《当代中国哲学》，第403页。

学"[1]。这听起来很有意思，却有点过于辞藻华丽，尤其是最后那几句话。

四

跨哲学对话应该依据比较哲学的方法论进行。这种方法论时至今日还没有得到很好的诠释，当然更不能和比较文学的方法论同日而语。国际中西哲学比较研究协会2008年6月召开"第三届建设性交锋—交融会议"，当我得知赵敦华教授要求与会者给"比较哲学"下一个最低限度的定义时[2]，不禁觉得有些愕然。这和比较文学理论比起来差距何可以道里计！早在1931年保罗·梵·第根（Paul Van Tieghem）就出版了第一本法语理论著作《比较文学》（*La Littérature Comparée*）；1967年杜里申（Dionýz Durišin）以波兰语发表了《文学比较的种种问题》（*Problems of Literary Comparatistics*），1972年增订后以德文出版，书名为《比较文学研究：方法和理论刍议》（*Vergleichende Literaturforschung: Versuch eines methodisch-theoretischen Grundrisses*）；1968年韦斯坦因（Ulrich Weisstein）发表德语的《比较文学简介》（*Einführung in die Vergleichende Literaturwissenschaft*），后来在1973年又以英文出版，书名为《比较文学与文学理论：概览与简介》（*Comparative Literature and Literary Theory. Survey and Introduction*），内容稍稍有所不同。这里我们不得不提到克劳迪奥·纪廉（Claudio Guillen）用西班牙语撰写的《比较文学简介》（*Entre lo uno y lo diverso: Introducción a la literature comparada*）以及1984年中文世界的第一本比较文学小册子——由卢康华和孙景尧编写的《比较文学导论。迄今为止还有很多用各种其

---

[1] 成中英：《二十世纪中国哲学的本体诠释学的解释：身份与前景》，载成中英、巴宁著《当代中国哲学》，第404页。
[2] 安靖如（Stephen C. Angle）：《比较哲学最低限度的定义与方法论：会议报告》，《比较哲学》（*Comparative Philosophy*）第1卷，2010年第1期，第106页。

他语言撰写的比较文学理论著作，我在这里无暇一一列举。而就"比较哲学"而言，以我有限的知识，只有不多几篇理论文章涉及这方面的问题，还有几本著作，不过也是专门讨论"比较哲学"实际问题的。[1]在赵敦华教授的要求下，安靖如（Stephen C. Angle）撰写了上述《"比较哲学"的最低限度定义及其方法论：会议报告》[2]。在这篇文章中安靖如写道，大部分与会者都认为"比较哲学"至少有两方面潜在的研究内容，虽然它们可能相互影响，但至少有时候会存在显著的区别：

（1）使用一种哲学传统中的术语、思想或概念来帮助人们理解或诠释另一种哲学传统；

（2）通过跨传统的互动，寻求推进或发展哲学。[3]

他同时还指出，如果这项工作富有建设性，那么在这两方面的努力都有可能取得成功。这里他很可能借用了牟博教授的思想，牟博常年专注于这一领域的研究，并且勤于编辑"比较哲学"方面的著作文章，上述说法主要来源于他的《关于"比较哲学"的建设性交锋——交融之方法战略：刊物主题思想简介》这篇文章。[4]他所指的刊物正是《比较哲学》，

---

[1] 以下是三本关于中国哲学的著作。牟博：《通往智慧的两条路？中国与分析哲学传统》（*Two Roads to Wisdom? Chinese and Analytic Philosophical Traditions*），Chicago and La Salle: Open Court, 2001年；牟博：《中国哲学比较方法》（*Comparative Approaches to Chinese Philosophy*），Aldershot and Burlington: Ashgate, 2003年；罗伯特·司米德（Robert W. Smid）：《比较哲学方法论：实用主义者和过程传统》（*Methodologies of Comparative Philosophy*），奥尔巴尼：纽约州立大学出版社，2009年。以下所列三本书涉及其他的哲学。拉珠（P.T. Raju）：《比较哲学导论》（*Introduction to the Comparative Philosophy*），Delhi: MotilalBanarsidass Publishers, 1962年初版，2007年重印；拉森（Gerald James Larson）和道奇（Elliot Deutsch）：《跨越边界的诠释：比较哲学新论文选》（*Interpreting across Boundaries. New Essays in Comparative Philosophy*），普林斯顿：普林斯顿大学出版社，1988年；克劳乌斯（Michael Krausz）：《相对论：诠释与交锋》（*Relativism: Interpretation and Confrontation*），Notre Dame: University of Notre Dame Press, 1989年。

[2]《比较哲学》，2010年第1期，第106—110页。

[3]《比较哲学》，2010年第1期，第106页。

[4] 参见《比较哲学》，2010年第1期，第1—32页。牟博很可能在后来的2010年8月8日于北京师范大学举行的"北京当代哲学圆桌会议"上宣读了一篇类似的文章，题目为《关于哲学研究中的建设性交锋——交融之方法战略》，参见http://www.douban.com/group/topic/13228604。这篇演讲的中文摘要可参见http://www.philosophyol.com。

因此这篇文章类似于编辑寄语,介绍刊物的方针政策。据我所知,这是迄今为止写作或出版过的同类期刊当中最好的一份。

牟博的"跨传统交锋"更为系统地解释了三个根本性的要点:第一,指出与建设性交锋—交融方法战略相关的"比较哲学"的主要特点;第二,解释了"比较哲学"的方法论指导和可能的实际应用;第三,展示了这种建设性交锋—交融的实践怎样在过去十年得以实现。

如果我在这篇文章中使用大写字母开头来表示"比较哲学",我是在模仿"比较文学",因为人们通常都这样称呼这门文学研究的分支学科。以上三点主要内容当中,我最感兴趣的是第三点,因为在这一部分他向感兴趣的读者介绍了建设性交锋—交融战略最显著的努力所取得的成果,这些成果一方面体现在对中国古典哲学的研究上,另一方面体现在中西哲学的比较研究上,他特意强调了戴维·王(David Wong)的文章《比较哲学:中国与西方》("Comparative Philosophy: Chinese and Western",发表于《斯坦福哲学百科全书》[*Stanford Encyclopedia of Philosophy*])[1],以及"这些研究怎样付诸实施,主要由研究领域涵盖中国哲学的学者承担,通过他们对中国哲学的研究来实施"[2]。牟博主要讨论在国际中西比较哲学研究协会的大框架下所做的工作,该协会正式成立于2002年,他是主要的理论家,很可能也是组织者之一。该协会一直积极协调从2003年开始由北京大学和北京师范大学共同举办的"北京当代哲学圆桌会议",并且一直和来自英语世界的哲学家开展合作。据牟博说,从某种程度上而言,这项建设性交锋—交融战略活动已经变成了一项国际化的事业,尽管它的范围与中国文学研究及中文之外的其他世界书面语言的研究还不能相提并论。他说"它提供了一个有效的渠道,

---

[1] 《比较哲学》,2010年第1期,第22页。参见http://plato.stanford.edu/entries/comparphil-chiwes/。
[2] 《比较哲学》,2010年第1期,第23页。

通过这一渠道,来自不同文化传统和/或具有不同风格、倾向的研究哲学的学者,在研究中国哲学通向世界哲学的过程中,或者在全球化的语境下进行哲学研究时,都可以展开国际合作,进行建设性的对话和比较性的交锋—交融"[1]。这段话自然极有道理。在这些话当中,特别是类似"对话"、"世界哲学"和"全球化语境"这样的词语最吸引我的注意。"比较哲学"确实应该通过国际合作来展开研究,并时时记住不同的文化传统和研究方向。当然牟博在建设性对话的框架内所做的努力以及他在方法论方面的指导还远远不够,并且他的主要研究领域——分析哲学是现代和古代甚至是远古时期的文化传统和研究方向的唯一来源。他的"建设性交锋—交融战略"学派在这一非常宽广的研究领域内也不过是展示了其中的一种可能性。

从1930年代开始一直到大概1980年代,在比较文学还没有与文化融合在一起、没有形成一门新的尚不够完善的"比较文学与文化"的复合学科之前,它至少存在三到四个不同流派:法国流派、美国流派、中东欧流派甚至是中国流派。牟博教授的远景规划里并没有考虑《东西方哲学》(*Philosophy East and West*)、《中国哲学季刊》(*Journal of Chinese Philosophy*)、《中国哲学研究》(*Chinese Studies in Philosophy*)、《当代中国思想》(*Contemporary Chinese Thought*)、《亚洲哲学》(*Asian Philosophy*)这些刊物所取得的成果。但全球化语境和国际合作,例如与所谓的欧洲"大陆"传统、中国台湾地区、中国香港地区、日本和新加坡展开合作,是未来的哲学(或多种哲学)必不可少的。依我看,还有一个这样的问题:什么是"世界哲学"?我们当然不能把像斯马特(Ninian Smart)的《世界哲学》(*World Philosophy*)[2]或库伯(David Cooper)的《世界哲学:历史导论》

---

[1]《比较哲学》,2010年第1期,第26页。
[2] 斯马特:《世界哲学》,伦敦:劳特里奇出版社,1999年。

(*World Philosophies: A Historical Introduction*)[1]这样的著作当成"世界哲学"学科的作品,因为它们只不过是介绍不同的西方或西方以外的哲学而已。博内瓦克(Daniel Bonevac)和菲利普(Stephen Phillip)编著的《世界哲学导论:多元文化读本》(*Introduction to World Philosophy: A Multicultural Reader*)[2]也同样如此。"世界哲学"也不同于麦基尔(Frank N. Magill)的《世界哲学名著》(*Masterpieces of World Philosophy*),分析或展现了将近一百部从古希腊一直到20世纪的哲学名著。[3]如果第一种类型的著作不过是不同哲学流派或运动的作品选,第二类著作向感兴趣的读者介绍了各种哲学名著,那么我觉得这些著作都不能代表"世界哲学"。让我们再拿"比较文学"来作个比较。捷克著名的比较文学理论家弗兰克·沃尔曼(Frank Wollman)这样定义"世界文学":世界文学所呈现的作品,在某种程度上类似于所有单独国家的文学或者能和它们产生联系。[4]

我认为"世界哲学"也应该呈现这样的哲学著作,其中至少有两种不同的哲学,例如阿拉伯哲学、中国哲学、欧洲哲学、希腊哲学、印度哲学、日本哲学、犹太哲学、罗马哲学等能够积极参与进来并发挥创造性作用,构成其目标中的系统—结构哲学实体的一个不可或缺的部分。这就是马丁·海德格尔的《存在与时间》以及其他著作的特点。[5]从中文世界来看,过去十年来成中英的本体诠释学和本体宇宙学特别值得注意,我们应关注到他创造性地借鉴海德格尔、伽达默尔和胡塞尔的思

---

[1] 库伯:《世界哲学:历史导论》,牛津:布莱克韦尔出版社,2003年。
[2] 博内瓦克和菲利普:《世界哲学导论:多元文化读本》,牛津:牛津大学出版社,2008年。
[3] 麦基尔:《世界哲学名著》,纽约:哈珀柯林斯出版社,1991年。
[4] 弗兰克·沃尔曼:《文学研究中的比较方法:从捷克斯洛伐克—斯诺文尼亚关系史说起》(*The Comparative Method in Literary Scholarship: From the History of Czechoslovak-Slavonic Relationships*),《斯洛伐克研究》(*Slavonic Studies*),1959年第2期,第21页。
[5] Jay Goulding:《中西哲学对话的新途径》(*New Ways toward Sino-Western Philosophical Dialogues*),见《中国哲学季刊》第34卷,2007年第1期,第106—113页;莱因哈德·梅侬(Reinhard May):《东亚影响下的海德格尔著作》(*Heideggers Werkunter Ostasiatischen Einfluss*),Stuttgart: Franz Steiner Verlag Wiesbaden,1989年;格雷亚姆·帕克斯(Graham Parkes):《海德格尔与东亚思想》(*Heidegger and Asian Thought*),火奴鲁鲁:夏威夷大学出版社,1987年。

想，以及从中国固有文化传统，特别是《易经》中汲取智慧。[1]《中国哲学季刊》第28卷2001年第1、2期由成中英主编，其中的参考书目里，《易经》的资料并没有被收录进去[2]，这一点恐怕成中英自己也会觉得遗憾。

我特意强调新儒学所取得的成就并建议大家加以研究，并不意味着西方学者——不论是不是汉学家——就可以忽略其他的中国哲学思潮。对道家哲学（主要是老庄）的兴趣，以及对其他中国本土学说的兴趣，在整个20世纪里都极具代表性，而对佛教哲学的兴趣可能开始得更早。以成中英和牟博为代表的中国哲学家，即使他们并不具备相同的方法论（或者至少他们没有系统解释过他们的方法论），却都竭力在广阔的全球语境下利用跨文化对话、相互理解的可能性来追寻类似的目标。

结论

在《哈姆雷特》里我们读到戏剧主人公对他的朋友说出这样的话：

> 天下有更多事情，荷瑞修，
> 你的哲学做梦也难以梦到。（第一幕，第五场，第166—167行）

荷瑞修是理性的典范，但是哈姆雷特则是莎士比亚式的天才。
在《暴风雨》里，我们读到普洛斯彼罗这样的话，他也是个做梦者：

> 我们就是这样的东西

---

[1] 参见Jay Goulding：《中西哲学对话的新途径》，第113—120页。
[2] 参见《中国哲学季刊》第28卷，2001年第1、2期，《前言》到《参考书目》部分。

如同梦也是以此做成；我们短促的一生

前后都处在一场酣睡中。（第四幕，第一场，第156—158行）

中国和国外的大部分汉学家都相信，人类历史上最伟大的哲学家和做梦者之一庄子写过下面的话：

方其梦也，不知其梦也。梦之中又占其梦焉，觉而后知其梦也。且有大觉而后知此其大梦也，而愚者自以为觉，窃窃然知之。君乎！牧乎！固哉！丘也与女皆梦也，予谓女梦亦梦也。[1]

这篇短文当中所提到和分析过的那些人是否像孔子、庄子及其听众那样都是做梦者？某种程度而言，他们概莫能外。即使以我们所做的种种努力而论，哈姆雷特的话也还是正确的。在这个全球化时代，中西哲学对话的领域内仍有很多工作需要我们去做，比本文提到的各家各派的哲学所能"梦想到"的工作还要多出百倍。

（作者马利安·高利克[Marián Gálik]，斯洛伐克科学院东方研究所资深研究员；译者吴礼敬，北京外国语大学中国海外汉学研究中心博士研究生）

---

[1]《庄子引得》，北平：哈佛燕京出版社，1947年，第6页。也可参见葛瑞汉（Angus C. Graham）：《庄子·内篇》(*Chuang Tzu: The Inner Chapters*)，London：George Allen & Unwin, 1981年，第59—60页。

东南亚朱子学的三个历史形态

[马来西亚] 郑文泉

摘要：东南亚朱子学是海岛东南亚三国的朱子学，是随着中国移民在明末（17世纪初）移入印度尼西亚、马来西亚和新加坡三国以来所形成的四百年朱子学史。由于教育文化、学术文化的时代迭变，朱子学在东南亚也先后历经了理学、孔学（严格来说是"孔教"）和汉学的三大历史形态，本文即是对其历史形态的整体爬梳与阐释。照此爬梳，东南亚朱子学史实际上是同一朱子"四书"理学的不同时期之演化与发展，远非朱子学的全部内容与学问。

关键词：东南亚　朱子学　朱子　理学　孔学　汉学

东南亚朱子学是可以从公元1600年写起的历史学术文化史，是由中国的地方志、族谱和东南亚地区的文物等资料所证实和支撑的。在这之前，东南亚并非没有中国移民与聚落，特别是15世纪初有不少人随郑和下西洋而定居在马六甲（马来西亚）、三宝垄（印度尼西亚）等古城，但一来缺乏文献的记录和文物的证据，二来这些人也与后世的华人聚落（纵使是马六甲、三宝垄等地）未有历史的联系，因而其并不符合文明史的连贯性和承续性的叙述要求。但是自17世纪起，不但中国闽、粤等省的地方志、族谱不间断有其省民、族人外移东南亚的文字记录[1]，而且东南亚地区的"公案簿"、碑铭等资料也可建立起相对完整的四百年华人社区之历史与面貌[2]。换句话说，东南亚朱子学之所以可以追溯到1600年，其故即在这些来自中国和东南亚的文物、文献所支撑起的"信史"。

过去四百年，朱子学在东南亚的历史，并非铁板一块，而是随着教育—学术文化的时代变迁而有所变异。在中国教育—学术文化为理学所主导的时代（晚清之前），随中国移民或西方传教士传入东南亚的自然也是理学面貌的朱子学；晚清，特别是1877年在新加坡设领以来，因内地孔教思潮与运动的刺激，朱子学不但被视为孔教（孔学）的一环，而且还被视为孔教的负面教材；只有到东南亚各国独立以后，中国教育—学术文化被在地化为当地的"汉学"传统和意义时（唯印度尼西亚仍是孔教教育的延续），朱子学才又被人视为华人经、史、子、集传统中的"经"来看待和讲习。这也就是说，朱子学在过去四百年东南亚的教育—学术史中，其实是经历着理学、孔教和汉学之意义和面貌的变迁与分别。

本文旨在对上提朱子学的三个历史形态和进程作一宏观爬梳和阐释，从而为未来教育—学术史意义的东南亚朱子学史之撰著做准备。实际上，本文此一宏观爬梳并非一大而化之或游谈无根的印象式写作，而

---

[1] 例见庄为玑、郑山玉、李天锡《泉州谱牒华侨史料与研究》（二册），北京：中国华侨出版社，1998年。
[2] 分见傅吾康、陈铁凡《马来西亚华文铭刻萃编》，吉隆坡：马来亚大学出版社，1982年；庄钦永《马六甲、新加坡华文碑文辑录》，台北："中央研究院"民族学研究所，1998年；包乐臣、吴凤斌《吧城华人公馆（吧国公堂）公案簿》（第一辑），厦门：厦门大学出版社，2002年（按：2012年已出至11辑）。

是对此前各个时期朱子学的微观研究的进一步汇整与归纳[1],是朱子学的前后发展关系之通史式的联系。换句话说,东南亚之所以有朱子学,朱子学之所以有四百年历史可言,完全是立基于对历史文献、文物的学术建构。

一、东南亚朱子学的理学形态与时期

就1600年到晚清也就是1893年海禁政策正式解除之前的东南亚朱子学而言,问题不在它是不是当时代的中国理学之模式,而是此一模式在东南亚的发展始终受到时代的限制。这一限制主因,就是有清一代的"海禁"政策,它不但限制平民也同时限制官员出洋,致使朱子学在东南亚的传播始终停留在民办义学和私塾的教育层次。降清以后,台湾朱子学开始由官员主政而进入地方官学(即"儒学")的阶段[2],从而与中国本土的中央官学及其科举制度进一步衔接,使朱子学的教育和学术有更高的水平和更大的发展空间。这也就是说,一直到1893年海禁政策解除之前,或1877年清廷在东南亚设置领事护侨以前,不论是华人还是西方传教士的学校,东南亚朱子学始终不脱民办或私立学校的教育模式。

从17世纪东南亚两大荷属华人公堂(吧城华人公馆、马六甲青云亭)的角度来看,它们既然是荷兰殖民政府的华人甲必丹("蕃领"),则

---

[1] 郑文泉:《辛亥革命与近代马、新朱子学的没落》,"辛亥革命百年:孙中山与海外华人国际学术研讨会"论文,金宝:拉曼大学中华研究中心,2011年7月2—3日;郑文泉:《1911年以来之马、新朱子学》,"第八届马来西亚传统汉学国际研讨会"论文,新山:南方学院,2011年10月15—16日;郑文泉:《论闽南朱子学在东南亚朱子学史的作用》,"2011年成功大学闽南文化国际学术研讨会"论文,台南:成功大学中文系,2011年11月26—27日;郑文泉:《从马六甲英华书院看1600—1876年间马、新朱子"四书"学》,"第一届马来西亚华人研究双年会"论文,吉隆坡:马来西亚华社研究中心,2012年6月9—10日。以上诸文俱辑入郑文泉《东南亚朱子学史五论》(吉隆坡:马来西亚朱熹学术研究会,2014年),分别为第三、四、五、二章。

[2] 杨国学、李世财:《朱子学在台湾传播的途径及其功效研究》,《合肥学院学报(社会科学版)》,2011年第3期,第15页。

公堂所办之书院（如1669年吧城"明诚书院"）应属官办义学，而不当视为民办学校。实际上，明诚书院虽然崇祀紫阳夫子（朱子），教授内容可能也不异于马六甲英华书院——1818年马六甲英华书院先教以《三字经》(San-tsi-King)、《幼学诗》(Yeu-hio-shi)、《千字文》(Tsien-tsi-King)、《百家姓》(Pe-kia-sing)之蒙书，再辅以《孝经》(Hiao-King)和"四书"(Szi Shu)等进阶教材[1]，从而与1849年新加坡崇文阁"从此成人小子，读孔孟之书，究洛闽之奥"的以程朱理学为上的教育理念与方向相表里，和同一时期的中国书院或无二致。但一来这些荷属华人甲必丹在清廷海禁政策之下仍然是一"民"的身份，所办书院也不曾被清廷接受和承认，所以我们至此仍未听闻此一时期东南亚华人社会有哪一些学子回去中国而成为举人、进士的文字记录。我们有理由认为，当1888年槟城闽、粤两省人民共同创立南华义学时，尽管仍然是"先读《孝经》，次读'四书'"，但已表明"来义学读书者，大半非为科名起见"的实况[2]，这应该是这一时期民（或"民"）办义学和私塾性质的共同写照。

话说回来，我们今天还能看到1600—1876年（以1877年清廷设领为下限）的民办义学和私塾的朱子学教材和著作，主要是来自基督教传教士在英国的东南亚据地所办的书院，从而证明此一时期是"理学"的时代。实际上，这一时期的东南亚三国已局部沦为荷兰和英国的殖民地，殖民当局为殖民之计而对中国（或华人）社会与文化展开调查与研究是可以想知的，可是结果还是大有不同。从朱子学的角度来说，这一时期的西籍朱子学者是来自英国殖民地的马来西亚和新加坡之高戴维（Collie, D., 1828年卒）、理雅各（Legge, J., 1815—1897）等基督教

---

[1] Morrison, R., *Horae Sinicae: Translation from the Popular Literature of the Chinese*, London: Black and Parry, 1812, pp. 1-2.

[2] 《南华义学条议十五条（1888）》，见陈育崧《马华教育近百年史绪论》，《椰阴馆文存》（第二册），新加坡：南洋学会，第225页。

传教士，而不是来自荷兰殖民地的印度尼西亚之施莱格（Schlegel, G., 1840—1884）、高廷（de Groot, J. J. M., 1854—1921）等外交人员兼汉学名家，即可证明。

一种可能的解说是，这些基督教传教士的宗教背景使他们偏向于以与基督教对等的中国学问作对谈对象，从而留意到当时的朱子学，而进一步成为朱子学的研究者。在这些传教士在马六甲、槟城、新加坡、雅加达等地创办的中英双语、中西双文化的双轨制书院之中，被认为是"中国语言与文化"、"中国经书"的教材与代表的，不外就是上提几部蒙书和《孝经》、"四书"等进阶读本，它们甚至被译成英文以作为华人学生的英语学习课本。然而，这些译本从来就不是单纯的文本翻译，这些基督教传教士兼书院教师还同时从基督教神学的角度对文本进行了不少评注，从而使它们成为学术意义的研究著作。

从上提书院的"中国语言与文化"、"中国经书"的教材、译本和评注来看，我们不但可以看出这个时期的教育是以朱子"四书"学为依归，而且所涉学术论争也可说是理学内部的学理课题。关于这点，我们可以从以下几个方面来阐说：

第一，从课程结构的角度来说，这些书院可说是共同以蒙书为起始，以"四书"为企向。上提1818年马六甲英华书院固然如此，1819年槟城书院（院名不详）也是"学生也阅读《三字经》，并开始阅读《大学》。我们计划让他们熟悉'四书'最有用之部分，以便随时可以引用"[1]，新加坡的坚夏书院（或成立于1823年）的中国课程也被考释出是"中国传统蒙学与部分'四书'读本"[2]，则此一朱子"四书"学教育性质

---

[1] See Travelli, S., "S, Travell to Thos. Beigton (Penang)", 29 September, Singapore: AMCFM, 1838.
[2] 庄钦永：《1819—1844年新加坡的华文学堂》，《新甲华人史料考释》，新加坡：青年书局，2007年，第195页。

的判断应该是可以证立的。

第二，从著作版本的角度来说，不论是马礼逊（Morrison, R., 1782—1834）、高戴维还是理雅各等人的"四书"节译本或全译本，可以看出它们是共同以朱子的《四书章句集注》为依据的，仔细说来就是《大学》根据朱子"改本"（即分《大学》为经一章、传十章之文本），《中庸》依朱子分为三十三章句等，甚至把朱子的"集注"当成是文本的一部分来看待和译出，与朱子学的学术渊源已不言而喻。

第三，从学术论争的角度来说，上提基督教传教士兼学人既然把朱子的"四书"看成是中国学问的根本，也透过朱子的《四书章句集注》来了解"四书"的学问，则它们对这些"集注"的同意与否其实也同时是对朱子理学的臧否——"四书"全译本的两大译者高戴维、理雅各对《四书章句集注》的最大反对意见，就是"中国权威体系关于知识与德行的联系之说是极其错谬的"[1]，也就是认为朱子意义的"知"绝不足以产生道德意义的"行"[2]，这和中国陆王心学对朱子学的反对意见是一致的，可见仍是一理学意义的论争与模式。

从上提基督教传教士的民办义学和私塾的课程结构、著作版本和学术论争的情形来看（华人的民办义学和私塾未留下后二类文献与记录），我们把1600年以来到1877年晚清设置领事护侨（1893年始正式废除海禁政策）之前的这一段长达286年的东南亚朱子学视为一理学意义的教育—学术史时期[3]，应该是切合史实的。

---

[1] 理雅各（Legge, J.）:《中国经典》(*The Chinese Classics*)，台北：南天书局有限公司，1861、1991年，第I卷，第33页。
[2] David Collie: *The Chinese Classical Work Commonly Called the Four Books*, Malacca: The Mission Press, 1828, p.1.
[3] 海禁政策的废除对东南亚华人社会（包括土生华人社会）似乎是一件历史大事，见宋旺相著、叶韦德译：《新加坡华人百年史》，新加坡：新加坡中华总商会，1993年，第232页。

二、东南亚朱子学的孔教形态与时期

我们知道,晚清政府于1877年在新加坡设置领事以至1893年废除海禁政策都有其出自外力介入而无以为继的结果,不但加速了中国人民在东南亚的自由出入,也加速了中国和华人社会的近代化进程。在教育—学术方面的近代化,晚清政府在新加坡的设领,开启后来在新加坡、马来西亚、印度尼西亚等地办学(是谓"侨教")的契机,也为中国对东南亚华人社会的教育与学术之影响提供了方便和管道。一个令人意想不到的后果是,不但此前的民办义学和私塾纷纷为新式的学堂所替代,而且原来的朱子学也为现在的孔学所取代。

我们知道,晚清儒学的一个内部趋势是开始回到孔子、孔学与孔教的传统上,并以其为儒学的正宗代表与诠释。这个趋势的形成既有太平天国运动的"鞭挞孔子"之负面刺激的远因,也有社会改良运动的"排斥宋学,以其仅言孔子修己之学,不明孔子救世之学也"的正面推动等近因[1],以致在民国初期,特别是新文化运动时期,竟直以"尊孔"、"反孔"为尊儒、反儒的代名词。[2]换句话说,晚清儒学实际上存在着从朱子学(或"宋学")转向孔学的时代变迁与过渡,而这个变迁也随着晚清的设领重塑了东南亚华人的教育与学术面貌。

话说回来,我们今天对1877年到1955年东南亚儒学变迁的这一史实,仍然缺乏一通史式的全盘认识与汇整。目前学者对1900年印度尼西亚的中华会馆之尊孔,1899—1911年新加坡和马来西亚的"孔教复兴运动",东南亚新式学校纷以"孔诞"、"孔子节"为公共假期,辜鸿铭、

---

[1] 徐庆文:《20世纪儒学发展研究》,济南:山东文艺出版社,2010年,第1—20页。
[2] 张卫波:《民国初期尊孔思潮研究》,北京:人民出版社,2006年。

林文庆等孔教学者[1],1955年前的新加坡、马来西亚华人信仰孔教者有占据九成以上人口之时期,印度尼西亚中华会馆之尊孔人物另筹孔教会一事等等[2],都有所留意和零星研究,可是未尝将之放到近代东南亚教育—学术史的历史洪流来做一整体爬梳。言下之意,上提近代东南亚儒学的变迁肯定有中国的因素,可是迄今为止尚不是1877年设领以来中国—东南亚华人社会文化交流史的关心人士之注意焦点和阐说对象。

对本文来说,这一时期东南亚社会的"孔教复兴运动"是一事实,但这一事实是以朱子学的没落为前提的,否则"复兴"一说成不可解之事。关于这点,我们可以从以下教育—学术的几个层面来理解:

第一,从学校课程结构的变迁来说,在清廷派和维新派所办的新式学堂里,如1904年槟城中华学校,还保有朱子学传统的"修身"和"读经、讲经"二门科目[3],但在革命派成立中华民国之后的1912年"读经科一律废止",1923年"修身"科目也被取消,朱子学传统科目便宣告退出了现代的基础教育。朱子学的没落已是一无可挽回的事实,而原本为蒙学、小学的"四书"教材也移作大学文学系或哲学系才能一读的课程。

第二,从儒学著作内涵的变迁来说,这一时期的学人不论在中国或东南亚发表的中文或非中文(主要是英文)论著,已经把前期的"从此成人小子,读孔孟之书,究洛闽之奥"的程朱理学转向并限制在"孔学"及孔学的作用"孔教"对象上,如中文论著几无一例外标明是"孔

---

[1] 分见颜清湟:《1899—1911年新加坡和马来西亚的孔教复兴运动》(栗明鲜译),《从历史角度看海外华人社会变革》,新加坡:青年书局,2007年,第127—162页;颜清湟:《林文庆与东南亚早期的孔教复兴运动(1899—1912)》,《东南亚华人之研究》,香港:香港社会科学出版社,2008年,第345—384页;郑良树:《马来西亚华文教育发展史》(第二分册),吉隆坡:马来西亚华校教师会总会,1999年;黄昆章:《印度尼西亚华文教育发展史》,北京:外语教学与研究出版社,2007年。

[2] 人口数据,见Poutney相关著作。Poutney, A. M., *The Census of The Federated Malay States 1911*, London:Darling & Son Ltd., 1911.

[3] 见上提郑文泉《东南亚朱子学史五论》第三章《辛亥革命与近代马、新朱子学的没落》一文,第59—78页。

子之道"、"孔门"、"孔教"、"孔子"、"尊孔"（如有"儒教"、"圣道"、"圣学"之词，指的也是"孔子之教"）[1]，英文论著之"Confucianism"、"Confucianist"也是指"the school of Confucius"、"Confucius"的孔学、孔教而非儒学、儒教之意[2]，是毋庸置疑的，这也足示此一时期的儒学之孔学化（乃至有"孔教复兴"之说）趋势。

第三，从时代学术论争的变迁来说，这一时期辩论的也不是理学内部的"知识与德行的联系之说"，而是儒学内部的先秦孔学和宋明理学的时代功能之诘辩，如辜鸿铭《中国人的精神》一书所言"毋庸讳言，中国自宋朝以来，那些可称作孔教禁欲主义者的宋代理学家们把孔教弄窄了，使其变得狭隘和僵化了，而在这一思维途径下，孔教精神，中国文明的精神被庸俗化了"[3]。林文庆《民国必要孔教大纲》一书的序言也明言"孔子之教，明若日月……尝谓儒道之衰，不在于不尊崇之，而在于尊崇之失当……其弊皆自宋儒之讲学而适以晦之也"[4]。由此可见，包括朱子在内的整个"宋代理学家"或"宋儒"是被当作"孔子之教"的负面教材而存在的。

言下之意，朱子学在1877—1955年是被视为"狭隘和僵化"的"孔教精神"或"尊崇之失当"的"孔子之教"的传统来看待的，不足以表现孔子之教或孔教的真精神，是一"孔教"（从"学"来说为"孔学"）形态的发展时期，应该是可以证立的说法。

---

[1] 梁元生：《宣尼浮海到南洲：儒家思想与早期新加坡华人社会史料汇编》，香港：香港中文大学出版社，1995年。
[2] 例见Lim Boon Keng, "Our Enemies", *The Straits Chinese Magazine*, vol. 1, no. 2 (June 1899), pp. 52-58, and Lim Boon Keng, "Straits Chinese Reform V: Filial Piety", *The Straits Chinese Magazine*, vol. 4, no. 13 (June 1900), pp. 25-30。
[3] 辜鸿铭：《中国人的精神》，海口：海南出版社，1996年，第127页。
[4] 苏易：《孔教大纲·序》，见林文庆《民国必要孔教大纲》，上海：中华书局，1912年，第1—2页。

三、东南亚朱子学的汉学形态与时期

东南亚朱子学的"孔教"时期与形态，随着1955年中国与东南亚形势的演化，又开始分化并转型为另一新时期与形态。从中国的角度来说，1955年它与印度尼西亚在万隆（Bandung）会议签署双重国籍问题条约，象征1877年以来的"护侨"时代的终结，而印度尼西亚孔教联合会（Perserikatan Kung Chiao Hui Indonesia）和新加坡南洋大学的成立也为朱子学的继续"孔教化"（印度尼西亚）和进一步"汉学化"（新加坡和马来西亚）提供了时代的条件。这也就是说，1955年既是朱子学的孔教形态在印度尼西亚得到进一步强化的时期，也是它在新加坡、马来西亚转型为汉学形态的新开始。

我们之所以把这一时期的朱子学称为汉学形态的时期，其故即在本时期的印度尼西亚孔教仍是上一时期的赓续（当然有新的发展），唯有新加坡、马来西亚的汉学才是新的趋势与演化。这么说并不意味印度尼西亚没有汉学意义的朱子学，或新加坡、马来西亚未曾有孔教意义的朱子学，而是这一意义的朱子学在这些国家之中始终不成气候，如前者印度尼西亚国立大学（Universitas Indonesia）、印度尼西亚阿扎尔大学（Universitas Azhar Indonesia）等中文系课程（kurikulum Sastra Cina）绝非经、史、子、集四部构成的新加坡国立大学、马来亚大学、马来西亚拉曼大学等中文系传统，后者的马六甲孔教会、新加坡南洋孔教会等一般意义的社团也与肩负印度尼西亚六大法定宗教之一的孔教之发展的印度尼西亚孔教总会（Majelis Tinggi Agama Khonghucu Indonesia，简称MATAKIN）绝不可同日而语。换句话说，如果1955年前东南亚三国朱子学可视作同一形态的整体历史来看待，那么随着1955年后三国形势与条件的不同与演化，尽管我们把这一时期称为汉学形态，其实义却是"前期孔教形态的朱子学仍继续发展，并有新的汉学形态之趋势与转向"，需分别而观。

实际上，朱子学在1955年以后在东南亚发展所依托的文化母体"孔教"与"汉学"本身,也并非是一帆风顺的。印度尼西亚孔教总会的前身印度尼西亚孔教联合会虽然成立于1955年,但在国家短暂承认之后旋即于1967—1998年被苏哈托政权长期打压,致使孔教事务一蹶不振;而新加坡南洋大学中文系在成立之初虽以"四子书"之选修课性质讲授朱子学,但在1960年或至迟于1965年的课程修订时即被撤除,以致到1997年(或2000年)新加坡国立大学的课程扩编及马来西亚拉曼大学中文系成立之前,新加坡、马来西亚二地中文系几无朱子学的容身之地。这也是说,东南亚"孔教"及"汉学"的发展要迟到1997年或1998年之后才稍上轨道,朱子学才得以在一较为平稳的母体之中存活与延续至今。

尽管如此,朱子学在这一新时期的共同境遇,不论是在既有的孔教或是在新的汉学之体系中,从逻辑的定义话语来说,就是成为孔教或汉学体系的"被定义项",而非"定义项":

第一,从大学课程结构的角度来说,朱子学在今天东南亚三国都是作为高等教育的一环(而与中小学教育无涉)而存在,且仅存于"孔教"与"汉学"二种专业课程之中,前者如印度尼西亚孔教师范学院(Sekolah Tinggi Agama Khonghucu,简称SETAKHONG)的"孔教神学"与"孔教哲学"二种学士课程(均有"四书"导读等课,后者尚有"宋明理学"),后者如新加坡国立大学、马来西亚拉曼大学中文系之学士课程(均有"四书"一课,前者尚有"宋明理学"),可见朱子学的教育—学术史地位是由"孔教"和"汉学"来定义的。

第二,从儒学著作内涵的角度来说,东南亚当世两大朱子学者无非就是来自孔教界的黄立志(Oei Lee Tjiek,1934—2008,前美国Fordham University东方哲学与文化教授)和汉学界的龚道运(1937—2007,前新加坡国立大学中文系副教授),分别进行宗教学意义与哲学意义的儒学研究,对朱子学的研究也就不免是宗教学(即朱子学作为"孔教"的一个构成）和哲学（朱子学作为当代新儒学的一个内部传统）的取向[1]，已不尽然可以原来的理学容貌来衡量这些朱子学的东南亚研究与著作。

第三，从学术内部论争的角度来说，黄立志和龚道运二人的宗教学（"孔教"）和哲学（"当代新儒学"）立场都分别对朱子的理学作了相应的批评与调适，前者以"天"而不是"理"为宗教学意义下的孔教之"至上唯一之神"（Tuhan Yang Maha Esa）[2]，后者则主张"理"之确义不当以朱子（旧）"四书"来见得，而当从乃师牟宗三所说之（新）"四书"即《论语》、《孟子》、《中庸》与《易传》四部来求取，可说是当世东南亚朱子学内部论争的核心内容。

综上所述，朱子学在当世东南亚未尝绝迹（但也仅存于大学层次之教育—学术界），印度尼西亚、新加坡、马来西亚三国朱子学人与其研究，均可印证本时期为一"前期孔教形态的朱子学仍继续发展，并有新的汉学形态之趋势与转向"之时期的说法与归纳是有根据的，而成一独立之东南亚历史时期与形态。

四、结语：同一朱子"四书"理学的不同时期之演化

按照本文上提三个不同时期的整体爬梳，东南亚朱子学作为具有四百年历史可说的教育—学术史，应该是一个可以确证的说法。实际上，这种不同时期的朱子学形态之说有一共同前提，即继承的仅是理学意义的朱子"四书"学，或朱子"四书"理学，此远非朱子学的学问整体：

第一，所谓1600—1876年的"理学"时期，也可说是朱子"四书"

---

[1] 见上提郑文泉《东南亚朱子学史五论》第五章《论闽南朱子学在东南亚朱子学史的作用》，第122—148页。
[2] 印度尼西亚自1965年起即明定"宗教"至少必备四大要件：须有圣典，须有先知，须信仰一"至上唯一之神"，须有宗教仪式及礼拜仪式供信徒遵行。孔教即是此一规范下之产物。见 Sekilas Riwayat Haksu Tjhie Tjay Ing, Jakarta: Majelis Tinggi Agama Khonghucu Indonesia, 2012, p.36。

理学的内部论争时期，因为继承或反对的意见（如基督教之民办书院所见）莫不以此一文本范围之朱子学为内涵、为对象。

第二，所谓1877—1955年的"孔教"时期，也是对朱子"四书"理学在此一时期之时代功用的否定或反对时期，认为前者仅为一"孔子修己之学"，既非当世所需之"孔子救世之学"，亦非孔子之学的真面目。

第三，所谓1956—2012年的"汉学"（"孔教"仍在传扬）时期，也是朱子"四书"理学进一步退隐成为"孔教"与"汉学"传统的一部分，并未特别获得重视与讲习。

这种"四书"理学意义的朱子学，远非朱子学的全部内容，即不论从其广度或高度来说，都不可谓为善绍者。

首先，朱子学或朱子本人的学问广度，按中国传统经、史、子、集的学问划分与构成，可说是在每一领域均有所成就，析言之可如下：

（一）经学：朱子在经学的成就，不仅在于以"四书"学取代"五经"学为圣学入门之梯，使后世以"孔孟"而非此前的"周孔"为儒学的正宗与代表，且同时对后者之《易》学、《诗》学、《尚书》学、《仪礼》学均有其研究与考证之杰出贡献；

（二）史学：朱子在史学的成就，特别是改编、更进司马光《资治通鉴》体例为"纲目体"的《资治通鉴纲目》，不仅汇成后世一"纲鉴"体史书[1]，且对东南亚国家如越南史学有一根本形塑之作用[2]；

（三）子学：朱子在子学的成就，恐怕是在编辑、讲习宋代理学诸子（如二程、谢上蔡、李延平、张南轩等）的文集与作品，特别是《近思录》

---

[1] 此一史书传统，始于明中叶赵时济《纲鉴统宗》而终于清初吴乘权《纲鉴易知录》，详见雷绍锋：《帝王的镜子：〈资治通鉴〉》，昆明：云南人民出版社，1999年。朱子此一改为"更进"之说，可证于近人吕思勉"朱熹的《通鉴纲目》，叙事虽不如《通鉴》，体例却较《通鉴》为善"之说，见氏著：《中国通史》，上海：华东师范大学出版社，2005年，第303页。
[2] 李焯然：《朱子思想与越南儒学》，见林纬毅编《别起为宗：东南亚的儒学与孔教》，新加坡：新加坡亚洲研究学会，2010年，第77—98页。

与《伊洛渊源录》二书，尤为后世理解理学的传授关系、派别及其思想提供了条件，不仅自己就是这一方面的"专家"，甚至也是后人眼中的"集诸儒之大成"、"集濂洛关（此理学各派）之大成"，可见一斑；

（四）集学：朱子在集学或文学的成就，撇开其《诗经集》、《楚辞集注》、《韩文考异》等不说，若与杜甫、李白等一流作家相较，他固然是"一位二流的诗人"（在理学家诗人中，也算是佼佼不群的），但与此"同时也是宋代最重要的批评家"[1]，以至"对朱熹的文学创作、文学批评、文学理论和关于古代文学典籍的整理、注释……四者的任何一个方面，朱熹的成就都足以在宋代文学史上占有一席之地"[2]，诚为公允之论。

其次，朱子本人的学问高度，则不仅表现为他在上提经、史、子、集各部的杰出成就，也体现在他以"理一分殊"的原则纵贯经、史、子、集四部学问为一体的"致广大，尽精微，综罗百代"的性理之学的体系之中。

也许是朱子学或朱子本人这种集大成式的学问广度和高度，后世不同地区、不同时代的朱子学人对朱子学有不同层面的承袭与发挥，如朱子身后在中国"作为理学宗师的地位迅速崛起并不断上升"以致掩盖了其史学家、文学家等声名时[3]，他的史学却在越南取得相当于后者"正史"地位的发展与作用[4]，正适以说明能"照单全收"者殊少。如果朱子学的后世发展本来就有因时、因地的不同而有异时、异地的差别，那么我们将东南亚朱子学史仅看作同一朱子"四书"理学的不同时期之演化与构成，也就显得可被理解和接受了。

（郑文泉，马来西亚拉曼大学中文系教授）

---

[1] 张健：《叙论》，见张健编《南宋文学批评资料汇编》，台北：成文出版社，1978年，第28页。
[2] 莫砺锋：《朱熹文学研究》，南京：南京大学出版社，2000年，第337页。
[3] 莫砺锋：《朱熹文学研究》，第3页。
[4] 李焯然：《朱子思想与越南儒学》，见林纬毅编《别起为宗：东南亚的儒学与孔教》，第91—96页。

17世纪来华耶稣会士对儒家"仁"的译介

——以《中国哲学家孔子·中庸》为例

罗莹

摘要：本文尝试借助概念史的方法，以《中国哲学家孔子》书中"仁"这一儒学概念的西译为例，对17世纪来华耶稣会士所进行的"四书"西译活动进行个案分析，总结译介过程中渗透进去的东西方文化因素以及译者在译介过程中对儒学概念"名"与"实"的重新设定，具体体认当时来华耶稣会士对中国文化的理解和接受程度，继而勾勒出耶稣会士因应自身需要过滤、投射到西方受众接受视域中的儒家思想。

关键词：《中庸》 朱熹 概念翻译 耶稣会士 基督宗教

明清之际儒学西传的译介主体是当时来华的外国传教士，先是通过明末清初来华天主教传教士（尤其是耶稣会士），继而经由清代后期的新教传教士，儒家思想得以系统地传到西方，而其中许多重要核心概念也是在此过程中逐渐为西方人所"了解"以及"误解"。下文以明清儒学西传的代表作《中国哲学家孔子》（*Confucius Sinarum Philosophus*，1687，Paris，下文统一缩写为CSP）书中译文为底本，通过勾勒17世纪来华耶稣会士对"仁"这一概念的翻译，再现经由他们过滤并传递给当时欧洲知识界的儒家"仁"观。

一、《中国哲学家孔子》一书及其译者

作为明清来华耶稣会士译介儒学的集大成之作,《中国哲学家孔子》一书收录了《大学》(*Liber Primus*)、《中庸》(*Liber Secundus*)和《论语》(*Liber Tertius*)"三书"的拉丁文翻译。[1]尽管书中各册并无具体译者的署名,笔者主要基于下列两项依据,推断出《中庸》一书的译者为意大利籍耶稣会士殷铎泽:一是从手稿字迹判断。现藏于巴黎国家图书馆的《中国哲学家孔子》原始手稿分上下两部[2],将第一部(其中包括了《中庸》一书的原始译文手稿)的字迹与藏于罗马耶稣会档案馆殷铎泽的亲笔信比照后发现,不管是在字母书写形态还是缩写习惯上两者都保持高度一致,基本可以确定译文手稿是殷铎泽本人的字迹。二是从译文内容的一致性进行判断。通过与殷铎泽1667年、1669年所出版的《中国政治道德学说》(*Sinarum Scientia Politico-Moralis*, 1667/1669, Quamcheu/Goa)一书进行比照——该书是殷铎泽在广州及果阿翻译出版的早期《中庸》拉丁文译本,以直译为主,底本为朱熹的《四书集注》——殷铎泽的早期译文在《中国哲学家孔子》一书中得到充分保留,尤其在译词的选择以及句式安排上都与他之前的译文保持一致。此外,译者亦在译文中的注释部分,明确标示自己参考了张居正的注解,亦即《四书直解》一书。

---

[1]《中国哲学家孔子》一书中的"三书"译文实际上是在前代来华耶稣会士的口述以及译文基础上,不断加工整理所得,实属几代来华耶稣会士合作翻译的成果。出版时,扉页上有四位译者的联合署名:殷铎泽(Prospero Intorcetta, 1626—1696)、恩理格(Christian Wolfgang Henriques Herdtrich, 1625—1684)、鲁日满(François de Rougemont, 1624—1676)和柏应理(Philippe Couplet, 1623—1693)。

[2] 现藏于法国巴黎国家图书馆西文手稿部,藏书号:Ms. Lat., 6277/1 et 2。

《中国哲学家孔子》一书论"仁"之处颇多，现以《中庸》译文中有关"仁"的译文为例，借此窥探当时来华耶稣会士对于儒家仁德的真实理解。具体译介情况如下。

（1）《中庸》："[故为政在人，取人以身，修身以道，]修道以<u>仁</u>。"

CSP: […] Perficitur verò dicta regula per solidam illam <u>animi virtutem & amorem pietatemque universalem</u> erga omnes Gin dictam.

译文：[……]上述准则的实现需要借助<u>内心坚定的美德、对人的普遍关爱及孝敬</u>，这就是"仁"。

（2）《中庸》："好学近乎知，力行近乎<u>仁</u>，知耻近乎勇。"

CSP: Confucius, ut ostendat, omnes, si modò velint, posse sic proficere ut tandem propè absint à dictis virtutibus, prudentia scilicet, amore & fortitudine ait: quamvis rudis sit quispiam, si tamen amet ardeatque discere, nec fatigetur in studio virtutis, jam is appropinquat ad prudentiam: si quis amore privato sui ipsius adhuc quidem implicitus, tamen nitatur rectè operari, jam is appropinquat ad <u>amorem illum universalem</u> ergà omnes; si quis denique ita est constitutus animo, ut constanter norit verecundari, & erubescere cùm turpia & illicita proponuntur, jam is appropinquat ad fortitudinem.

译文：正如孔子所指出的：所有人，哪怕他们缺乏上述的睿智、爱和勇敢<u>这样</u>的美德，只要他们愿意去做，他们仍然能够实现（这些美德）。虽然某些人是粗俗的，但如果他喜爱并愿意去学，对学习这一美德从不厌倦，那么他就接近睿智了。如果有的人，虽然因为一己之爱陷入了困境，却仍在努力地做正确的事情，这样他就接近那种<u>对所有人的关爱了</u>[指"仁"]；如果一个人他拥有这样的精神，当那些不光彩的、胡作非为的事情发生时，他会为此感到羞愧和脸红，那么他就接近勇敢了。

（3）《中庸》："肫肫其<u>仁</u>！渊渊其渊！浩浩其天！"

CSP: Summè benevolus & beneficus est ejusmodi Sancti <u>amor ac pietas</u> quae se se extendit ad Mundi hujus magnum ordinem; placida item ac profunda perfectionum ejus abyssus quae valet erigere universi hujus magnum illud fundamentum: quàm latissimè patet & extenditur ejus coelum, ex quo tot in orbe conversiones rerum perpetua quadam & uniformi serie promanant.

译文：这样的圣人，他的仁爱是多么的仁慈恳切，他将自己的<u>关爱及孝敬</u>延伸为世间的伟大秩序，他的（德行）完善如深渊一般的沉稳深厚，足以奠定世间的伟大根基。上天是如此的广阔浩瀚，事物之间如此纷繁且从不间断地循环变迁，正是从上天统一、严肃地注入人世间的。

此外，在"人者，仁也，亲亲为大。义者，宜也，尊贤为大。亲亲之杀，尊贤之等，礼所生也"一句，《中国哲学家孔子·中庸》的译文亦再次强调儒家对于"仁"的重视："在这里，哲学家（指孔子）明确提及<u>人性中共通的、纯粹的仁慈</u>，它被称为'仁'，它注重促进和保护整个人类联系和联合。人根据自身所处的等级和境况、经由这一纽带和链条与其他人建立起或是亲密或是疏远的关系。"[1]

二、儒家论"仁"

（一）先儒论"仁"

《说文解字注》：仁，亲也。见部曰：亲，密至也。古汉语中，"仁"字原意为爱人，仁德乃根于心，其现于外为仁恩，与人相处为互爱。[2]在古代，

---

[1] [...] agit nimirum hoc loco Philosophus de communi quadam, sed merè humana charitate, Gin dicta, quae ad totius generis hominum conciliationem & consociationem colendam tuendamque spectat; cujus adeò nexu vinculoque mortales pro suo cujusque gradu & conditione vel arctùs vel laxùs inter se mutuò vinciuntur.
[2] 《汉语大字典》亦对"仁"的内涵予以综合呈现："仁"的本意为仁慈（《诗·郑风·叔于田》：不如叔也，洵美且仁）；后引申为（1）仁爱，对人亲善（《论语·颜渊》：樊迟问仁。子曰："爱人"）；（2）仁爱且有骨气（《论语·卫灵公》：志士仁人，无求生以害仁）；（3）有道德的人（《论语·微子》：殷有三仁焉；《论语·学而》："泛爱众，而亲仁。"邢昺疏："亲仁者，有仁德者则亲而友之"）。此外，"仁"还可以假借为"人"（《论语·雍也》：虽告之曰："井有仁焉。"起从之也？何晏《集解》："有仁之仁，当作人"）。《汉语大字典》编辑委员会编纂：《汉语大字典》，成都、武汉：湖北辞书出版社和四川辞书出版社，1996年。

"仁"作为一种以爱人为核心而含义较广泛的道德范畴,并不只见于儒家,例如墨家亦谈及"仁,仁爱也"(《墨子·经说下》),法家则认为"仁者,谓其中心欣然爱人也。其喜人之有福,而恶人之有祸也,生心之所不能已也,非求其报也"(《韩非子·解老》)等。但将"仁"作为个体追求实践的中心,确以孔门为代表。据王儒松先生的统计,《论语》中"仁"出现了109次,其中出自孔子之口的"仁"就有79次之多。[1]孟子、荀子也对"仁"有所论述,纵观二人之言,虽然他们所言之"仁"的内涵不尽相同,但他们都认为"仁"的意旨应该是人人发挥其爱心,由近及远、由家及国、推己及人地相亲互爱。"仁"作为儒家对于"人"的最高理想,孔子曾清楚地概括了"仁"这一被他视为道德标准的概念:"子张问仁于孔子。孔子曰:'能行五者于天下为仁矣。'请问之。曰:'恭、宽、信、敏、惠。'"(《论语·阳货》)"夫仁者,己欲立而立人,己欲达而达人。能近取譬,可谓仁之方也已。"(《论语·雍也》)"颜渊问仁,子曰:'克己复礼为仁。一日克己复礼,天下归仁焉。为仁由己,而由人乎哉?'颜渊曰:'请问其目。'子曰:'非礼勿视,非礼勿听,非礼勿言,非礼勿动。'"(《论语·颜渊》)[2]

---

[1] 王儒松:《朱子学(上册)》,台北:教育文物出版社,1995年,第265页。
[2] 《论语》中孔子对于自己的"仁"观有详尽的阐述,详见杨伯峻《论语译注》中的以下条目:4.15 "仁"其实是指忠和恕,"忠"偏重于对人的态度(对君主的态度详见3.19;对他人的态度详见1.4);"恕"即是指"己所不欲,勿施于人",偏重于对己。18.1 仁的实现方式有多种多样,只要以自己的方式践行了仁道的都可以算得上是仁人。微子丢下职位,箕子成了奴隶,比干进谏身亡,他们可谓殊途同归,都算得上是仁人。6.30 仁者要通过自己立身来使他人立身,自己通达而使他人通达。近取己身为例是为仁的途径。12.22 仁者要爱护他人、理解他人,"举直错诸枉",举用正直的人来代替不正直的人,使不正直的人变得正直。完善个体即自身人格的同时,也要尊重、爱护、理解他人。19.3 仁人君子有教化世人的使命,与人交往不能以好恶为取舍,但也并非来者不拒。孔子附带指出有三种朋友是有害的(详见16.4)。 1.2 "君子务本,本立而道生。孝弟也者,其为仁之本与!"指明孝顺娣爱乃实行仁的根本。1.6 "弟子入则孝,出则弟,谨而信,泛爱众而亲仁。"强调个人应以学习修身、实践为本,艺文为次。这里指出理想的个人应在家孝顺、出外娣爱,谨慎而守信,泛爱众人而亲近仁者。才艺是次于道德的修养。2.8 强调孝以恭敬为本,表情上顺从父母的意愿也是恭敬的一种具体表现。4.19 孝道之一是父母在世不远游,出游必须有定规,子女要体恤父母的爱心。4.20 三年不改父亲的准则为之孝。4.21 记住父母的年岁,一为喜悦,一为担心,在其有生之年要更尽心孝顺。17.21 讨论守孝三年的问题。杨伯峻:《论语译注》,北京:中华书局,2004年。

在孔子眼里，如果一个人能在为人处世时做到恭敬、宽厚、为人守信、敏捷、以恩惠之心对待他人，就可以称为拥有"仁"的美德。孔子认为"仁"内在于每个人生命之中，"仁"的自觉精神必须落实在工夫之上，而工夫又必须是在日常生活之中来实践的，即所谓"我欲仁，斯仁至矣"。"仁"的实践在他看来是不分阶级、不分时间、不分环境的。

到了宋代，虽然周敦颐、王安石等还是支持仁学旧说，部分理学家已开始反思批评孔孟之以爱训仁，尤以程明道为代表。在他看来，爱为情，仁是性，情是性之动，由性而来，因而反对以情为性的说法。既然欲反以爱训仁，自然需要标榜己见、鲜明立论，因而宋儒对于"仁"的诠释愈加纷呈：（1）程伊川"以人体公"为仁，他认为仁之理是公，公即无私，以人体之，能做到去人欲之私，故为仁。但是，公乃仁之理，因而不可说公即是仁，否则就犯了跟孔孟一样的错误，因而程颐才说公而以人体之谓仁；（2）程明道和张载都主张仁即"万物与我合一"。此外，还有二程的学生谢上蔡的"以觉为仁"，但是他的观点实际上是对程伊川观点的误解。仁论的观点如此各异，却无一能折服天下人心。朱熹遂对先贤学说予以会通并加以改进。

（二）朱熹论"仁"

孔孟以来，儒家论"仁"多指向人生、人心、人事，而朱熹却在此基础上进一步拓宽了"仁"的涵盖范围，以"仁"兼释宇宙界和人生界，眼光始大。朱熹论"仁"可以划分为：（1）论自然界中之"仁"，即天地生物之心；（2）论人生界之仁，即人心之仁。

朱熹曾说过，"仁是天地之生气"，"仁是个生底意思，如四时之有春"（《朱子语类》二〇），"天地生这物时，便有个仁。它只知生而已"（《朱子语类》一七），指出自然中天地万物皆由一气所生成，万物其生其化即是其生"理"之所在。朱熹本着他在思考时一贯喜好会通易经、阴阳、五行、汉儒各家学说的特点，又提出"天有春夏秋冬，地有金木水火，人有仁义礼智，皆以四者相为用"(《朱子语类》一)，"元亨利贞，仁义礼智，金木水火，春夏秋冬，将这四个只管涵泳玩味，尽好"(《朱子语类》七五)，从而将天地生生不已的生机与"仁"相会通，这是他在"仁说"上超越前人的地方。需要注意的还有：朱熹的"仁"是"动而善"(《朱子语类》二〇)的，他强调"仁"是天地的造化之心，是它使得自然界生生不息，但他只想谈论万物生机从何而来，从而使得天地万物能够如此循环以复，而不像老子那样喜欢去穷究该本源的有无与动静。

继而朱熹又指出："天地以生物为心，天包着地，别无所作为，只是生物而已。亘古亘今，生生不穷，人物则得此生物之心以为心。"(《朱子语类》五三)"天地以此心普及万物。人得之遂为人之心，物得之遂为物之心。草木禽兽接着，遂为草木禽兽之心。只是一个天地之心尔。"(《朱子语类》七四)这样，他就从讨论自然界中天地有生物之心，此心为仁，又转入讨论人生界中，人与万物为天地所生而各得此天地之仁，并因获得此"仁"于己身才各成其为人与万物，即所谓"流行时，便是公共一个。到得成就处，便是各具一个"(《朱子语类》七四)。虽然说天地之"仁"降落于人与万物身上，使之皆有欲生好生的求生之心，但朱熹特别指出：人心与天地之心有同有异。相同之处是人与草木禽兽一样，都生而具有天地生物之心（求生存、趋利避害），但不同之处则在于，"天命至公，人心便私。天命至大，人心便小"，尽管人心中有隐而未现的仁心仁道，人心却因私欲而"便邪"、"便私"、"便小"。正是由于此诸仁"动处便是恻隐。若不会动，却不成人"，人需在后天通过克己复礼的内在修为实践才能使得隐藏于人性中的诸仁，通过恻隐之心发而始得见，只有这样才能显诸仁者并转为用，人也才能称得上是成就了此一"温和柔软"的人心之仁。[1]

三、耶稣会士译"仁"

殷铎泽在翻译《中庸》"修道以仁"一句时，给出他对于儒家之"仁"的基本理解：内心那种坚定的美德以及对于每个人的爱和责任感。关于该句的理解，朱熹在集注中解释："道"是指天下达道，"仁"指天地生物之心，而人得以生者，所谓元者善之长也。张居正基本沿袭朱注，仅将"仁"进一步细化为"本心之全德"。联系上文，这句话的意思其实是：国君要遵循天下的大道就应以"仁"为本来修自身，即一国之君应该注意尽本心中的天德，即通过克己复礼修善其身，使自己人性中隐藏的善（天命之性，人性之道）发显成为恻隐慈爱的美德，真心实意地将之用于五伦之间，则道无不修，政无不举。殷铎泽在此处将"仁"这一造化人的"天地生物之心"译为内心的美德、普遍的关爱和孝敬，明显是参照后世的注解将"仁"的内涵具体化，以便于欧洲读者理解。但需注意的是：他在这里使用 amor 一词，其意义与基督宗教中的 cartitas，即博爱一词是有所区别的。amor 指代的是审美层面上的爱，是指人与人之间尤其是男女之间的爱恋（als ästhetische und erotische Liebe, lat.: amor）[2]；而基督宗教中用于指代自我奉献和牺牲的博爱精神的则是 cartitas 一词（als dienende, sich schenkende und opfernde Liebe, lat.: caritas）[3]。由此可以看出，殷铎泽有意将儒家以爱训"仁"的思想与基督宗教的博

---

[1] 关于朱熹的人心之仁，钱穆先生有详尽的分端叙述，包括了：仁包四德，即仁义礼智；仁者，心之德，爱之理，即仁是体，爱是用，爱自仁出也；温和柔软者为仁；无私欲是仁；仁与公与恕的关系；知觉为仁；仁是全体不息；为仁之方；仁与智的关系；仁与义的关系。详见钱穆：《朱子新学案》，成都：巴蜀书社，1986年，第386—414页。
[2] Volker Drehsen usw. (hg.), *Wörterbuch des Christentum*, Zürich: Gütersloher Verlagshaus Gerd Mohn, 1988, p. 727.
[3] Ibid.

爱相区分，甚至可以说：他或深或浅地认识到儒家所谈的仁爱与基督宗教的博爱之间的差别。儒家主张的爱是具有等阶性的，其亲亲尊尊，乃至韩愈曾提出的"博爱之谓仁"都是以爱的等差性为其预设前提，所以孟子才会如此严厉地抨击墨家的"兼爱"——墨家思想其实更为接近基督宗教的博爱精神——"墨氏兼爱，是无父也。无父无君，是禽兽也"。殷铎泽神父在这里选择用amor来翻译"仁"，一方面强调了儒家所谈之爱与基督宗教"信望爱"三德中的"博爱"有本质差别，从而也暗示了世俗的儒家思想与基督宗教信仰之间的差距；另一方面，他译"仁"为美德、普遍关爱乃至孝敬，虽然表达出了"仁"内涵的丰富及其适用范围之广，但同时也模糊了儒家之爱是以血缘亲属关系为其重要维系、主张爱具有等差性这一关键性特点。

在翻译"好学近乎知，力行近乎仁，知耻近乎勇"时，殷铎泽虽然还是用"普遍的关爱"（amor universalis）来翻译"仁"，但译文中也补充说明了如何经由个人修为，实现"一己之爱"到"普遍关爱"的升华。这一补充明显参照了朱注。因《中庸》原文并无此段举例说明，正是朱熹在其集注中，将此处的"仁"解释为"然足忘其私"，即所谓仁以体道，若能勤勉自强、事事实践省察，则可以去除人性之私的蒙蔽，本心复还而近于仁。此外在翻译"肫肫其仁"时，殷铎泽将"仁"译为"爱与孝敬"（amor et pietas），他对这句话的理解是：圣人的关爱和孝敬将被延伸扩展成为世间的伟大秩序。这在一方面流露出他对朱注的熟悉了解——朱熹注解"肫肫"为"恳至貌，以经纶而言也"，意思是说在人伦日用之间有着圣人般的仁德，真挚恳切——张居正完全沿用了朱熹的说法；另一方面，殷公却用基督宗教中用于指示那些获得封圣的"圣人"（sanctus）一词来对应儒家的"圣人"，这种简单对应的背后隐藏着的却是儒家和天主教对于圣人以及成圣认识上的巨大差别。宋朝理学家有一共同之观点：圣人可为。只是各家对于圣人的标准以及如何成圣在陈述上各有不同，朱熹对此也有讨论。在他眼中，只有才德兼具、体用兼尽的人才能称为圣人，而其中道德修为是根本，道德无妨于事功，但事功却一定是在道德修为的基础上才能完成。朱熹以德、才、事功为标准，划分出贤人—君子—圣人这样等阶式的成圣过程，教导学人要历级而上。至于如何成圣，伴随着人生经验和感悟的沉淀，朱熹对此的看法有一变动过程：早年朱熹认为学成圣人并不难，知道如何做好一个士人是成圣之途的起点，只要方向、方法把握对了，虽然修行之路漫漫，还是可以实现的（《朱子文集》七四）。37岁时朱熹强调要成为士人，首先就要以成为圣人作为终生为学的目标，没有这一目标，连士人都当不了。虽然他也认为要成为像舜那样的大圣人其实是可望而不可即的目标，但是又不能不为（《朱子文集》七五）。47岁时朱熹答学生问，指出成圣也需下学而上达，不要把圣人过度抬高，其实是在强调不要过度关注圣人所成就的功业，而要先看到他们身上的德性，士人以成圣为目标都是从下学德性开始（《朱子语录》四四、五八）。待朱熹年过五旬，由于象山之学影响始大，且主张圣人之道就在各人心中，人人皆可以成圣。针对这种看法，朱熹开始强调圣人难做。晚年的朱熹认为圣人难做的理由是："天只生得许多人物，与你许多道理，然天却自做不得，所以必得圣人为之修道立教，以教化百姓"（《朱子语录》一四），指出圣人就是要做天地所不能做的事情，以德才事功继天地之志，述天地之事，在新民明德上尽此工夫，即《中庸》中提到的"赞天地之化育"，这样的聪明多能之士才能算得上是圣人，而做到这一切绝对不是一件容易的事。

  基督宗教从早期开始就有关于信徒成圣的记载，也一直有通过某些仪式对圣人表达崇拜的传统。根据《新约》，"神圣"乃是经由洗礼使上帝的神灵注入信徒的身上，而"圣人"则是受到上帝的召唤并称职地完成上帝赋予他的使命的人。"神圣"也因此被规定为教会四大基本标志之一（vier grundlegenden "Merkmale der Kirche" —— "notae ecclesiae"）。后来教会基于"圣人"对于信徒在崇拜和虔诚方面的重要示范作用，开始制定出"封圣"的标准,一开始是指那些为捍卫、传播基督信仰而殉教的信徒,这从公元2世纪就开始有记载,后来在4世纪后期出现了第一位非殉难的"圣人"Martin von Tour。此后,如果某位虔诚的信徒在美德修行、天主事功方面做出了卓越的成就,乃至他因此而显现出了某些奇异之处,比如能行奇迹,也可以经教会认可后由教皇封圣。一经教皇封圣,"圣人"将会以教会认可的礼拜仪式,定期接受信徒的崇拜和祈祷,有关"圣人"生活及其修行的记载也会被视为他成圣的证明、教诲,被虔诚的信徒们广加传颂,流芳百世。

在殷铎泽的译文中,孔子这样的异教哲学家也因应他的智慧、仁德与才能而修道成"圣"了,这种翻译是基于一种字面的直译,还是暗示了在中国,除了基督救恩以外,孔子以及其他拥有极高政治道德智慧的"君子"(殷铎泽译为"完美之人")也有其他成圣的方式?对此翻译动机的种种猜测,如今都只能隐没在"君子"被套上西方圣人之头衔的一幕中。

四、小结

从翻译的信实原则看来,耶稣会士对于"仁"以及其他儒学概念的译介大多是对概念的名实重新进行人为设定,甚至对概念的内涵进行文化意象的比附,从而使词意在跨语境的传递中出现了偏差及变异。但其"四书"译本在欧洲出版后,却对当时的欧洲启蒙思想家产生了极其深远的影响,莱布尼茨(Gottfried Wilhelm Leibniz,1646—1716)、孟德斯鸠(Charles Secondat de Montesquieu,1689—1755)、伏尔泰(Voltaire,原名François-Marie Arouet,1694—1778)、法国哲学家培尔(Pierre Bayle,1647—1706)、英国的东方学家威廉·琼斯(William Jones,1746—1794)等人在其书信、著述中都对《中国哲学家孔子》一书进行议论和引用。由此,从其翻译信息的传递及接受度来看,该书所企及的高度竟是我们后人所不及。究其原因，一方面固然是与启蒙时代的精神需求、文化氛围，亦即"时机"有关；另一方面则是因为承担其译介工作的耶稣会士自身兼通中西的深厚文化修养，因此他们才能基于西方的主流价值观（即所谓的"以耶释儒"，借助中西文化意象的附会将异质文化吸纳到自身文化框架的解释之中），借助当时西方的学术语言（借助西方的神哲学术语来转译、套用儒学概念）灵活纯熟地改写他们所需要的儒学文本。假如说明清来华的耶稣会译者，他们凭借着圣保禄式归化异教徒的热情以及对于中国文化"同情之理解"，尚能够透过"非理性"的躯壳（祭天祭祖、八卦算命等文化现象）发现并欣赏中国文化中的内在理性，那么18世纪以后的西方人则更多是以外在理性的缺乏——亦即不符合西方世界为现代社会所制订的各种范式，大至法律法规，小至学术论文的引文格式——来否定中国文化的内在理性。如何主动面对西方，及时回归传统，通过结合经验研究及理论反思，经由它们之间的反复连接来思考如何建设一个既是中国的又是现代的、一个有别于西方现代主义模式却又具备普世性价值的中国学术传统乃至现代中国形象，这已然成为当下学界之重任。

（罗莹，北京外国语大学中国海外汉学研究中心）

典籍译介

马礼逊第一本《大学》英译翻译初探

张西平

摘要：19世纪,基督新教传教士马礼逊来到中国,继而出版了著作《中国通俗文集译文集》,其中包括《三字经》、《大学》、《孝经》等中国文献的翻译。马礼逊的《大学》翻译呈现出两个特点,一是从19世纪西方科学角度理解儒家伦理,二是翻译风格采取直译。这部译本是英语世界的第一个《大学》译本,在西方汉学史上有着重要的学术地位。

关键词：马礼逊 《大学》 翻译

一

19世纪最早来到东方的基督新教传教士马礼逊（Robert Morrison,

1792—1834）[1]来中国前，伦敦传教会（London Missionary Society）交给他三个任务：学习中文、编撰中英文词典和翻译《圣经》。要完成这三个任务，除翻译《圣经》外，其余两个任务都涉及了对中国古代文化典籍的理解，这样对中国古代文化典籍的翻译成为他必须要完成的任务。

马礼逊在英国时就开始跟着一个留英学习的中国人容三德（Yong-Sam-Tak）学习汉语[2]，同时在英国看到了巴黎外方传教会的白日生的《圣经》中文译本，在罗马看到了方济各会来华传教士叶尊孝（Basilio Brollo，1648—1704）的《拉汉词典》的手稿[3]。这些都使得他在来华前已经具备了一定的中文基础。1807年5月马礼逊入华后，继续加强中文学习，"来华一年后他已经进而研读'四书'了"[4]。这说明马礼逊在他的中文教师的帮助下进步很快。[5]马礼逊对中国典籍的翻译不仅表现在以上这些著作中，他在其《英汉汉英词典》中也有着大量对中国典籍文化的介绍。[6]这一点我们应引起注意，在早期的传教士所编写的汉语英语

---

[1] 关于基督新教来华史的研究，可参阅苏精：《马礼逊与中文印刷出版》，台北：台湾学生书局，1982年；苏精：《中国，开门！马礼逊及相关人物研究》，香港：基督教中国宗教文化出版社，2005年；苏精：《上帝的人马》，香港：香港中文大学出版社，2006年；李志刚：《基督教早期在华传教史》，台北：台湾商务印书馆，1998年；谭树林：《马礼逊与中西文化交流》，北京：中国美术学院出版社，2004年；张西平、程真：《马礼逊研究文献目录》，郑州：大象出版社，2008年，等等。

[2] "经过伦敦会交涉，容三德于一八〇五年十月搬到伦敦和马礼逊同住，以便教学中文，并先后协助抄写莫理斯提及的那部大英博物院所藏的中文《新约》，以及英国皇家学会（The Royal Society）借予的一部拉丁中文字典，以备马礼逊携带来华。"参阅苏精：《中国，开门！马礼逊及相关人物研究》，第20页。

[3] 杨慧玲：《19世纪汉英词典传统：马礼逊、卫三畏、翟理斯汉英词典的谱系研究》，北京：商务印书馆，2012年。

[4] 苏精：《中国，开门！马礼逊及相关人物研究》，第46页。

[5] "1808年9月，马氏记录了他的助手和他一起读"四书"的情景。马氏在1809年从汉文教师高先生认真研读儒家经典。在该年的前半期，他读毕《大学》和《中庸》，并开始预读《论语》。同年9月，已读毕《论语》过半……1810年末，马氏常致书友人和伦敦会董事讨论儒家经典。这些函件是他日后论列儒教的基础。"参阅龚道运：《近世基督教和儒教的接触》，上海：上海人民出版社，2011年，第22页；艾利莎·马礼逊（Eilza Morrison）编，杨慧玲译：《马礼逊回忆录》第1—2卷，郑州：大象出版社，2007年。

[6] 朱凤：《试论马礼逊〈五车韵府〉的编纂方法及参考书》，见张西平、吴志良、彭仁贤主编《架起东西方文化交流的桥梁：纪念马礼逊来华200周年学术研讨会论文集》，北京：外语教学与研究出版社，2011年。

英华书院外观图

    双语学习词典中有着大量的中国典籍文献的翻译，这是西方读者了解中国古代文献的一个重要途径。[1]

    马礼逊在马六甲创办的英华书院，开启了中国近代的外语教育、基督教教育，同时，也开启了19世纪基督新教的中国典籍翻译之先河。

    马礼逊在建立中国最早的印刷所时，一方面开始将自己的中文作品印刷出版，同时也开始尝试将中国的典籍和中国的重要历史文献翻译成英文出版。*Translation from the Original Chinese, with Notes*[2]是马礼逊在澳门印刷所出版的第一本书，本书主要内容是嘉庆皇帝的六道诏谕，第一道是1813年70名天理教徒潜入北京达三天之久才遭肃清后发布的谕旨，其他五道则出自1814年《京报》中，分别关于国家采用法律及社会秩序等问题。马礼逊因担任广州商馆翻译而便于获得这些资料，并加以

---

[1] 在卫三畏的《拾级大成》(*Easy Lessons in Chinese*，1842)中，大量的语言练习内容是取自《三国演义》、《聊斋志异》、《子不语》等文献。参阅顾钧：《卫三畏与美国早期汉学》，北京：外语教学与研究出版社，2009年，第54页；杨慧玲：《19世纪汉英词典传统：马礼逊、卫三畏、翟理斯汉英词典的谱系研究》，北京：商务印书馆，2012年。

[2] Robert Morrison, ***Translation from the Original Chinese, with notes***.Canton: East India Company Press, 1815.

英译向西方国家报道中国现状。本书之末是马礼逊翻译的唐代诗人杜牧的七言律诗《九日齐山登高》[1],这说明,从一开始马礼逊就关心对中国古代典籍的翻译。在我们有限的篇幅中不可能对马礼逊所有的关于中国研究的著作加以研究,这里我们仅仅选择了他的三本著作,作为了解他对中国古代文化介绍和研究的切入点,由此,初步了解19世纪上半叶中国文化在英国的传播。

《中国通俗文集译文集》(*Horae Sinicae: Translations from the Popular Literature of the Chinese,* London: Black and Parry,1812)是马礼逊对中国典籍的翻译的主要成果体现。马礼逊在谈到自己的汉语学习时讲到他所做的中国典籍的翻译,他说:"我补充一句,虽然我翻译了大量的公文信函,也翻译了两本中国蒙童读物,此外还翻译了孔夫子著作的前两部

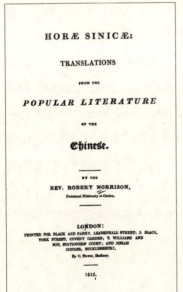

马礼逊的《中国通俗文集译文集》书影

---

[1] 苏精:《中国,开门! 马礼逊及相关人物研究》,第285页。

《大学》、《中庸》以及第三部《论语》的一部分。"[1]伦敦会在1812年的报告中也记载马礼逊的这项工作，报告中说马礼逊"还给英国寄回了他翻译的一些中国文学的篇章，这些都是从孔子语录、佛教史以及中国其他被敬若神的人的书中选择的"[2]。

英国的出版商在"告读者"中说："这本书所选的都是在中国被大多数人所阅读的，并被认为具有丰富知识内容和道德教化因素的读物。"[3]为了满足当时英国人对中国的好奇，他们出版这本书。出版社告诉读者，这本书毫无疑问是没有问题的，当时英国唯一的汉学家司汤东（Sir George Thomas Staunton, 1781—1859）和英国在广州的商人们（British Factory at Candong）都给予了这本书很高的评价。在谈到作者时，出版商在"告读者"中写道"马礼逊是一个天分很高，完全值得信赖的人"[4]，并简单介绍了马礼逊在中国生活的情况，说明作者和这本书都是值得信任的。

这部书从翻译中国古代文化典籍入手，向欧洲介绍中国古代文化的基本内容。书的基本内容是：《三字经》、《大学》、《佛教源流》、《孝经》、《道教源流》、《戒食牛肉歌》、中国书信例文。

二

我们来看马礼逊的《大学》翻译。这里无法展开对马礼逊译本的全面研究，只能对马礼逊译文的两个主要特点做一初步的分析。这两个特点是：一是从19世纪西方科学角度理解儒家伦理；二是翻译风格采取直译。

---

[1] 艾利莎·马礼逊编，杨慧玲译：《马礼逊回忆录》第1卷，第142页。
[2] 艾利莎·马礼逊编，杨慧玲译：《马礼逊回忆录》第1卷，第174页。
[3] 马礼逊：《中国通俗文集译文集》（*Horae Sinicae: Translations from the Popular Literature of the Chinese*），London: Black and Parry，1812年，第i页。
[4] 马礼逊：《中国通俗文集译文集》，第iv页。

我们先看第一点。

《大学》：大学之道，在明明德，在亲民，在止于至善。

马礼逊译文：The great science [*Ta-hio*] contains [three things]: a clear illustration of resplendent virtue; of the renovation of a people; and how to proceed to the utmost bounds of goodness.

如何翻译"大学之道"这是一个很难的问题。的确，马礼逊用the great science来翻译，可以看出他和耶稣会翻译之间的连接。[1]拉丁文中的"sciendi"，意思是"知识"或者"学问"，马礼逊更多是直接转用了柏应理拉丁文本的法文译本的英文转译本；*The Morals of Confucius*则将书名"大学"译作"Ta-Hio, or The Great Science"[2]，马礼逊只不过将"大学"的拼音放在了后面。如果我们将马礼逊的译文和后来的译文对比就可以看出其问题。

理雅各译文：Whate the Great Learning teacher, is to illustrate illustrious virtue.

林语堂的译文：The principle of the higher education consist in preserving man's clear charater.

由此可以看出，马礼逊仍是从知识论的角度来理解"大学"的，而理雅各和林语堂则看到"大学"首先是一种伦理的教育。正如学者所指出的："拉丁文中的'sciendi'，意思是'知识'或者'学问'；英文中的'science'，在中古以前也具备这种词源上的宽泛意义，但在近代科学兴起之后，却多用来指自然科学。将'大学'译作'the great science'，对十九世纪的英语读者显然具有误导作用。因为《大学》所讲的，是修身

---

[1] 柏应理（Philippe Couplet）在《中国哲学家孔子》（*Confucius Sinarum Philosophus*,Paris, 1687）一书中，将"大学"之"学"译作"sciendi"。
[2] Anonymous, *The Morals of Confucius*. London: Printed forRandal Taylor, 1691, p. 32.

与治国的学问,并非通常意义上的科学。"[1]

马礼逊从近代科学的角度来理解《大学》中的知识、格物致知并非一处,而是一个基本的看法。如他将"物格而后知至;知至而后意诚;意诚而后心正;心正而后身修;身修而后家齐;家齐而后国治;国治而后天下平"翻译为:

The nature and substance of things first exist, and are afterwards known; if known, the motive will be purified; after the motive is purified the heart will be rectified; the heart being rectified, the person will be adorned with virtue; when the person is adorned with virtue, then the family will be regulated; when the family is regulated, the nation will be governed well; when nations are governed well, under the whole heaven will be tranquility and happiness.

这里他将"物格而后知至"翻译为"The nature and substance of things first exist",意思是事物的本性和实质首先存在,然后才会被认知。这显然是一种西方哲学的观点,首先将世界二重化,设定一种事物的本质存在,科学的目的在于探究这种事物的本性。显然他基本没有理解这句话所包含的儒家伦理本体论的内涵。

又如,

《大学》:所谓致知在格物者,言欲致吾之知,在即物而穷其理也。盖人心之灵莫不有知,而天下之物莫不有理,惟于理有未穷,故其知有不尽也。

马礼逊译文:The phrase "pursuing knowledge to the utmost bounds of things," implies: —If I would perfect my knowledge, it must be by investigating to the utmost,

---

[1] 王辉、叶拉美:《"直译"的政治:马礼逊〈大学〉译本析论》,《广东外语外贸大学学报》,2008年第3期。

the properties of things. For the mind of man is not without knowledge; nor is any thing under heaven without [its distinguishing] properties. Only amongst those properties some are not known to the utmost; therefore knowledge is not perfect.

这里他是从知识论的角度来理解"言欲致吾之知,在即物而穷其理也"这句话的。马礼逊同样将儒家伦理学上的"格物致知"转换成知识论上的认识对象,从内心转向外部。将"此谓物格,此谓知之至也"翻译成"This is what is implied by the utmost bounds of things, and the perfecting of knowledge"。

儒家的"格物致知"首先是在修身的前提下展开的,在伦理的框架中展开对知识的寻求,而不是脱离这个前提,将格物致知看成一个主体二分,主体对客体的探索。马礼逊显然没有很好理解儒家学说中的理性的本意,他受到自身19世纪英国经验论哲学的影响,更多是从西方科学的认知角度来把握和分析儒家学说的。

再看第二点。马礼逊在翻译《大学》前就说:"下面是对《大学》文本的直译,目的不仅是传递出原文的意义,更要体现原作的风格和形式。"马礼逊这种翻译风格是有所指的,即不同于来华耶稣会士的儒家经典的翻译风格。来华耶稣会士的翻译加入自己的很多注释,这样使译文十分复杂。例如柏应理《中国哲学家孔子》中《大学》第一段,在对"大学之道,在明明德,在亲民,在止于至善"翻译完后,译者又做了自己的解释:

In nullo Sinarum Vocabulario litteram franc Sin dici, aut novitatem significtcare invenies; adeóque sofa Interpretum auctoritas ac beneplacitum hoc ei nomen et significatum indidit. Nam proprie çin dicitur, amare parentes, propinquos, signficat; quo sensa, si et hoc loco eam accipias Authoris texture adeo non vitiabis, ut contra maxime Christianum effecturus sis.[1]

对照前文所引马礼逊的这同一段译文，他并未作过多的解释。在对中文顶真辞格的行文特点翻译上，也大体遵循了这种文字特点。例如，他对"八条目"的翻译就是如此。

《大学》：古之欲明明德于天下者，先治其国；欲治其国者，先齐其家；欲齐其家者，先修其身；欲修其身者，先正其心；欲正其心者，先诚其意；欲诚其意者，先致其知；致知在格物。

马礼逊译文：The prince who, therefore, wishes that illustrious virtue may be understood under the whole heavens, must first govern well his own kingdom; he who wishes to govern well his kingdom, must first regulate his family; he who wishes to regulate his family, must first adorn with virtue his own person; he who would adorn with virtue his own person, must first rectify his heart; he who wishes to rectify his heart, must first purify his motives; he who would purify his motives, must first perfect his knowledge: knowledge has for its object the nature of things.

有的学者认为这段翻译"整体而言，翻译紧贴原文，再现了平行结构和顶真辞格，'八条目'的翻译前后一致。不过，他将'古之……者'译作'the prince'（国王）；'修身'之'修'译作'adorn with virtue'（用德行修饰）；'格物'之'物'译作'the nature of things'，均属于解释型翻译而非严格的直译；又，'诚意'之'意'，指的是'意念'，而非

---

[1] 梅谦立（Thierry Meynard）将拉丁文翻译为了英文。"In no Chinese dictionary, will you find this character number (亲) pronounced as xin and meaning novelty; only the authority of theinterpreters has imposed this word and its meaning. It is properlypronounced qin and means to love parents and neighbors. If you take thischaracter with this meaning, you will not corrupt the text ofthe Authorand, on the other hand, you will make it more Christian." Thierry Meynard S.J., *Confucius SinarumPhilosophus (1687):The First Translationof theConfucian Classics*. Rome, 2011.

'motive'（意图、动机）"[1]。相对于耶稣会士的翻译来说，笔者认为，尽管马礼逊在翻译中作了自己的解释，但基本仍是直译。因为，只要和柏应理的翻译对比就可以看出这一点。或者我们可以称为"解释性直译"更为合适。

马礼逊对《大学》的翻译在西方汉学史上仍有着重要的学术地位。因为，英语世界里的第一个儒学译本 The Morals of Confucius（《孔子的道德学说》），只不过是1691年从拉丁文的 Confucius Sinarum Philosophus 的法文节译本 La Morale de Confucius（1688, Amsterdam）转译成英文的，经过两道转手翻译，离儒学的本意已经相差很大。在这种文化背景下，马礼逊毕竟是最早实践英语直接翻译儒家经典的开拓者。在翻译的时间上，马礼逊的儒学翻译尽管要晚于在印度赛兰坡的浸信会传教士马士曼（Joshua Marshman），因为马士曼1809年在印度赛兰坡首先出版了《论语》的节译本，但三年后马礼逊出版了《大学》译文，这是英语世界中的第一个《大学》译本，两年后1814年马士曼也出版了《大学》的英译本。因此，马礼逊和马士曼都是儒家经典英译的开拓者。[2]

（张西平，北京外国语大学中国海外汉学研究中心主任、教授）

---

[1] 王辉、叶拉美：《"直译"的政治：马礼逊〈大学〉译本析论》，《广东外语外贸大学学报》，2008年第3期。

[2] Marshman, J., *The Works of Confucius*, Serampore: Mission Press, 1809. 马士曼的《中国言法》(*Elements of Chinese Grammar, with a Preliminary Dissertation on the Characters, and the colloquial Medium of the Chinese, and an Appendix Containing the Ta-Hyoh of Confucius with a Translation*) 实际上包含了对《大学》的翻译，参见方美珍《〈大学〉英译版本比较》，《湖北函授大学学报》，2011年第10期；王辉、叶拉美《马礼逊与马士曼的〈大学〉译本》，《中国文化研究学报》，2009年第49期；康太一《东方智者的话语：19世纪初期第一部英译〈论语〉之历史研究》，《北京行政学院学报》，2012年第6期。

韩国《史记》、《汉书》翻译现状的概括与评价

[韩] 诸海星

摘要：《史记》、《汉书》不仅是中国纪传体史书的开创与继承者，而且对于后世中国史学与中国文学的发展都产生了深远的影响。同时它们也早已流传至国外，在汉文化圈国家中亦有不少的影响。其中，《史记》、《汉书》传入古代韩国后，特别受到韩国知识阶层人士的关心和推崇，为韩国学术界所重视。到了1970年代初期，随着国民经济的发展，韩国整个社会的发展进入了一个历史的新时期，不仅国家面貌发生了根本性变化，学术文化事业也步入正轨，同时韩国学术界对中国学术文化的关心及研究也重新得到了高度重视。正是在这样的基础上，韩国学者对《史记》、《汉书》的翻译与研究有了较大的进展，在传播、普及和通俗化方面做出了积极的贡献。本文除简述《史记》、《汉书》在韩国的流传背景与接受过程外，分别概括20世纪以来《史记》、《汉书》在当代韩国的翻译现状，并对其成果上存在的一些不足做一番检讨与评价。

关键词：《史记》《汉书》 当代韩国 流传背景 翻译现状

一、序言

《史记》是中国史学中一部继往开来的不朽巨著，作者司马迁创造的以人物为中心的纪传体，在汉代以后一直是历代王朝正史所沿用的体制。司马迁修《史记》，不仅尊重历史事实，秉笔直书，而且还注意语言文字的锤炼，文句优美。他将叙事、抒情、说理的不同文体有机地综合起来，达到思想上、艺术上的高度统一，为后代文史学者提供了范例。《史记》的人物传记，由于作者善于通过叙述细微情节来刻画人物的本质特性，成为一部历史实录，同时也成为一部脍炙人口的中国古代历史传记文学的开山之作。宋代史家郑樵在《通志·总序》中说："使百代而下，史官不能易其法，学者不能舍其书，"六经"之后，唯有此作。"鲁迅亦誉为："固不失为史家之绝唱，无韵之《离骚》。"[1]这些都说明《史记》不仅具有巨大的历史价值，同时也具有重要的文学价值。至于《史记》的学术价值与现代功用，我们可以概括地说：《史记》是先秦文化的总结，是研究西汉前期社会的第一手资料，同时它又是代表汉代最高艺术水准的文学作品，它不论在历史学还是在文学、哲学、经济学、军事学等各门学科发展的历史上，都具有至关重要的地位，对后世各门学科的发展都有着深刻的影响。掌握了它就可以触类旁通地理解历史学、文学，以及其他许多学科的许多问题。[2]

《汉书》是东汉时期的历史学家班固编撰的中国第一部纪传体断代史。《汉书》是继《史记》之后中国古代又一部重要史书，与《史记》、《后汉书》、《三国志》并称为"前四史"。《汉书》在中国史学上地位也很高，与《史记》并称"史汉"，班固与司马迁并称"班马"。《汉书》

---

[1] 鲁迅：《汉文学史纲要》，《鲁迅全集》，第九卷，北京：人民文学出版社，1981年。
[2] 韩兆琦：《史记通论》（前言），北京：北京师范大学出版社，1990年。

是研究西汉历史和文学的重要典籍。班固因其才学得到汉明帝赏识，被召到京师任兰台令史，负责掌管皇家图书秘籍，不久升迁为郎官，任典校秘书。任职期间，班固充分利用皇家收藏的大量图书资料的有利条件，以司马迁的《史记》和父亲班彪所著的《后传》为主要依据，写成此书。因此，《汉书》保存的资料比较丰富。对于汉武帝中期以前的西汉历史记载，《汉书》虽然基本上移用了《史记》，但由于作者思想境界的差异和材料取舍标准不一，移用时也常常增补新的史料和内容。《汉书》不仅在编纂形式方面开创了纪传体断代史的先河，而且最突出的贡献还在于它的"十志"。《汉书》"十志"通过对政治、经济制度和社会文化的详尽记载，为后人留下了丰富的汉代典章制度史料，扩大了历史研究的范围。严格地说，《汉书》在思想倾向和写作技巧上不如《史记》，但历代学者们都承认它仍然有不可低估的成就。

《史记》、《汉书》不仅是中国纪传体史书的开创与继承者，而且对于后世中国史学与中国文学（主要是散文、小说和戏曲文学）的发展都产生了深远的影响。同时它们也早已流传至国外，在汉文化圈国家中亦有不少的影响。其中，《史记》、《汉书》自传入古代韩国，便特别受到韩国知识阶层人士的关心和推崇，为韩国学术界所重视。本文除简述《史记》、《汉书》在韩国的流传背景与接受过程外，分别概括20世纪以来《史记》、《汉书》在当代韩国的翻译现状，并对其成果上存在的一些不足和空缺做一番客观的评价。

二、《史记》、《汉书》在韩国的流传背景与接受

韩中两国是一衣带水、唇齿相依的近邻，在几千年的历史长河中，两国间长期存在密切的友好交往，因而在两国人民中间形成了许多相似的文化特点和传统。韩中文化交流有着悠久的历史，在世界文化交流史中，像韩中文化交流这样有着密切相互影响关系的是比较罕见的。虽然

现存高句丽（公元前37—公元668年）、百济（公元前18—公元660年）、新罗（公元前57—公元935年）三国的历史文献所载均甚疏略，但从中仍可看出古代韩国与中国在文化交流方面的关系是广泛而密切的。自三国时期以来经过高丽朝（918—1392年）以至朝鲜朝（1392—1910年），韩中两国之间的官方交往更加密切，民间的往来也很频繁。尤其在经济贸易、科学技术、学术思想、典章制度、宗教礼俗、文学艺术等各方面的交流，日益增进。其中，特别是韩中学术思想与文学艺术的交流，得益于汉字在韩国的传入和使用。正是由于汉字在漫长的时间内一直作为韩国人民进行书面交际的记录工具，两国之间的文化交流很早就从物质生活与科学技术等文化的表面层次深入到学术思想与文学艺术等文化的核心层次。

汉字曾作为传播文化的书面符号，在韩国、日本和越南等国使用。韩国语作为一种独立的语言，在相当的时间内借用了来自中国的汉字进行书面表达。韩国学者一般认为，至晚在中国战国时期，汉字就已传播到韩半岛。[1]这在韩国出土的各种中国战国时期钱币的铭文中也可得到证明。而韩国人使用汉字，从现存历史文献记载看，至晚在西汉初年就已开始了。从古代韩国三国时期使用汉字的实际情况来看，当时具有地理优势的高句丽使用最早。由于汉字的使用和通行，中国的学术典籍随之传入古代韩国。随着高句丽国家的形成和发展以及中国学术典籍在高句丽的进一步传播，儒家思想也随着传入并为统治阶级所接受，与高句丽原有文化结合起来，成为高句丽统治阶级的精神支柱。百济由于其统治阶层来自高句丽，因此，百济的王公贵族也能使用汉字。公元4世纪前后，百济曾广泛吸收中国文化。此后，百济统治阶层对于中国的文史哲等方面的著作，已无所不读，因而他们使用汉字的水准有了显著的提高。据《古事记》和

---

[1] 韩中两国古代史均称"朝鲜半岛"，而当今韩国人称为"韩半岛"。

《日本书纪》记载，百济的博士王仁[1]曾赴日本，献给日王《论语》10卷、《千字文》1卷。当时皇太子以王仁为师学习《论语》，表明百济不但广泛深入地吸收了中国古代文化，而且成了中日文化交流的桥梁。汉字传入新罗，略晚于高句丽和百济。新罗在建国初期一直"无文字，刻木为信，语言待百济而后通"。但正是通过百济人和高句丽人的传播中介，新罗人很快也熟悉了汉字。新罗在公元6世纪前后，汉字和中国文化得到广泛传播，公元503年，新罗人根据汉字的字义，正式定国号为"新罗"。公元7世纪中叶新罗统一三国之后，由于采取了积极吸收唐文化的政策，大量表示文化、知识、概念等的汉字词源不断地传入新罗，并融合到当时韩国语词汇之中。一些汉字词甚至代替了当时韩国原有的术语，从而奠定了汉字词在古代韩国语词汇中的重要地位。自韩国三国时期以来经过高丽朝以至朝鲜朝，韩国知识阶层也通过直接阅读汉文书籍，源源不断地吸收中国学术思想文化；而中国知识阶层也通过阅读韩国的汉文著作，从近邻那里获取很多学术信息与思想营养。[2]

至于《史记》、《汉书》何时传入古代韩国，最初是何人将这两部史书介绍给韩国读者，从现存韩中两国的历史文献中，难以查考明确的直接记载。迄今为止，对这些问题韩中两国学术界不仅没有明确的答案，而且尚未做全面而进一步的调查研究。然而，根据现存的两国历史文献上记载的中国典籍在古代韩国传播的大致情况，可以推断《史记》、《汉书》传入古代韩国的时间不会晚于中国的东晋时期（公元317—420年），即韩国的高句丽朝。据《三国史记》[3]卷二〇《高句丽本纪》记载，公元372年，高句丽在中央政府"立太学，教育子弟"，太学是以传授儒

---

[1] 日本史书《古事记》将他叫作"和迩吉师"，《日本书纪》叫作"王仁"，而韩国古代史书里却无有关王仁生平事迹的详细记载。
[2] 关于汉字在韩国的传入和使用方面的详细内容，可参看拙著《汉唐儒学在韩国的传播与发展概述》，《第二届两汉儒道国际学术研讨会论文集》，台北：台湾师范大学国文研究所，2005年。
[3] 公元1145年，高丽朝仁宗命儒学家金富轼(1075—1151)编纂的古代韩国第一部纪传体史书。

家经典为主要内容,专门教育王公贵族子弟的国家最高教育机关。在太学里,除讲授以"五经"(《诗经》、《书经》、《易经》、《礼记》、《春秋》)为代表的儒家经典以外,还讲授"三史"[1]。又据《旧唐书·东夷·高丽传》卷一九九上记载,高句丽人"俗爱书籍,至于衡门厮养之家,各于街衢造大屋,谓之扃堂。子弟未婚之前,昼夜于此读书习射。其书有'五经'及《史记》、《汉书》、范晔《后汉书》、《三国志》、孙盛《晋阳秋》、《玉篇》、《字统》、《字林》;又有《文选》(《昭明文选》),尤爱重之"[2]。由此可知,高句丽朝时,《史记》、《汉书》早已传入了韩半岛,并在当时韩国的王公贵族和知识阶层中产生了相当广泛而深远的影响。虽然目前我们无法确认《史记》、《汉书》的流传过程,但到了高丽朝时有过木版本《史记》、《汉书》的数次出现,由此《史记》和《汉书》更广泛普及,尤受重视。

特别是朝鲜朝时期,官方多次刊行以《史记》、《汉书》为代表的中国古代史学著作。到了世宗年间(1425年),朝廷铸字刊印《史记》、《汉书》和《资治通鉴》,颁赠文臣。到了16世纪末17世纪初,朝鲜朝一些文人学者还对《史记》、《汉书》展开了专门研究。明宗二十一年(1566年),安玮(1491—1563)选编、安璋(1438—1502)跋文的《汉书传抄》刊行。此书模仿"史汉笔法",冲破了朝鲜朝传统科举文章的规范。光海君年间(刊行年不详),崔岦(1539—1612)编纂的《汉史列传抄》刊行;光海君四年(1612年),李德馨(1561—1613)抄选、车天辂(1556—1615)注疏删定的《史纂抄选》和《史纂全选》刊行以后,明代学者凌稚隆(生卒年不详,凌濛初之父)辑校的《史记评林》130卷和《增订史记纂》24卷以及撰者不明的《史汉一统》陆续刊出。

---

[1] "三史"原指《史记》、《汉书》和《东观汉记》,魏晋以后改指《史记》、《汉书》和《后汉书》。
[2]《北史·高丽列传》卷九四亦有类似记载。

其中，《史记评林》是一部《史记》原文和注释最为完整的版本[1]，汇集了明万历四年（1576年）以前历代学者研究《史记》的成果，为当时朝鲜朝文人学者钻研《史记》提供了有利的条件。到了18世纪初，英祖四十八年（1722年），刊行《十九史略谚解》；正祖二十年（1796年），正祖亲自编纂的《史记英选》和《汉书列传选》木版本又发行；纯祖十九年（1819年），再次刊行《十九史略通考》，从此《史记》和《汉书》在韩国知识界的普及更为广泛了。

三、《史记》、《汉书》在韩国的翻译现状与评价

如上所说，《史记》、《汉书》传入古代韩国后，特别受到韩国知识阶层人士的关心和推崇，为韩国学术界所重视。然而，正当近现代学术研究开始发展起来的时候，由于受日本帝国主义的侵略与殖民统治（1910—1945年），韩国对中国学术文化的关心及研究几乎处于停滞状态。第二次世界大战结束后诞生的大韩民国（1945年8月15日光复、1948年8月15日建国），由于受韩国战争（1950—1953年）[2]的影响，其经济恢复时期长达20年之久，当时对于中国学术文化的关心及研究几乎处于瘫痪状态。举例说，1960年代以前，韩国的出版事业十分落后，仅有出版社二百多家，出版规模颇小，资金短缺不足，图书发行数量极少。据《韩国出版年鉴》统计，1945年8月15日光复后的第一年，共出书202种，自1948年至1960年间，平均每年出书约1300种，大多是教科

---

[1]《史记评林》主要采用"三家注"。《史记三家注》即指《史记集解》（刘宋·裴骃注）、《史记索隐》（唐·司马贞注）和《史记正义》（唐·张守节注）。《史记集解》兼采当时裴骃所见到的前人有关《史记》诸书的研究成果，并一一注明作者名字。《史记索隐》进一步指出了《史记集解》中考证不当的错处，并对《史记》原文提出辨正，发德警辟。《史记正义》的作者长于舆地之学，对《史记》中地名的考证尤为精辟。
[2] 中国当代史称"朝鲜战争"，而当今韩国人称"韩国战争"或"6·25战争"。

书、文艺及普及类书,真正反映生活、科学方面的图书不多,尤其是人文科学、社会科学等高品位学术图书的增长很缓慢。到1960年代中期,随着国民经济的发展,韩国整个社会的发展进入了一个历史的新时期,不仅国家面貌发生了根本性变化,学术文化事业也步入正轨,同时韩国学术界对中国学术文化的关心及研究也重新得到了高度重视。正是在这样的基础上,韩国学者对于《史记》、《汉书》的翻译和研究有了较大的发展,在传播、普及和通俗化方面做出了积极的贡献。

自1960年代以来,韩国学者对中国学术文化的研究更是投放了相当的精力,并取得了不少可观的研究成果。据《韩国中国语文学研究论著目录(1945—1990年)》[1]和《韩国中国学研究论著目录(1945—1999年)》[2]提供的材料看,1970年代以前在韩国关于《史记》、《汉书》的研究,除大学教材"中国通史"、"中国文学史"和"东方文化史"的一些简略介绍之外,几乎找不到任何一篇专题论文和专著。从学术研究的角度考察,直到1971年以后,韩国学者对《史记》、《汉书》的研究才有了起步。然而,至今为止,韩国学术界对于《史记》、《汉书》研究的发展速度可以说是相当快的,其数量和内容上都有长足的进展。从研究内容的范围看,主要有司马迁和班固的生平与思想研究、《史记》和《汉书》的历史性质与历史人物研究、《史记》和《汉书》的语言与义法及考证研究、《史记》和《汉书》的文学性质与学术价值研究、《史记》和《汉书》全书的总体研究、《史记》与《汉书》比较研究等各个方面。这些多方面的研究成果,无论从学术研究的方法上,还是从内容和水准上都开创了一个新时代。[3]

---

[1] 由徐敬浩编,首尔正一出版社1991年出版。
[2] 由金时俊、徐敬浩编,首尔SOL出版社2001年出版。
[3] 关于《史记》在韩国的研究现状方面的详细内容,可参看拙著《近四十年来韩国〈史记〉研究综述(自1971年至2010年)》,《唐都学刊》,2011年第5期。

典籍译介

至于《史记》《汉书》在韩国的翻译成果方面，自1960年代中期至2012年，在韩国已出版发行的《史记》《汉书》韩文翻译本（包括全译本和节译本）共有数十余种。今将《史记》《汉书》的主要韩译本按出版时间顺序来介绍，其大致情况如下：

1965年，第一部《史记》韩文翻译本《史记列传》由韩国汉学家崔仁旭完成，并由玄岩社（首尔）出版发行。此书既是第一部韩文翻译本，又有助于克服《史记列传》原文阅读理解上的障碍，对广大初学者提供了极大方便，是有一定作用的。十年后，此书译者在原韩译本的基础上，又与金莹洙合作重新做了修改和补充工作，并完成《史记列传》二册，1975年由东西文化社（首尔）出版，再版在2006年由新苑文化社（首尔）出版发行。

1973年李英茂（建国大学历史系教授）将日本学者丸山松幸等人编译的《史记》重译成韩文，共出《霸者的条件》《乱世的群像》《支配的力学》《权力的构造》《思想的命运》《历史的底流》等六册[1]，由新太阳社（首尔）出版发行，再版也在1985年由小说文学社（首尔）出版发行。由日本学者共编的再版本《不灭的人间学——〈史记〉》（共五册，为《霸者的条件》《乱世的群像》《独裁的虚实》《逆转的力学》《权力的构造》）也在2009年由西海文集出版社（首尔）出版发行。这套书虽不是《史记》原文的全译本，但具有较浓的教训性和趣味性，既能使广大韩国读者了解《史记》的全貌，又有利于《史记》在韩国的普及和推广。

1973年另一部韩译本《史记列传》出于中国文学研究学者文璇奎

---

[1] 原书译者和书名及出版社如下：市川宏、杉本达夫共译，《史记（1）：霸者の条件》；奥平卓、久米旺生共译，《史记（2）：乱世の群像》；丸山松幸、和田武司共译，《史记（3）：支配の力学》（1988年第二版译者和书名：丸山松幸、守屋洋共译，《史记（3）：独裁の虚实》）；和田武司、山谷弘之共译，《史记（4）：逆转の力学》；大石智良、丹羽隼兵共译，《史记（5）：权力の构造》；村山孚、竹内良雄共译，《史记（6）：历史の底流》。全书共六册，1972年均由德间书店德间文库（东京）出版发行。

（全南大学中文系教授）之手。全书共三册，第一册出版于1973年，第二册出版于1974年，第三册出版于1979年，均由韩国自由教育协会（首尔）出版发行。此书以具有中等以上文化程度的广大读者为对象，在强调通俗性的同时，对于传播和普及中国古代优秀的传统文化也有重视，可以说是中国古籍韩译事业的一种新的尝试。几年后，此书译者在原韩译本的基础上，重新做了修订工作，并完成《史记列传》二册，作为"世界古典全集"之一种，1985年由三更堂（首尔）出版发行。

不仅如此，1977年洪锡宝（汉阳大学历史系教授）也完成另一部韩译本《史记列传》，由三省出版社（首尔）发行，并将此书作为"世界思想全集"之一种，使《史记》在韩国国内已成为世界思想文化宝藏的重要部分。十几年后，此书译者在原韩译本《史记列传》的基础上，又与小说家金并总携手合作，以小说形式完成韩文全译本《史记》，全书共十册，1994年由集文堂（首尔）出版发行。广大韩国读者借助于洪、金两氏的译文，有机会比较全面地欣赏这部杰出的中国古典不朽巨著了。

此后，1980年中国语言学研究学者成元庆（建国大学中文系教授）译注的《史记列传要解》，由曙光社（首尔）出版发行。十二年后，此书编译者又以原文对译形式重新整理，并编译成《史记列传精解》一册，由明文堂（首尔）出版发行。此书在篇目的取舍上，首先重点选取《史记》的"列传"部分中具有典型意义的历史人物五十人，又兼及历史上脍炙人口、深入人心的英雄人物；既考虑到所选历史人物应为广大读者所了解并使之作为借鉴，又顾及各篇是否能全部译成现代韩国语的实际情况。

在1980年代和1990年代，又有一批韩译本完成了，纷纷问世。1983年南晚星译注的《史记列传》二册，由乙酉文化社（首尔）出版发行，并将此书作为"世界思想全集"的第三、四卷。1986年李相玉译注的《史记列传》三册，由明文堂（首尔）出版发行。1988年"史记列传讲读会"译注的《故事史记列传》三册，由清雅出版社（首尔）发行。1991年姜英敏译注的《实录史记列传》，由昌佑出版社（首尔）发行。1991年权五铉译注的《史记列传》，由一信书籍出版社（首尔）发行。1993年崔大林译注的《史记本纪》和《史记世家》、苏俊燮编译的《史记》三册等书，陆续出版发行。1998年严光勇编译的《以人物读史记》三册，由新人类出版社（首尔）出版发行。1999年金元中（建阳大学中文系教授）译注的《史记列传》二册，由乙酉文化社（首尔）出版发行。自2007年至2011年，此书编译者又完成了《列传》、《本纪》、《世家》、《书》、《表》等《史记》全文的韩文译注，均由民音社（首尔）出版发行。这是一套通俗性与阅读性较强的《史记》全译本，对于《史记》在韩国国内读书界的大众化有一定的贡献。

值得注意的是，自1992年至1996年，在中国文学研究学者丁范镇（成均馆大学中文系教授）的率领下，成均馆大学中文系以博士研究生为主的青年学者共同参与了《史记》全文的韩文译注工作。此书共七册，分为《本纪》一册、《表、书》一册、《世家》二册、《列传》三册，全集由喜鹊出版社（首尔）出版发行。1994年3月首册《本纪》部分的韩译本已告完成，接着《世家》、《列传》、《表、书》的韩译本也按原计划顺利完成，纷纷问世了。代表译者丁范镇在首册里的《解说》中，对于《史记》的名称、体例和成书经过，以及司马迁的时代、生平和思想等分别做了较全面的介绍和评价。《本纪》书末还附有《自夏至前汉的历代世系表》以帮助一般读者理解《史记》内容所涉及的中国古代历史年代概念。

除此以外，自1993年至2004年，翻译了不少既有可读性又有学术性的日本学者所著有关司马迁与《史记》的著作，如李峙轩译的《与司马迁共游历史纪行》[1]和李东爀译的《〈史记〉的世界》[2]；朴宰雨译的

---

[1] 武田泰淳：《司马迁：史记の世界》，东京：文艺春秋新社，1959年。
[2] 武田泰淳：《司马迁：史记の世界》，东京：讲谈社，1965年。

《随笔〈史记〉——燕雀安知鸿鹄之志》[1]和李东爀译的《史记》[2];沈庆昊(高丽大学汉文系教授)译的《司马迁其人》[3];朱惠兰译的《司马迁的旅行》[4]等。随着这些韩译本的纷纷问世,司马迁与《史记》更为韩国一般读者所普遍认识了。

另外,2004年李寅浩(汉阳大学中文系教授)译注的《史记本纪——从神话时代到人间历史》,由社会评论出版社(首尔)发行;他的另一部《史记本纪》也在2009年由大房出版社(首尔)出版发行。2006年中国延边大学古籍研究所译注的《史记列传》,由西海文集出版社(首尔)发行。2007年3月笔者译注的《史记精选》,由启明大学出版部(大邱)出版发行,并将此书作为"启明大学教养丛书"之一种。此书共选录《项羽本纪》、《孔子世家》、《留侯世家》、《伯夷列传》、《伍子胥列传》、《孟尝君列传》、《屈原贾生列传》、《刺客列传》八篇,并针对原文做了韩文翻译与详细注释。在《解说》中,笔者对于司马迁的生平和思想、《史记》的编纂和成书经过以及体例、《史记》全书内容等分别做了较全面的论述。书末还附有《有关司马迁及〈史记〉的重要事件年谱》与《西周—春秋—战国—秦—西汉时期历史全图》,以帮助韩国大学生理解《史记》内容所涉及的中国古代历史地理背景。

总的说来,综观《史记》在韩国的翻译介绍,可以发现韩国翻译《史记》其实多以"列传"为主,而将全部《史记》翻译成册,则要到1990年代以后,即使要翻译《史记》全文也都还要借用小说的形式。这与韩国的读书市场考量也有关系,因为基本上"列传"部分及小说形式的《史记》比较有趣味性和教育性。这种局面直到1996年丁范镇等共同

---

[1] 贝塚茂树编译:《史记:中国古代の人びと》,东京:中央公论新社中公新书(12),1963年。
[2] 贝塚茂树编译:《史记:中国古代の人びと》,东京:中央公论新社中公新书(12),1984年。
[3] 林田慎之助:《司马迁:起死回生を期す》,东京:集英社,1984年。
[4] 藤田胜久:《司马迁とその时代》,东京:东京大学出版会,2001年。

译注的《史记》全译本与2011年金元中译注的《史记》全译本先后问世以后，才有了新的突破。

《汉书》在韩国的翻译与研究，比起《史记》，其成果极其薄弱。首先介绍《汉书》在当代韩国的翻译，其现状如下：

1973年，第一部《汉书》韩文翻译本由历史学者洪大杓（圆光大学历史系教授）完成，由文友出版社（首尔）出版发行，并将此书作为"世界古典文学大全集"第六卷。此书既是第一部韩文翻译本，又有助于克服《汉书》原文阅读理解上的障碍，对广大韩国读者提供了极大方便，是有一定作用的。1982年，此书的再版由韩国出版社（首尔）出版发行，作为"世界代表古典文学全集"之一种。1997年，此书的"列传"部分独立成为《汉书列传》，由凡友出版社（首尔）出版发行。同年另一部韩译本《汉书列传》出于韩国汉文学研究学者安大会（成均馆大学汉文系教授）之手，由喜鹊出版社（首尔）出版发行。此书以具有中等以上文化程度的一般读者和大学生为对象，在强调可读性的同时，对传播和普及中国古代历史知识也有重视。

除此以外，1995年至2009年间既有可读性又有学术性的《汉书·艺文志》[1]、《汉书·食货志》[2]、《汉书·地理志》和《汉书·沟洫志》[3]、《汉书·外国传》[4]等韩译本陆续刊出，由此班固与《汉书》更为韩国一般读者所认识了。其中，《汉书·艺文志》可说是在刘向的《别录》和刘歆的《七略》基础上写成的学术宝库，它辨别了中国古代学术思想的源流派别以及各派的是非得失，载录了当时流传可见的典籍，为中国古代文化史的研究保存了一批珍贵的史料。它既开创了中国传统目录学进

---

[1] 由李世烈解译，首尔自由文库1995年出版。
[2] 由朴基洙译注，首尔青于蓝出版社2005年出版。
[3] 由李容远解译，首尔自由文库2007年出版。
[4] 由金浩东等译注（共二册），2009年由东北亚历史财团出版发行，并作为"东北亚历史资料丛书"第23卷。

入正史的先例，又保存了汉代以前全部重要典籍的目录。在韩国有了第一部《汉书·艺文志》的韩文译注本，总算有助于理解中国传统目录学和中国古代学术思想的源流派别以及各派的是非得失等专业知识。笔者也曾发表过一篇有关《汉书·艺文志》的中文论文[1]，文中对于《汉书·艺文志》的体例及学术价值做了较全面的论述，将其学术价值总结为三项：一是保存了《别录》《七略》的基本内容；二是开创了中国古代正史"艺文志"的先例，又保存了汉以前全部重要典籍的目录，其叙录是西汉以前珍贵文化史纲；三是作为现存最古老的图书目录，在叙录、分类、著录及理论和方法等方面都为中国古典目录学奠定了良好的基础。[2]

韩国学者对《史记》与《汉书》的比较研究方面，也出现了一批值得关注的学术成果。1987年郑起燉发表《〈史记〉与〈两汉书〉的对外观——〈东夷传〉、〈朝鲜传〉的检讨》（韩文论文）[3]；1991年朴宰雨发表《简论〈史记〉、〈汉书〉著述精神之分歧》（中文论文）[4]；1999年尹周弼发表《"二十六史"所表现的方外人传之展开样态——〈史记〉与〈汉书〉的先例》（韩文论文）[5]；2007年洪承铉发表《由〈史记·乐书〉与〈汉书·礼乐志〉看汉代制乐的实际状况——兼分析司马迁与班固的制乐观》（韩文论文）[6]。

其中，1990年朴宰雨撰写的《〈史记〉、〈汉书〉传记文比较研究》（台湾大学中文研究所博士学位论文）尤为突出。他的博士论文又以《〈史记〉、〈汉书〉比较研究》为题，1994年在中国大陆出版（中国文学

---

[1] 诸海星：《〈汉书·艺文志〉的体例及学术价值》，《天中学刊》，1997年第4期。
[2] 杨倩如：《〈汉书〉在东亚的传播与研究》，《中国史研究动态》，2010年第1期。
[3] 载于《忠南史学》(国立忠南大学历史系)，第2辑。
[4] 载于《中国语文学研究论丛》(鲁城崔完植先生颂寿论文集)。
[5] 载于《中国语文学论集》(韩国中国语文学研究会)，第11号。
[6] 载于《东方学志》(延世大学国学研究院)，第140卷。

出版社出版发行），作为"中外学者学术丛书"之一种。这不仅是迄今为止中国国内外出版的唯一一部《史记》、《汉书》比较研究的论著[1]，而且是一部学术评价较高的专著。《史记》研究专家韩兆琦（北京师范大学中文系教授）对此书有颇高的评价，说："首先分析总结了历代研究'史汉异同'的状况，涉猎赅博，条理清晰，使人一览之下，顿时将这一部分学术史了然于心。接着这本书便从'史汉总体'、'史汉传记文的编纂体例、形式、人物'与'史汉传记文的写作技巧'三方面将《史记》、《汉书》的相关部分条分缕析地——进行了详细勘比。其用功之勤，其思想之细，其所表达的观点之准确明晰，都是令人叹服的。例如朴先生将《史记》、《汉书》所显示的各自作家思想倾向的区别概括为'《史记》通变古今与《汉书》尊显汉室'、'《史记》兼尊儒道与《汉书》独尊儒术'、'《史记》兼顾民间与《汉书》倾向上层'、'《史记》感情移入与《汉书》不失客观'四条，真是归纳得既全面，又扼要。"[2]由此可以说，这部专著将来对于《史记》研究、《汉书》研究，以及《史记》与《汉书》的比较研究是会有重要参考价值的。

  总的说来，当代韩国学者对于《汉书》的翻译与研究态度是真挚的，留下了较好的学术成果，为今后韩国对于《汉书》的翻译与研究奠定了良好的基础。《汉书》与《史记》同样，也对古代韩国正史（如《三国史记》、《高丽史》等）的修撰具有重要的指导作用与典范意义。虽然当代韩国《汉书》的翻译与研究，在内容和观点上均不可能超越《史记》的水准，但是在韩国《汉书》研究也在短期内取得了不少可观的成果。

---

[1] 杨倩如：《〈汉书〉在东亚的传播与研究》，《中国史研究动态》，2010年第1期。
[2] 朴宰雨：《〈史记〉、〈汉书〉比较研究》(序言)，北京：中国文学出版社，1994年。

四、结语

　　本文仅是对自1960年代中期至2012年来《史记》、《汉书》在当代韩国的翻译现状做一次简略的概说与评价。综观近五十年来《史记》、《汉书》在当代韩国的翻译介绍现状，韩国学者对《史记》、《汉书》的翻译有了较大的进展，在传播、普及和通俗化方面做出了积极的贡献。尤其是《史记》的翻译方面，近三十年来进步较快，逐步建立了相当良好的翻译环境，并取得了令人瞩目的成果。这不仅表现在韩译本的数量上，而且也表现在这些韩译本的内容较为翔实，有相当优秀的学术水准。特别是1995年以后出版发行的《史记》全译本，如1996年由丁范镇等人共同完成的译注本、2011年由金元中完成的译注本的陆续问世，不仅揭开了韩国《史记》翻译史上的新篇章，而且为后来学习和研究司马迁与《史记》打下了坚固的基础。

　　不过，平心而论，韩国的《史记》、《汉书》翻译成果中也存在着不少问题，今后韩国学者非解决和突破这些问题不可。首先，从《史记》、《汉书》在韩国的翻译现状中，可以发现韩国长期以来对于《史记》、《汉书》的翻译以《列传》为大宗，而全书的翻译本就相对甚少。韩国学者应对作为中国最早的正史《史记》、《汉书》进行进一步翻译（包括具有融学术性、知识性、通俗性为一体的《史记》、《汉书》全书的译注工作）。其次，应在观念和方法上摸索新的尝试，去做《史记》、《汉书》各个方面的翻译工作。最后，应共同努力收集古代韩国有关《史记》、《汉书》的第一手资料加以分析整理，重新做一个《史记》、《汉书》接受及流传方面的专题研究，并对过去的翻译与研究工作，做一番认真的检讨与客观的评价。

　　近年来，随着韩国学术界对于《史记》、《汉书》的高度关心与韩中两国民间学术交流的日益深化，《史记》、《汉书》在韩国的传播和翻译及研究，必将在总结前人成果的基础上开拓前进，取得更大的成绩。笔者深信，翻译是文化传播的重要媒介，韩文《史记》、《汉书》的大量翻译介绍，不仅为韩国人民全面了解和认识《史记》、《汉书》提供了极为有利的条件，而且为韩国人民借由《史记》、《汉书》的传播更进一步理解中国古代历史与传统文化的发展历程做出了巨大的贡献。

（诸海星[Ja Hai-sung]，韩国启明大学中国语文学系教授）

国际儒学研究概览

2014年德国儒学研究活动报告

杜仑

一、研究单位和活动机构

德国的儒学研究有着悠久的历史，名家辈出，成果丰硕。目前德国从事儒学研究或进行相关活动的主要机构有如下三类。第一类是大学中的汉学系，如波鸿大学（Ruhr-Universität Bochum）东亚学院、慕尼黑大学（Ludwig-Maximilians-Universität München）汉学系、特里尔大学（Universität Trier）汉学系、爱尔兰根—纽伦堡大学（Friedrich-Alexander-Universität Erlangen-Nürnberg）汉学系和莱比锡大学（Universität Leipzig）汉学系等。第二类是大学中的哲学系，比如科隆大学（Universität zu Köln）哲学系、卡尔斯鲁厄科技大学（Karlsruher Institut für Technologie）哲学系和西尔德斯海姆大学（Universität Hildesheim）哲学系。第三类是其他一些学术研究机构和组织，比如巴伐利亚的国民政治教育学院（Akademie für politische Bildung Tutzing）、德国跨文化哲学学会（International Society of Intercultural Philosophy）和德国儒学学会（Deutsche Konfuzianische Gesellschaft）。

二、学术会议

德国每年会召开一些重要的儒学研究学术会议,下面在2014年择其重点加以介绍。

(一)"儒家历史观与经世致用思想"研讨会

特里尔大学汉学系一般每年与其他学术团体在特里尔大学举办一次儒学讨论会,2014年7月会议的题目是"儒家历史观与经世致用思想"(Historicity and Pragmatism in Confucianism),由特里尔大学汉学系、中国实学研究会与德国儒学学会(Deutsche Konfuzianische Gesellschaft)联合举办。本次会议基于以下背景:儒家的历史观具有明显的伦理学特色和经世致用的思想,在以"古今之辨"为重要议题的讨论中,儒家学者对于"三代与汉唐"、"法先王与法后王"、"圣人与英雄"、"德治与人治"、"大同与小康"、"五德转移"等议题展开了丰富的讨论,形成了中华文化的伦理世界,以至于对于当代中国人的精神和社会生活均有深刻的影响。会议语言为中英文。来自德国、瑞士、中国(含台湾)的学者围绕会议的主题发表了自己的观点,开展了热烈的讨论。

在全球化不断深入的背景下,世界多元文明中传统文化中所蕴含的精神资源亦不断得到新的开掘和利用。这方面的报告有中国人民大学葛荣晋、屈桂英的《法先王与法后王——先秦时期的古今之辨》、中国人民大学张践的《五德终始与中国人的历史伦理观》、北方工业大学张加才的《儒家历史意识研究》、国防大学朱康有的《退化、循环与升华:中国历史哲学的构建历程》、中共中央党校王杰的《荀子历史哲学论纲》。张践认为,中华文明在世界上一向以注重伦理道德闻名,无论是"以德治国",还是"以孝治天下",无不体现着这种伦理精神。在历史观上,自然更要强烈地表现出这种文化特色。道德伦理成为一个王朝存在的合法性依据,也是王朝更替的内在规律。张加才认为,儒家的历史意识与"大一统"观念互为表里,与圣贤王道传统道统相始终。儒家的历史意识在于儒家把历史视为"民族的文化基因、思想的源头活水、最高的价值尺度、道德的提升进阶和儒者的宗教"。朱康有则强调,对"历史"的看法往往意味着对"现实"的评判,所以,社会的发展动力和源泉很多情况下似乎并不是来源于新事物的推动,而是奠定在既往历史的纠正、恢复和发展基础之上。

会议还把注意力投向道德理想与政治现实方面,比如圣人理想、君子治国的张力(tension)。台湾大学中文系张素卿提交了论文《托古的经世思想——惠栋的"大同"观》,她指出,儒家注重历史,阐发经义,往往借由托古来寄托其理想。她以清代汉学家惠栋所著《周易述》来加以说明,比如"依《礼运》夏商周三代家天下,只是'小康',不复'大同'之世,惠栋认为这正显示'道之所以大'。他认为所谓'大同',就时代而言,行于三代以前;就其内涵而言,就是'大道'运行的展示。因此,天子之位的传承需注重'君德',诸侯传位需任贤;从王道根源来说,必须法天顺时,以人道接天,而神道设教;从治理来说,就以礼乐化民。"慈济大学东方语文学系林素芬宣读了论文《张九成的圣王史观与经世思想》,她也认为:"提出古代圣王的理想,或感叹圣王不再,是中国传统知识分子响应当代政治时势的一种批判方式。"她以张九成对《尚书》与《春秋》二经的诠解以及《孟子传》、文集文章等,分析张九成如何揭示古代圣贤君臣言行中的深切著明之意。特里尔大学刘慧儒的论文题为《朱熹的历史观与其政治活动之间的张力》,文章以朱熹为例,更切合会议的主题。他以余英时在《朱熹的历史世界》中把朱熹思想中的"内圣外王"视为一个"不可分的连续体"的思路为出发点,在"内圣"和"外王"的接榫处,对权力的作用作一个观察。他认为:"朱熹的天理史观和道统史观为批判君权、建立理想的社会秩序提供了理论上的根据,可是在现实政治中,不管朱熹以'道'制'势'也好,引'势'入'道'也好,种种努力都以无功告终。朱熹的学术思想和其政治活动之间的张力在某种意义上反映了'内圣'向'外王'过渡的困难。"最后,特里尔大学苏费翔的报告《儒家"圣人复生论"与历史超脱》则提出了一个"圣人复生论"的新论题。他以孟子的"圣人复起,必从吾言矣"等引言为例,说明"圣人复生论"出现得很早,并提出了"宗教性"、"客套话"和"教派争论"三种可能。

(二)"中国与德国哲学的哲学方法"研讨会[1]

2014年7月,巴伐利亚的国民政治教育学院与德国科隆大学哲学系、德国跨文化哲学学会以及北京四海孔子书院在德国慕尼黑附近的Tutzing联合举办了一个国际会议,题目是"中国与德国哲学的哲学方法"(Philosophical Method in Chinese and German Philosophy)。会议语言为英文,与会者主要来自德国、奥地利、荷兰、美国、韩国和中国(含香港)。2012年,德中双方在Tutzing开过一个类似的会,确认了中德哲学中在形而上学、伦理学方面的许多共同点,这次会议主要把报告重点放在方法学方面。报告中,除了对方法学的普遍性作了梳理外(贝克曼、krijnen),大多数学者讨论本研究领域的哲学。在中国哲学方面,有些学者讨论了一般性的特点(安乐哲、成中英、郭沂、温海明、苏费翔),另有一些学者着重讨论了具体的哲学家(Lee)。在德国哲学方面,大多数学者集中介绍某个哲学家的理论(Paul Cobben、Huehn、Schaerfer、Schmidt-Biggemann、斯比克)。虽然对中德哲学在方法学上的相同之处和区别进行直接比较的报告较少,但双方通过会议了解了对方的思想和哲学理论,决定继续类似的交流。本次会议上,确定下了下次讨论会的题目为"The Self"。

---

[1] 有关该会议的具体情况,请参见本期温海明《中德哲学中的哲学方法——"2014中德哲学对话"国际学术研讨会综述》。

(三) 其他会议

除了以上的会议以外，德国的儒学研究者也参加德国之外的研讨会。慕尼黑大学与山东大学4月在山东济南主办了"儒家思想与中国传统小说国际学术讨论会"。特里尔大学苏费翔（Soffel）、慕尼黑大学叶翰（van Ess）、卡尔斯鲁厄科技大学包罗（Paul）、巴伐利亚的国民政治教育学院斯比克（Spieker）等学者参加了9月在北京举行的"孔子诞辰2565周年纪念会"。苏费翔还参加了10月在斯洛文尼亚首都卢布尔雅那举行的题为"当代东亚和儒学的复兴"（The 3rd International STCS Conference on Contemporary East Asia and the Confucian Revival）的国际会议。

三、研究项目

（一）"中国六大经典——作为德国启蒙运动源头的一篇汉学杰作？"

西尔德斯海姆大学哲学系目前正进行德国研究基金会（DFG）资助的一个研究项目，由叶格正（Henrik Jäger）具体负责，题目是"中国六大经典——作为德国启蒙运动源头的一篇汉学杰作？"（Sinensis Imperii Libri Classici Sex-ein Meisterwerk der Sinologie als Quelle der deutschen Aufklärung?）。项目研究的中心人物是比利时耶稣会教士卫方济（François Noël，1651—1729，于1684—1708年在中国传教）。1711年，卫方济在布拉格出版了对中西文化交流具有重大影响的《中国六大经典》（Sinensis Imperii Libri Classici Sex），把《大学》、《中庸》、《论语》、《孟子》、《孝经》和《小学》译成当时欧洲学术界普遍使用的拉丁文。德国著名哲学家克里斯蒂安·沃尔夫（Christian Wolff）看后非常欣赏，并在1721年以这本书为底本，在他所任职的哈勒大学作了一个名为《中国的实践哲学》的演讲。西尔德斯海姆大学的该研究项目旨在认真研究卫方济汉学著作及其对沃尔夫的影响，同时在此基础上确认两者在欧洲启蒙时代早期中国文化向欧洲传播中的地位。

（二）"命运、自由和预测"

爱尔兰根—纽伦堡大学汉学系的一个以"命运、自由和预测"（Fate, Freedom and Prognostication）为题的研究项目也涉及儒家思想的研究，该项目是德国教育与科研部资助的十大人文科学研究项目及学院（Käte Hamburger Kollegs）之一。项目认为预测与预言是我们在世界所有文化都能碰到的现象，因此这个由世界各国学者参加的项目是为了找出不同文化预言的历史基础，进而揭示这种预言对我们固有的存在以及我们对待未来的态度的影响。关于古代中国，该项目注意到了《易经》。比如在其系列讲座里，纽约州立大学（State University of New York）的 Hon Tze-Ki 做了一个题为《时间、方位和行动：〈易经〉中的算命哲学》（*Time, Position, Action: The Philosophy of Divination in the Yijing*）的报告。参阅：http://www.ikgf.uni-erlangen.de/events/event-history/lectures/summer-2014.shtml。

（三）"孔孟政治合法性思想重构"

杜伊斯堡·埃森大学杜仑完成了《孔孟政治合法性思想重构》的个人研究项目和论著（德文）。该项目以当代合法性研究的基本理论为基础，系统梳理孔孟的合法性思想，提出了"伦理政治的合法统治类型"的论题。一些学者把古代中国的统治形式归入韦伯所说的三种"合法统治类型"之一，即"传统的统治类型"。杜仑的研究不仅对此提出了疑义，而且针对古代中国政治提出了第四种"合法统治类型"，称为"伦理政治的合法统治类型"。他认为，这一类型既有"宗法制"作为其历史事实和渊源，又包括经儒家理想化加工后所形成的一系列"伦理政治合法性思想"，包含"内圣外王"的理想、"仁"的核心价值、"性善"的理论预设和价值来源的"天"。同时，"伦理政治合法性思想"也有自己独特的合法性概念和"仁政"的合法性诉求，这实际就是"道统"的内容。论著《导言》之后的前三章为说清这些问题做了准备性的论述。第二章讨论"政治合法性及合法性思想",证明本研究在政治科学领域的科学性基础。比如,讲解了"合法性诉求"、"合法统治类型"、"合法性原则"、"统治有效性原因"等概念,提出了"政治合法性"的普适性定义,把"道德正确性"(right 和 proper)作为合法性的核心,这样,就能确认不同的文化圈有与自己的历史背景和文化价值相应的"合法性"概念。第三章讨论"西周政治合法性思想",让读者了解儒家的政治合法性思想是西周政治合法性思想的发展。第四章在与合法性思想联系之下对孔孟思想做一般介绍,以便证明孔孟思想中确实可以找到合法性思想。

四、发表的论著和论文

德国汉学界(汉学系和东亚系)和研究中国哲学的德国大学哲学系的学者发表了不少讨论中国哲学的论文。以下仅举一些与儒学有关的例子。

德国跨文化哲学学会在其丛书《世界哲学对话》(*Weltphilosophien im Gespräch*)时常刊登关于中国哲学的论文。比如科隆大学贝克曼(Claudia Bickmann)和维尔茨(Markus Wirtz)主编的第11卷(2014出版)的主题是"至善的理念:接近'仁'的视角和接近神性"(Die Idee vom höchsten Gut. Annäherungen an die Perspektive der Menschlichkeit [Ren] und an die Natur des Göttlichen)。这是在科隆大学哲学系举行的一次学术讨论会的论文集,除了贝克曼综合性的论文《至善:跨文化接近的地方吗?》(Das höchste Gute: Ort interkultureller Annäherung?)外,关于儒家的论文有三篇,即杜仑《仁——人的本质和任务》(*Menschlichkeit: Wesen und Aufgabe des Menschen*)、韩德克(Myriam-Sonja Hantke)《莱布尼茨和〈易经〉中的至善理念》(Die Idee des höchsten Guts bei Leibniz und im I

Ging）和约瑟佛维石（Sasa Josifovic）《孔子有内在结构的道德一体理论》（Konfuzius' Theorie der in sich strukturierten sittlichen Einheit）。

由于其他两篇文章的内容还未尽知，这里只介绍一下杜仑的《仁——人的本质和任务》。"仁既是人的本质，又是人的任务"，是由德国著名宗教学家、世界伦理基金会（Stiftung Weltethos）创建人孔汉思（Hans Küng）提出的（他甚至提出了"仁"作为全球普世价值的设想）。本论文从"仁"就是人本身的价值、"仁"的含义（爱人、忠、恕）、君子论和性善论等方面具体解释和发挥这一论题。比如，"仁者，人也"表示了"仁是人的本质"，即"仁"的价值不在人之外，而存在于人本身。但是，这并不是说人不需要培养内在于自己的"仁"这个最高的道德，相反，培养"仁"的道德，是使自己成为真正的人的任务。比如从"仁"的含义来看，孔子把"仁"解释为"爱人"，既说明"爱人"是一种生活经验，也即人的本质，也可以说"爱人"是人的任务，人应该爱人，并通过爱人体验和发展自己的"仁爱"。又比如，"忠"的含义是忠于自己的原则，这本身更体现了"仁是人的任务"的方面。最后，"性善论"虽然更说明就是"仁是人的本质"，但"性善论"并不是说人人都能不经努力就可以成为善人，而是说人必须注重天赋的"心之官"的作用，找回"本心"或"赤子之心"。这本身又是人面对天所要完成的任务。孟子说："尽其心者，知其性也。知其性，则知天矣。存其心，养其性，所以事天也。夭寿不贰，修身以俟之，所以立命也。"这句话全面说明了至善的辩证过程。

另外，贝克曼还在另一本论文集里发表了一篇类似题目的论文，叫《至善的理念——康德和孔子的接近之路？》（Die Idee des, höchsten Guts'. Annäherung zwischen Kant und Konfuzius?）。该论文的出发点是所谓的"目的和谐"的思想：如果把"目的和谐"（至少是按她的解释）当作当代新儒家建立道德秩序的导向视野来讨论，那么，这似乎描述了一个旨在建立一个国家的社会秩序，进而是世界共同体的秩序的原则。这就首先涉及了认识论问题。贝克曼指出,因为西方重推理的所谓"逻辑探寻"和东方重伦理的所谓"学道"同样都有弊端,应该找出第三种道路。对康德来说,所有目的的和谐不仅被视为哲学理论的导向,而且被视为是在一个受制于道德规律的世界里建立感性—道德秩序的导向。他把"纯粹理性"和"实践理性"相结合,实际上就是一种解决办法。通过经验知识和理性思想的结合、人的本性(自然性)和自由的统一,就可以在一个受制于道德规律的世界里按"至善"的标准找到自由的行为的空间。她认为康德的"至善"思想就描述了把实然和应然统一起来的作为"最终目的"的一个整合体(Integral)。贝克曼先从超越的角度描述了这被称为"感性—道德世界秩序的整合体",并认为这和郭沂最新提出的"道哲学"中的超验和绝对本体的"道"类似。然后她谈了达到这个(作为自然和道德秩序中所有目的和谐的源泉的)"至善"的三个途径或者层次:"感性和道德目的相一致的感知点"、"感性和道德目的相一致的理性认知点"和"在至善思想视野里的关涉'意义'(sense)的和谐思想"。在谈了"世界公民性整体里的'伦理共同体'"之后,贝克曼在论文的最后解释了康德的不能不撇开上帝而谈的"至善"思想。

慕尼黑大学汉学系的叶翰在2014年发表的一篇论文涉及孔子的生平。论文的题目是《对〈史记〉和〈孔子家语〉中相关地方孔子的生平描写的几个评论:孔子从政、周游列国及返回鲁国》(*Einige Anmerkungen zur Biographie des Konfuzius im Shih-chi und in vergleichbaren Stellen im K'ung-tzuchia-yü. Teil II: Vom Dienst in Luüber die Wanderungen zurück nach Lu*)。

2014年,波鸿大学东亚系欧阳博(Ommerborn)出版了论著《在世俗化辩证法标志下保持自己的阵地——新儒家和对儒家宗教性的追问》(*Selbstbehauptungim Zeichender Dialektiker Säkularisierung. Neukonfuzianismusunddie Fragenachder Religiositätdes Konfuzianismus*)。本书的研究对象是新儒家。作者

认为，20世纪下半叶，新儒家又有了复兴。儒家学说中的某些因素常常被抬高，说成是比西方的想象更好的选择，比如儒家特殊的资本主义理论、民主和人权。但是，对这些本来来自西方的方案和概念的应用同时表明，新儒家在其内部的讨论中把西方文化和传统作为参照系。例如，正是在近几十年来，也就是西方在越来越强烈地批评现代化的负面影响的框架下又开始重新热烈讨论宗教的角色的时代，新儒家中不仅有把自己的新儒家理论印上宗教性的努力，同时，也有把传统的儒家解释为在本质上就是宗教的试图。为了说明这个问题，作者在第一章（《传统儒家和西方影响之间的新儒家》）和第二章（《新儒家和儒家在现代世界的角色》）先考察新儒家从产生起到现在的一般发展。在第一章，作者就直接提到了新儒家不仅受西方思想的影响，而且就是其与西方思想争辩的产物。在第二章，作者谈到了新儒家在中国大陆的发展，包括儒家思想研究的兴起、在政治中的作用以及全球性的角色。第三章（《新儒家、儒家和宗教》）和第四章（《新儒家和宋明理学中的本体论和宇宙论》）讨论儒家的宗教性问题。第三章中，作者表示了自己对把儒家思想看成宗教这类观点的保留和批评态度。不过，他在第四章中探讨了这类观点在古代理学和心学中的渊源，即"天人合一"和"内在超越"。

（杜仑，德国杜伊斯堡·埃森大学）

澳大利亚中国学及儒学研究概览*

［澳］戴理奥撰　伍昕瑶译

迄今为止，澳大利亚的中国研究已经走过近百年的历程，其间经历了由传统汉学向现代中国学的转变，涌现出大量杰出的研究者和代表性成果。20世纪七八十年代以来，澳大利亚中国文化研究走向全面繁荣，很多大学都建立了专门的中国研究机构，优秀的学者也层出不穷。本文便拟对澳大利亚中国学及儒学研究的最新情况做概括性的梳理。

---

* 澳大利亚的中国文化研究，迄今为止已走过近百年的历程，其间经历了由传统汉学向现代中国学的转变，涌现出一批有代表性的学者和成果，已成为海外中国学的一个重要分支。20世纪七八十年代以后，澳大利亚中国文化研究走向全面繁荣，诸多大学都建立了中国研究中心或包含中国研究在内的亚洲研究中心，显示出强大实力。澳大利亚的中国学，整体上重视对现实问题的研究，汉学作为一种文化修养和兴趣爱好，一直乏人问津。尽管如此，仍有一些学者致力于对中国传统文化特别是儒学展开讨论。戴理奥女士现任职于澳大利亚邦德大学，她在本文中对澳大利亚中国学及儒学研究的最新进展进行了概括性的梳理，介绍澳大利亚国内重要的研究机构、研究者和研究项目，从中我们可以看到澳大利亚中国文化研究的现在和未来。——译者注

一、专业机构

成立于1991年的澳大利亚中国研究协会（Chinese Studies Association of Australia，http://www.csaa.org.au/）是一家聚集了诸多中国研究学者的专业机构，其研究专长包括人类学、经济学、地理、历史、语言、法律、语言学、政治学、社会学、文学以及中国社会文化的其他方面。协会每两年举办一次大型研讨会（下届研讨会定于2015年举行，我将在下文的"研讨会"部分中作详细介绍），研究人员也可通过其期刊《中国研究通讯》（Chinese Studies Newsletter）了解到协会当前的研究动态、最新成果、人事变动、近期研讨会及交流活动，以及大学研究讯息。澳大利亚中国研究协会为澳大利亚教育体系中的汉语语言文化课程出谋划策，同时为研究资金的申请提供建议。简言之，该协会致力于成为澳大利亚在中国研究相关政策制定方面一支举足轻重的力量。

二、研究中心

坐落在澳大利亚首都堪培拉的澳大利亚国立大学（Australian National University）对中国的研究由来已久。澳大利亚国立大学有至少50名中国研究的专家、学者，他们通过与大学里不同的中心和机构合作来指导和进行研究，这其中就包括当代中国中心（Contemporary China Centre）。当代中国中心成立于1970年，并将自身定位为一个专注于对1949年后的中国进行高学术价值的、社会科学解读的研究机构。2010年，该中心并入政治与社会变革系。该中心出版的学术刊物——《中国研究》（The China Journal，http://www.press.uchicago.edu/ucp/journals/journal/tcj.html）是国际学界关于当代中国的最具学术影响力的刊物之一。中华全球研究中心（Australian Centre on China in the World，http://ciw.anu.edu.au/）是另一个值得关注的研究机构，其研究兴趣在于推动全世界更好地理解中国。该中心所有的学术活动都围绕澳大利亚国立大学中国研究学院展开。这是一个专注于中国研究的、跨学科的并面向澳大利亚国立大学所有教职工和学生的伞状机构，其研究对象不仅针对中国大陆，还包括香港特别行政区、台湾地区以及海外华人华侨。

最大的、致力于中国研究的机构坐落于悉尼，而非首都堪培拉。悉尼大学的中国研究中心（China Studies Centre，http://sydney.edu.au/china_studies_centre/）成立于2011年。该中心是一个多学科的研究机构，拥有130位研究人员。正如其网站所言，中国研究中心致力于"促进澳中两国在贸易发展、公共健康和社会变革等领域的交流与合作"。在中心成立之初，有新闻报道曾指出，中国研究中心的最终目标是"匹及悉尼大学的美国研究中心的规模和影响力"[1]。此外，时任悉尼大学副校长的迈克尔·斯宾塞（Michael Spence）博士曾对《澳人报》表示："我们正在进行的研究是对中国社会生活的细节进行深入观察和研究，并希望以此为解决中国所面临的问题做出我们微薄的贡献。这个中心不仅将发挥重要的学术作用，同时，正如我校的美国研究中心一样，将在提供公共教育和政策智库方面扮演关键角色。"[2]

悉尼科技大学同样设有一个中国研究中心，其研究重点是当代中国研究。成立于2008年的中国研究中心（China Research Centre，http://www.uts.edu.au/research-and-teaching/our-research/china-research-centre）整合了众多核心和实习研究人员，且拥有多学科的学术背景，诸如政治、国际研究、社会学、历史、地理、人类学、媒体研究、语言学、商科、信息技术和法律等。

悉尼科技大学还设有另一个中国研究中心，代表着澳大利亚中国

---

[1] Michael Sainsbury, University of Sydney to open largest Chinese studies centre [悉尼大学设立全澳最大的中国研究中心], *The Australian*, 26 Oct. 2011, http://www.theaustralian.com.au/archive/higher-education/university-of-sydney-to-open-largest-chinese-studies-centre/story-fnama19w-1226176716510 (accessed 21.10.14).

[2] Ibid.

研究的最新成果，这就是澳中关系研究院（Australia-China Relations Institute，http://www.uts.edu.au/research-and-teaching/our-research/australia-china-relations-institute）。该院成立于2013年12月，是一个智库机构，由中国商人——玉湖集团发起人和董事长黄向墨投资18万澳元设立，现任主席是澳大利亚前外长卡尔·鲍勃（Bob Carr）。

位于墨尔本的拉筹伯大学同样设有一个中国研究中心（Centre for Chinese Studies，http://www.latrobe.edu.au/china-centre/about）。该中心于2007年由拉筹伯大学、北京大学和北京外国语大学三方共同建立，其目标是推进中国相关研究，以让更多的澳洲人认识和了解中国及中国文化。

墨尔本大学的当代中国研究中心（Centre for Contemporary Chinese Studies, http://chinastudies.unimelb.edu.au/）有两个定位：第一，在当代中国研究领域中促成一支澳大利亚学派；第二，成为一个关于中国、中国社会和21世纪中国经济的信息来源，且这些信息均基于研究基础。墨尔本大学的贝利厄图书馆有丰富的中国藏书可供借阅。

除上述名称中含有"中国"字样的组织外，还有其他一些不太明显的机构，现正从事儒学研究。很多大学的学系、中心和研究所都将这一研究领域置于其他更广泛的类别之下，比如亚洲研究和东西方研究所。

举例来说，成立于1993年的邦德大学东西方经济与文化研究中心（Centre for East-West Cultural and Economic Studies，简称CEWCES，http://epublications.bond.edu.au/cewces/）最初设立于人文社科学院内（现隶属于新成立的社会与设计学院），可以说是21世纪"东西"交流研究的机构典范。中心对多领域深入研究，很多都与中国有关，包括文化及政治体系、对外政策、战略文化、公共外交和与社会文化网络相适应的、全新的可持续发展模式。该中心的两部著作具有代表性，这两部作品的出版时间相隔十年，而两个议题一方面展示了该中心学术传统的相承性，另一方面也体现出伴随中国的迅速崛起而带来的研究方向的适时变化。第一部著作于2004年由中心高级研究人员编辑出版，书名叫《迈向全球化社会：儒家人文主义的新视野》[1]，议题是关于在儒家思想引导下的全球化社会；而2013年出版的另一部著作叫《中国对全球秩序的探寻：由"和平崛起"到"和谐世界"》[2]，其议题承接了前者，但是研究重点偏向了自21世纪初复兴以来中国在实现其伟大蓝图中所遇到的困难和时常被外界所质疑的角色。该研究中心的期刊《文化论坛》（*Culture Mandala*, http://epublications.bond.edu.au/cm）刊发了一系列关于东西方研究的文章，其中就包括对儒家学说的讨论。在最新一期（2014年12月刊）中，邦德大学的助教、研究员萨马德·阿夫塔伯（Samad Aftab）将会在其文章中讨论孔子对21世纪有何重大意义。

一些大学的哲学系、中国和亚洲研究学系同样教授儒学课程或进行儒学研究，这其中最为人们所熟知的儒学中心就是遍布各地的孔子学院。澳大利亚共有11所大学设有孔子学院，它们是南威尔士大学、纽卡斯尔大学、悉尼大学、墨尔本大学、昆士兰大学、昆士兰科技大学、阿德莱德大学、南澳大利亚大学、查尔斯达尔文大学、格里菲斯大学（旅游业）和墨尔本皇家理工大学（中药）。孔子学院的设立本着中方和承办方共同承担的原则，其最典型的职能就是在非汉语国家教授汉语和中国文化，这也导致长久以来人们普遍认为孔子学院不注重学术研究。在一份2012年针对澳大利亚孔子学院的研究报告中就曾指出："……很显眼，现如今孔子学院不进行学术研究和教育，其主要原因在于人力资源的缺乏和科研经费的限制。"[3]但

---

[1] Martin Lu, Rosita Dellios and R. James Ferguson, *Toward A Global Community: New Perspectives on Confucian Humanism* [迈向全球化社会：儒家人文主义的新视角], Centre for East-West Cultural and Economic Studies (Gold Coast, Australia: Bond University and International Confucian Association, 2004).

[2] Rosita Dellios and R. James Ferguson, *China's Quest for Global Order: From Peaceful Rise to Harmonious World* [中国对全球秩序的探寻：由"和平崛起"到"和谐世界"], Lanham Md: Lexington, 2013.

[3] Falk Hartig, "Cultural diplomacy with Chinese characteristics: The case of Confucius Institutes in Australia" [中国特色文化外交：澳大利亚孔子学院现状], *Communication, Politics & Culture*, Vol. 45 (2012), p. 268, http://mams.rmit.edu.au/bd8e4ha8e4t8z.pdf (accessed 23.10.14).

是,随着"汉办"[1]"新汉学计划"的推进,这一状况正有所改善。这一计划旨在"资助各国在汉学及中国研究领域具有丰富学术基础的学者来华深造,推动对传统及当代中国的研究,以培养新一代青年汉学家"[2]。

南威尔士大学的孔子学院是推动"汉学新浪潮"(澳大利亚国立大学倾向于"新汉学"这一提法,参见下文白杰明教授所言)的排头兵,该大学出资承办了"反思晚清以来的中国、儒学和世界"研讨会。此次研讨会同样得到了孔子学院总部和国家汉办的经费支持。根据2013年11月的一份报告,此次研讨会对于孔子学院在全球的发展而言具有里程碑的意义,它意味着孔子学院正在21世纪发展成为一个可以促发关于汉学的激烈讨论的学术团体。此次研讨会的论文在《中国文学研究前沿》(*Frontiers of Literary Studies in China*)[3]以专刊的形式出版,寇致铭副教授担任此专刊的特约编辑。

三、儒学研究学者

在澳大利亚,有不少从事儒学及相关研究的学者,我将着重介绍其中的六位。但是首先,必须提到澳大利亚学术界一位德高望重的汉学家,也就是去世不久的李克曼先生(Pierre Ryckmans,1935.9.28—2014.8.11),或许大家更熟悉他的笔名西蒙·莱斯(Simon Leys)。李克曼

---

[1]"汉办"即国家汉语办公室,参见"汉办"网址:http://english.hanban.org/。
[2] 汉办:《孔子学院发展的建议(草案)》,孔子学院总部,北京,2011年,第5页。如白杰明(Geremie R. Barmé)所言,《新汉学计划》提出了海外博士生奖学金项目(博士生奖学金项目旨在通过来华学习、中外合作培养等方式,资助具有中国研究学术基础的各国优秀青年来华深造,培养青年汉学家和中国学研究方面的高端人才,推动对传统和当代中国的跨学科研究)。在2012年11月3日至5日在北京举行的第三届世界汉学大会上,专家学者们在会议的"'新汉学'的趋势与展望"专场和青年汉学家论坛暨"新汉学国际研修计划"推介会上对一系列相关资助项目进行了深入讨论。来自复旦大学的葛剑雄教授表达了其对孔子学院非语言教学角色及政治角色的担忧。("On New Sinology"[论"新汉学"],*Chinese Studies Association of Australia Newsletter*, Issue No. 31, May 2005,http://ciw.anu.edu.au/new_sinology/index.php, accessed 23.10.14)。
[3] 见2013年第7卷,第3期。

是一位出生在比利时的澳大利亚汉学家，同时也是一位成果卓著的翻译家，其中就包括对《论语》的译介（*Confucius*，1997）。他曾在澳大利亚国立大学教授中国文学（正是在这里，他指导了日后的澳大利亚前总理陆克文的论文），同时也是悉尼大学的中国研究教授。他对不少澳大利亚汉学家都产生了重要影响，其中就包括下面将要介绍的几位。

梅约瑟（John Makeham）是澳大利亚国立大学亚太学院语言历史文化学系的中国研究教授。他的研究和学术专长为中国思想史，特别是中国哲学思想史。他特别注重对儒家思想的研究，近几年关注到中国佛学思想对儒家学说的影响。现在，他参与了两个合作研究项目：一是对陈那菩萨《观所缘缘论》（*Aalambana-pariikshaa*）中汉语和藏语重要注释的翻译，这部作品促进了现代佛教瑜伽行派在中国内陆和西藏地区的复兴；二是探索新儒学思想中的佛教根源。

陈慧博士（Dr. Shirley Chan）是麦考瑞大学国际研究学系的主任和中国研究方向的负责人，同时也是该校古代文明研究中心的研究人员，她在悉尼大学完成了自己的博士论文（李克曼曾是她古汉语课程和中国历史课程的老师）。2002年，陈慧博士来到麦考瑞大学从事中国研究，其主要研究方向为中国传统文化、中国哲学、中国古代典籍及思想史，以及已出土的公元前4世纪的楚国竹简。

杰弗里·里格尔（Jeffrey Riegel）是悉尼大学语言与文化学院的院长和教授，同时也是加州大学伯克利分校"阿加西斯"东方语言文学讲席的荣休教授。他在中国思想、文学和考古方面成果颇丰，请参阅以下网址：http://sydney.edu.au/arts/slc/staff/profiles/jeffrey.riegel.php。

赖蕴慧（Karyn Lai）是新南威尔士大学历史与哲学学院哲学系的副教授。她的主要研究领域是先秦儒学和道家思想。她的几部重要著作包括《师法中国哲学》（*Learning from Chinese Philosophies*，Alder Sauter：Ashgate Pub Co.，2006）和《中国哲学导论》（*An Introduction to Chinese Philosophy*，Cambridge：Cambridge University Press，2008）。她还兼任

由布莱克威尔出版公司刊发的《哲学指南》(Philosophy Compass)杂志"中国比较哲学"专栏的编辑。

下面将要提到的两位学者并不是专门的儒学研究者，但他们的研究领域需要对儒家思想有深入的了解。白杰明（Geremie R. Barmé）是澳大利亚国立大学的一名研究讲座教授，同时也是全球中国研究中心的负责人。作为两位学术泰斗——柳存仁（Liu Ts'un-yan）和李克曼的学生[1]，白杰明是一位态度鲜明的澳大利亚中国问题专家，也是一位高产的作家，正是他在2005年首次提出"新汉学"这一说法[2]，用以代指关于中国更全面的研究。他指出，"新汉学"的特征是，"与包罗万象的汉学世界的各个方面都有着密切的联系，无论是当地的、地区性的抑或是全球性的"；"无论是否受到经验或者理论的影响，同时具有古汉语和现代汉语研究两个方面的坚实的学术基础，可以使我们以更普世的态度面对其繁杂的学科和分支"。[3]很显然，白杰明本人的知识涉猎亦具有如此的广度和深度，他是一名历史学家、文化评论家、纪录片制作人、翻译和网络博主，其研究领域是17世纪以来的中国文化及思想史。

寇致铭（Jon Eugene von Kowallis）是新南威尔士大学语言与文化学院中国研究项目的负责人和副教授。他的学术成果请参阅以下网站：https://research.unsw.edu.au/people/associate-professor-jon-eugene-von-kowallis/publications。他现在正在对中国现代文学的奠基人鲁迅（1881—1936）的早期作品进行研究，该项目是澳大利亚研究理事会的资助项目，其成果可以帮助我们更好地理解中国的语言沿革、思想史和文化潮流。

---

[1] Geremie R.Barmé, Doubtless at Forty [四十不惑], *The China Story*, Australian Centre on China in the World, 1 Dec. 2012, http://www.thechinastory.org/2012/12/doubtless-at-forty (accessed 24.10.14).

[2] Geremie R.Barmé, On New Sinology[论"新汉学"], *Chinese Studies Association of Australia Newsletter*, Issue No. 31, May 2005, http://ciw.anu.edu.au/new_sinology/index.php (accessed 23.10.14).

[3] Ibid.

四、研讨会

澳大利亚中国研究协会下届年会定于2015年7月5日至9日举行，并作为第九届国际亚洲研究学者协会的一个分会场，与荷兰莱顿大学国际亚洲研究中心合办。这将是有史以来由澳大利亚承办的最大规模的亚洲研究会议，为与会学者提供了与来自中国和世界各地的中国研究学者见面的机会。有关此次会议的更多信息请参阅网址 http://www.icas.asia/。

另一个研讨会——"先秦两汉出土文献与中国哲学国际研讨会"，由麦考瑞大学语言与文化学院国际研究学系中国研究中心承办，于2014年12月9日至11日在澳大利亚悉尼召开。此次会议的议题——"先秦出土文献中的中国传统思想"具有重要的学术意义，参会论文也将在会后编辑成册并正式出版。

（作者戴理奥[Rosita Dellios]，澳大利亚邦德大学国际关系学副教授；译者伍昕瑶，北京外国语大学中国海外汉学研究中心硕士研究生）

会议综述

儒学国际化,唱响人类共赢价值!
——首届"世界儒学文化研究联合会"会议综合述评

田辰山

2014年10月8日至12日,美国夏威夷召开了"世界儒学文化研究联合会"成立大会,会议由夏威夷大学和东西方中心主办,主题为"儒学的价值与变革的世界文化秩序"。"世界儒联"的宗旨是在世界各地大学中挑选学科带头人,研讨儒学文化对新兴世界文化秩序建设的价值贡献,推动未来世界范围的有效合作。会议的主要发起人是夏威夷大学安乐哲(Roger T. Ames)教授,他同时也是国际儒学联合会副会长。大会

会场一角

邀请了来自世界各地三十多所大学及机构的七十余位儒学研究者，还包括一些企业家、民间组织以及政府代表，其国际性、时代性和影响广泛性都达到了一个新的高度。

10月8日晚，"世界儒学文化研究联合会"首届会议拉开帷幕，由夏威夷大学哲学系安乐哲教授、赫肖克教授主持，美国研究机构"东西方中心"总裁查尔斯·莫里森、夏威夷大学副校长里德·大森布洛克、夏大亚太研究学院院长安迪·苏滕、夏大哲学系主任罗纳德·邦德克出席招待会并向与会学者致词。以下便对会议内容进行综述。

一、为什么要重视儒学与中国文化价值？

夏威夷大学成中英教授作了题为《儒学再创：从危机到转变》的发言，他指出当今是世界空前发展与人类陷入危机的时代，提出"人们寻找危机的逻辑应该是从生态而找到经济的，再从经济而找到伦理的"，建构一个经济、生态、伦理三者协调发展的新世界，让世界各国人民远离暴力与战争，生活在祥和的氛围之中。

山东大学黄玉顺教授作了《世界儒学：儒学之变化与新兴世界文化秩序建设》的发言，他同意安乐哲关于儒学属于中国也属于世界的观点，认为可以期待一种"世界儒学"："世界范围的儒学"应该成为形成新兴世界文化秩序的重要资源，它正在形成的过程中。

加州（伯克利）大学麦克·奈兰（Michael Nylan）教授作了《当代世界中的核心儒学价值》的发言。她提出：现代儒家不谈自己国家经济与社会不平等，沉湎于抽象空谈"超越"、"纯学术"，对现实生活的窘境提不出解决办法；听不到现代儒家讨论气候变化或者人类发展友谊的作用；儒家学者在数十年来放弃重要的道德诉求，他们应当最好重新认同一下早期儒家教育蕴含的核心价值。卫斯理大学司提芬·安格尔教授作了《进步的儒学未来》的发言。他认为，儒家思想保留着当代世界的建设性伦理、社会与政治力量潜力，儒家必须创造性地积蓄力量，这是全世界学者、思想家、实践家的工作，进行对话和互相合作。他提出，当代儒家的工作就是要申明，儒家必须将自己视为是进步的——是在个人与社会层次追求伦理发达的进步意义上的。

二、儒学与中国文化智慧是什么？

过去二十年来，中国国内大学校园的国学院如雨后春笋般建立；遍及美洲以及全球最好的高等教育机构中，中国政府主办的孔子学院也是星罗棋布，已达到四百多所；它们从事汉语国际教育，推广中华文化。显然，中国政界与学术界正在共同努力，向世界推广、弘扬儒学和中华文化。与此同时，人们也应思考一个问题，即儒学究竟是什么？

汉堡大学凯·富格尔桑教授发言的题目是《从历史角度看待儒学复兴》。他指出，如果对推翻儒家话语历史条件进行新阐释，会得出如下结论：儒家思想对新社会秩序提出解决办法，它从来没有落后过，而且总是与时俱进；它不是具有什么永恒智慧，而总是对当代问题作出回应的。新加坡南洋理工大学李晨阳教授在题为《儒家圣贤会犯错误吗？——儒学现代化的一个重要特点》的发言中指出："儒学与一神宗教传统的一个重要差别体现在儒家对犯错误的敏锐感使得儒学成为一种回应性的哲学，所以它具有对当代变化的新条件的适应性。这一特点让儒学调整自己，与时俱进。"中国人民大学姚新中教授作了《儒家价值与多文化世界》的发言，认为儒家价值仍在很大程度上与快速变化的世界是相关的，不仅在国际关系方面，也在互相不同乃至摩擦的国家之间形成的共同利益方面。

韩国大学Seung-Hwan Lee教授作了《儒学——自由一己中心的解药》的发言，他指出：在韩国，各种异样价值观搅和在一起，难以分清。韩国面临儒家价值与自由主义权利、个人主义与社群主义二者之间的选择。……自由主义"个人尊严"概念建立在个体人"理性"能力之上,以为个人是"自立"、独立的,这与儒家将人视为"关系取向"、依存、互益的,形成鲜明对照。在伦理理念方面,儒家相信人本身的能力,可通过克服自私性成为更有德行的人;所以它强调自我反省、自律,而不是讲自我第一、自我利益。……不管一个个体人达到何种自由程度,不受外来干预,但只要他仍旧是他自己内在欲望的奴隶,他就不是实在地自由的。

台湾大学汤普森教授的发言题为《朱熹综合孔子的人文主义伦理学》,他指出,"朱熹提出孔子人文主义伦理是以'仁'观念的修养与践行为本。这一提法支持一种关系性人文主义伦理学,而康德是个人为中心人文伦理";"儒家的思想表达深沉的情感、关系性而且理性形式的人文主义,倾注于一种更深厚的人文主义,是道德伦理角度的天人合一关系"。

韩国成均馆大学崔英镇的发言题为《儒家乌托邦社会观与生物人群的道德感为本追问》,他指出,"以生命为本的儒家思想可为当今世界提供新的视角";"今天统治者施向被统治者的暴力未发生削减,过度追逐物质享受仍在加速环境的破坏"。威斯康星麦迪逊大学维仁·莫提(Viren Murthy)教授作了《"天下"与战后日本汉学"革命"视角》的发言,他认为,日本汉学家企图理解革命中国与天下世界的关系,他们提出从章太炎到毛泽东的思想道路,是把人民变成天;中国的"现代性",对于天下命运,有两方面,首先是对全球资本帝国主义进行的抵抗——暂时落后;然后则是强调另一个不同逻辑,这与冷战之后的新自由主义模式有关。

新加坡国立大学陈素芬教授在以《儒家的实际主义探索:反思儒学的"关系"与全球资本主义》为题目的发言中,提出"儒家重实际地探讨问题促成理论性创新、哲学精深和传统活力",还从重实用性的儒家角度,评估儒学与全球资本主义的关系。

三、走向儒学"角色伦理",唱响人类共赢价值

波士顿大学白诗朗教授在提交的《宋代理学的全球化》论文中表示,有一种北美修正版的理学。正如中国与东亚国家加入了国际社会,成为国际事务的重要角色,人们现在可以预测东亚形态的历史、经济、哲学与宗教传统,同样也会很快强劲地加入到更为真实的全球化学术世界中来。白诗朗认为,当然东亚新儒家是理学的根,但是需提出一个西方版本的理学前景的创造性宇宙世界观。同数世纪在东亚一样,新儒家或许也会很好地成为西方哲学世界的一部分的。

新加坡南洋理工大学 Winnie Sung 教授作《儒家的"忠"观点》的发言时指出,儒家"忠"的对象不是局限于对"某人"的,而是包括事业、理想与职守;在一切儒家文化中,对追求践行与传播儒学理性的人们来说,"忠"的心理状态是常识性的。

北京外国语大学田辰山教授的发言题为《把辩证法"读进"儒学》,他指出,对"儒学国际化"的讨论,似乎忽视了比较中西方哲学阐释得出的二者在宇宙观、方法论、思维方式、崇尚观、语言结构、话语、叙事上的"一多二元"与"一多不分"差别。而这一点是不应忽视的。田教授还指出,中国儒学(以及道家、释家)具有鲜明的反二元对立思维传统;很多人把西方"现代性""读进"中国传统中去,忽略了"现代性"概念具有的二元对立逻辑性,而中国传统中没有这种逻辑。

田辰山还提出,对中国传统和文化,曾有两种读法:一种是胡适式,把西方现代性标准的负面思想元素"读进"中国,另一种是辜鸿铭代表的,将西方标准的正面思想元素"读进"中国。应当注意到,近代以来对中国哲学的研究,在中西哲学的叙述上,存在严重不对称性。我们很少发问:西方哲学是讲究仁义礼智信的吗?可以认为柏拉图是"儒家"吗?在儒学中试图去找到的那些西方概念,结果都不是"西方那个东西"!今天,再也不能矢口不谈这个不可忽视的错讹!就像谈论中西

各自的"辩证法",一切在中国传统中寻找西方思想概念、价值的,都不能不谨慎。不能把西方"modernity"读进中国传统,不要将中文的"自由"、"民主"、"人权"与西方语言的这些"现代性"词汇等同!首当其冲的,是我们的思想方法搞错了。这个问题解决了,"儒学国际化"才是有希望的。

澳大利亚墨尔本大学Peter Wong教授作了《实现宗教性的和谐:儒家的力量》的发言,他指出:"在一个争相强调宗教不同信仰的绝对真理世界情况下,儒家传统可提供一种选择性路径。它的贡献有利于建设宗教性和谐。……宗教是认同一个超绝体,而'超绝性'理念却不能为各种宗教传统(包括儒家教导)提供很好适应性。这样,作为一种可选择途径,可以提出一种将'宗教'视为儒家祖先崇拜的中国模式或者仅仅是'教'而已。这样,恰当回应则将是道的实践。这不是一种价值中性倾向,而是一种看重信仰的实践,而非仅是信仰本身。'儒教'(儒家教导),可做的贡献则是重新阐述'宗教'不是基于信仰。"

"世界儒联"倡导儒学"国际化"。这是个什么概念?我们正处在时代的这样一个节点,儒家仍然仅是局限于"唐人街",感觉仍是遥远、奇异、关系不大的。但从需要文化资源来对世界做出改变的角度而言,将儒学及中华文化国际化,就必然要提到议事日程上来。

尼山圣源书院荣誉院长王殿卿教授认为,世界儒学文化研究联合会的成立,不仅更加有力地促进儒学在海外的研究与传播,而且将成为中美文化交流的新平台;它将与总部设在北京的国际儒学联合会遥相呼应,各显其能,共同建设21世纪的世界新儒学。

胡志明市越南国立大学阮玉诗教授作了《君子与革命:当代越南的坚持儒家价值观》发言,指出:重要儒家道德价值观念在社会主义越南各个不同时期都是经过再阐释之后遵守的。这些重要儒家概念被选择做出深入分析,而这些分析在越南"革新"时代之前显示出儒家道德价值在政府"树立社会主义新人"的话语中被再定义;其框架是社会主义意识形态和中央计划经济的。"革新"及之后时期，官方话语发生很大变化，是以市场为导向社会主义和全球化为格局特点的。这时，儒家价值经过了调整、重新阐释、被合法化，重新被引入社会，是通过官方声音和由精英修正的。一般口号是儒家或传统道德价值，关键观念如"仁"、"义"或"孝"被提倡和实行，带着国家自豪感。在某种程度，这种情况也显示儒家价值在国家层次上实行本土化。

韩国西江大学So-Yi Chung教授作了《"有"还是"是"？——当代韩国叙述儒家价值的问题所在》的发言，他指出，在韩国儒家思想曾败下阵来，打动不了韩国人的心了，但是经过过去数十年的研究与积极再教育，儒家思想已经不再被诅咒是"独裁"、"封建贵族"家长制、大男子主义的意义了。现代儒家价值被发掘、宣传出来，如儒家民主、儒家生态等。他还指出，儒学并不包含什么承诺，现代人太多强调儒学会带来什么好的结果，而真正儒家价值不是在于人的拥有物质，而是在于人是什么。

与会学者指出，"世界儒联"不是浪漫式地要把儒学作为一种意识形态来推行，而是要以一种评判方式，达成对这个世界更好的理解。中国不是日本，不是韩国，也不是越南，这些国家拥有很不同的儒学文化资源，而且它们之间似乎也存在张力。但在我们所处时代，这些文化或许可以达成一种"儒"的含义，以回应世界的"山雨欲来风满楼"问题。台湾大学黄俊杰作《为东亚儒学辩护：文中之文》发言时指出："东亚儒家模式"能为东亚儒学传统开辟一个崭新时代。……任何这一地域的儒家都背诵而且沉浸在经典之中，他们都有在儒家核心价值方面成为圣贤的决心，超越地域局限。儒家的共同核心形成一个思想体系，不分什么"中心/边缘"和"手段/目的"。"东亚儒学"是个学习领域，它消除我们的边界与限制，将"东亚"视为一个整体。……在此，有着重要的精神资源，可以带动世界文明的对话。

用此种讨论，来代替以往那种以个人主义意识形态谈这些问题的话语，有利于结束以有限游戏"零和"思维方式对待这个世界的状况，开始以儒学文化让世界唱响人类共赢的价值。清华大学陈来在《东亚儒学自己的特征》发言中指出："全球化把整个世界变得更具互相依赖性，经济、技术、市场、货币、贸易，哪方面都是如此。然而人类并没有更多改善"；"如果认为只要依靠现代西方价值自由、民主、法治、权利、市场、个人主义等就行了，要直面困境，解决它，我们不会有信心。我们需要开发一切可用资源，包括重建价值与世界观——培养关系、互相依存、互系性伦理、道德与礼的意识，去改善这个日趋让人失望的世界"。

四、结语

10月9日、10日和11日三天的会议，采用了特殊的午餐会形式，邀请国际儒学联合会王念宁副秘书长、尼山圣源书院王殿卿荣誉院长和北京四海孔子书院冯哲院长，分别向会议做了发言，介绍了三位所在的从事儒学文化研究与教育的机构。王念宁先生谈了国际儒学联合会宗旨、任务以及在海内外推动儒学研究与推广普及的情况。他特别提到习近平主席在纪念孔子诞辰2565周年大会的重要讲话及其广泛影响等内容。他代表国际儒学联合会，欢迎各国学者参与和支持国际儒学联合会的活动。

王殿卿教授介绍了尼山圣源书院建院宗旨、任务以及成立六年来开展的"尼山论道"、"尼山会讲"、"尼山师训"、"乡村儒学"等项弘扬儒学与文化的活动。他说，尼山是孔子诞生圣地，尼山圣源书院是天下"儒者之家"，欢迎在座学者下了檀香山，再上尼山，共同建设以复兴儒学为己任的这个新书院。冯哲先生对北京四海孔子书院做了介绍，播放十年来的办学历程录像，交流如何从儿童抓起"读经典，学做人"，接续儒学的传统文化基因实践经验。

三场午餐会发言，使得与会学者对中国民间团体推动儒学研究与传播、教育的情况，有所了解。三个发言精神，恰好体现在夏威夷这个象征中西相交之地反映的儒学文化古代与今天、今天与未来、中国与世界的接连与延续。

10月12日上午，在夏威夷大学哲学系举行以"未来方向"为议题的"世界儒联"组织会议。代表们就世界儒联"模式"、出版物、夏威夷大学出版社"儒学文化翻译丛书"、出版《儒学价值与变革的世界文化秩序》为题的首届会议论文集、2016年《东西方哲学》杂志特刊以及第二届会议议题及会议地点等问题，进行了热烈讨论。当日晚，安乐哲教授在自己家中设宴招待所有与会学者，此次盛会落下了帷幕。

"世界儒学文化研究联合会"作为当今时代儒学国际化的世界学术组织，期待的目标是：我们正处在一个面临严重危机的时代。我们需要尽我们所能，以全部人类资源，应对这场全面危机的风暴。人类有科学，有技术，也让我们胸怀坚强的哲学意志，改变价值、意愿和行为。必要的文化资源在哪里？相当程度上它当然存在于西方文化传统元素内。但儒学和中华文化，正等待着世界；智慧的要求，是我们不能等待，要对所有的人类文化资源充分利用。这一点与习近平主席"不断发掘和利用人类创造的一切优秀思想文化和丰富知识"的观点不谋而合。哲学的理由，则是儒学比西方"经验主义"更具有经验意义。因为它产生的基础是彻底经验性的，儒学自然是世界文化秩序变革的重要资源。

（田辰山，北京外国语大学教授）

中德哲学中的哲学方法
——"2014中德哲学对话"国际学术研讨会综述

温海明

  2014年7月1日至4日,一批研究中国哲学与德国哲学的哲学家聚集在慕尼黑郊外风景优美的施塔恩贝格湖（Starnberger See）湖畔的图青公民教育学院（Academy for Civic Education in Tutzing）,讨论中国与德国哲学交流当中的方法论问题（Philosophical Method in Chinese and German Philosophy）。会议的中方发起人是首尔大学哲学系郭沂教授,德方发起人是科隆大学的Claudia Bickmann教授、阿姆斯特丹自由大学Christian Krijnen教授和图青公民教育学院Michael Spieker博士。会议由图青公民教育学院和四海孔子书院主办。

  郭沂教授在开幕词中首先向四海孔子书院院长冯哲先生和图青公民教育学院院长Ursula Muech教授表达感谢与敬意,然后阐述了这次会议的主题。他指出,近代以来,人类面临着两个基本趋势,即现代化和全球化。前者给我们带来了民主政治和高度发达的物质文明,后者让产生于不同地区的文明走到一起。不过,就像几个素不相识的人偶然相遇,对共同面对的问题产生争执一样,不同文明相遇也会产生摩擦甚至冲突。文明的冲突说到底是价值的冲突。因此,解决文明冲突的根本途径是不同文明就不同的价值展开对话。如果说价值是文明的核心，那么哲学则是价值形成的主要根源。如此看来，文明对话关键在于哲学对话。也许我们可以说科学没有国界，但是哲学却具有鲜明的民族性。所以，欲展开哲学对话，必先相互了解。如何相互了解呢？我们知道，任何一种哲学，都是遵循特定的方法而建立起来的，而方法论便是了解一种哲学的钥匙。

20世纪40年代，德国哲学家雅斯贝尔斯（Karl Jaspers）提出，公元前800年到公元200年间，在中国、印度和西方不约而同产生了轴心文明。这是一种"精神过程"，由此形成了此后人类精神发展所依赖的基础。郭教授认为，当前文明对话的实质，是轴心文明的基本精神与核心价值的对话，由此将导入第二个轴心期文明，那将仍然是一个"精神过程"。作为轴心期文明中中国文明和西方文明的主要继承者和弘扬者，中国哲学和德国哲学分别在造就中西文明价值的过程中，扮演着举足轻重的角色。这就是我们今天就哲学方法问题展开中德哲学对话的主要意义之所在。

郭教授还简单地介绍了一下这次会议的背景。2011年6月，郭教授担任科隆大学International College Morphomata的研究员（fellow）期间，该院与科隆大学哲学系联合举办了一次题为Metaphysical Foundation of Knowledge and Ethics in Chinese and European Philosophy的国际会议，邀请了来自欧洲、中国、美国和澳大利亚的学者，回应他提出的Daoic Philosophy。那是一次成功的和富有成效的会议。所以Professor Claudia Bickmann决定将中德哲学的对话继续下去。在她和Professor Christian Krijnen、Dr. Michael Spieker和郭教授的共同努力下，两年前在图青公民教育学院召开了第二次会议。所以，这次会议是前两次中德哲学对话的继续。

会议开始，中国人民大学哲学院副院长温海明教授发表了《中国哲学作为比较哲学的方法论研究》(*On the Methodology of Chinese*

Philosophy as Comparative Philosophy），他指出，中国哲学从诞生时期开始，从材料到方法到诠释都与西方哲学的传入密不可分。今天研究中国哲学，材料选择必须有比较眼光，这是判断中国是否有哲学的关键。在研究方法方面，中国哲学一直在吸收西方的哲学方法，如实用主义、实证主义、马克思主义、存在主义、现象学等等。中国哲学的材料诠释需要用西方的方法，运用不同的诠释学方法来解释材料，在此基础上，中国哲学的理论建构也肯定是比较的。温教授具体通过对康德《纯粹理性批判》中关于经验类比部分涉及心灵与变化物体之关系的分析讨论来研究中国认识论的方法论问题。

香港中文大学哲学系黄勇教授发表《如何在西方背景下研究中国哲学：介绍一种独到的方法论》（*How to Do Chinese Philosophy in the Western Context: Introducing a Unique Methodology*），他讨论关于亚里士多德的分析哲学的学术成果，认为朱熹可以帮助西方哲学家理解分析哲学问题。他基本同意罗蒂的看法，认为大部分哲学家都不可能成为系统性哲学家；他试图用朱熹来解决西方哲学的问题。黄勇教授的问题是西方中心主义的，他认为中国哲学的问题只能够作为西方哲学的补充，或者作为扩展性的材料，不过是西方哲学的注脚，可加以利用来回应西方哲学的问题。中国哲学问题的深度只是西方哲学问题在某种方向上的中国式延伸。

德国 Katholische-Theologische Privatuniversität Linz 的 Michael Hofer 教授讨论了论文《反思》（*Reflexion*），他的"反思"既是一个概念，也是哲学。德国哲学传统都是反思的（reflective），可以通过启蒙运动来思考和理解，尤其是自我反思（self-reflective）。我们对心理的活动加以反思，在意识中概念及其对象没有区别，经验的变化跟内容产生的机制混在一起，如爱的意识转向很难。他讨论了关于超越的思考、观念与现实的关系、问题的主观性和对象之间的关系等等，认为都可以归结为心理行动，即我们如何思考，心理行为如何发生，路径如何，超越的反思如何可能等等问题。

美国夏威夷大学哲学系成中英教授发表论文《从易经到本体诠释学：中国哲学的整体思维》(*On Integrative Thinking in Chinese Philosophy from Yijing to Onto-Hermeneutics*)，他从"感"与"思"的关系出发，从先后天八卦之间的关系出发，讨论本体诠释学的道、体、用之关系问题，涉及希腊哲学与中国形而上学的区别等等问题。成中英教授的观点是他本体诠释学思路的继续展开，也是他对于"观"的长期性哲学研究的一部分。

德国科隆大学Claudia Bickmann教授讨论的论文是《思考的多重路径：存在的本质是矛盾吗？》(*Ways of Thinking: Is Contradiction the Essence of Being?*) 她讨论自我反思与自我批评之间的关系，谈及儒家与康德哲学之间的可沟通性，自由的因果性，偶然与必然的关系，主题间性与社会生活等问题。她分析了人的意识与发生的事情、对未来因果的控制，提出对因果的理解：因果的转化，当下为果，但当下也是因，经验可以理解当下的果，即如何做出合理化的解释，也可以理解当下的因，即可能导致的未来的果。她认为，机械化的因果观是不合适的，在心理问题上，科学不可能控制所有心理变量，线性因果观作为论证有很多问题，分析哲学的线性因果观和神学目的论的问题很大，认为还原到神经元的哲学运动方向不对。

美国夏威夷大学哲学教授安乐哲发表了《关联思维：从不明推论到早期道家宇宙论的关联艺术》(*Correlative Thinking: From Abduction to Ars Contextualis in early Daoist Cosmology*)。他引葛瑞汉，并提到刘殿爵、IA. Richards、Marcel Granet等人，讨论如何让中国哲学说自己的话。这是他的一大问题。他指出，在英文中讨论中国哲学不需要外来的超越的源泉，把对象当作独立个体来理解是错的，一个人的存在跟他存在的友谊关系等等有关。中国哲学的个人性（Individuality）是你成就的，不是被建构的。他运用点—场（Focus-field）理论来讨论中国哲学问题。

荷兰阿姆斯特丹自由大学（Vrije Universiteit Amsterdam）的 Krijnen 教授讨论了论文《思想的开端》（*The Beginning of Thought*），他探讨了比较的方法，提出：为什么我们需要哲学史？不同哲学家有不同的解决办法，西方哲学家可以从中国哲学家那里学习，可以从哲学角度建立一些新论证，如哲学的原则，不是学某一方面的长处，而是学更系统化的哲学思考。他提出，对比东西两个传统，需要跳出具体的问题，不仅仅局限在问题本身。他提到宇宙的一体性等问题，回顾了费希特、谢林、黑格尔等哲学家关于世界统一性的看法，涉及德国传统哲学的本体论和认识论的相关问题。所作相关讨论跟中国哲学的本体论问题有关，比如怎样超越二元论，如何运用相关方法讨论宇宙起源等问题。他认为，黑格尔一开始拒绝宇宙目的论，但认为一定有一个内在的动力才能用逻辑去理解。非决定性需要从决定性跳出，是内在的目的性，不是外在的动力性。大家意识到主客体一定纠结在一起，世界的整体是如何开始的是一个同时关乎主客的问题。中国的起源与此不同，中国哲学从每天的生活之忧思来，他们追问生活与人性的根本，提出天道等等观念。决定在哲学的概念化过程当中，经验是后面的事情，意义必须包含在内。他认为把黑格尔作为一个主客分离之后再开始的哲学体系这种说法是不对的，他批评康德先分主客，然后设法理解。而黑格尔认为，一开始是没有办法分主客的，所以是主客合一的。所以康德的说法还是有问题，而黑格尔的说法其实很深刻，因为逻辑的开端就是从存在开始，没有存在之前是关于逻辑的，而不是本体论的，本体论需要讨论之前的是什么。

荷兰 Tiburg 大学的 Paul Cobben 教授讨论了论文《黑格尔精神现象学的超越开放性》（*Transcendental Openness in Hegel's Phenomenology of Spirit*）。他分析了黑格尔的自我意识，跟笛卡尔比，自己的关系不是实体的个人，而完全是自己的关系。他还讨论了自我意识与身体，不是主观性的关系，客观性的关系可以实现。自由是社会肌体的一部分，个人只能够服务于社会规则。作为社会和自然的存在，我的本性应该是先行的存在。我有内在的自由。讨论中大家提到儒家身心一体,你自己意识到自己的存在,个体反省很重要,意识到人有内在的道德力。为什么我们会害怕死?死在哪里?人是有限的,在有限的内部,我们可以有根本的存在关系,即我们跟我们的身体的关系。《精神现象学》是开放的,是可以落实到日常生活的。《小逻辑》也不是一个纯粹的哲学系统,而是可以面对生活的。

会议组织者 Michael Spieker 博士发表了《黑格尔逻辑——无基础的建构》(Founding without fundaments-Hegel's Logic)。他认为逻辑从本体论开端开始,讨论了海德格尔的存在观念,他指出,有限者有限,在时空的流变当中有限,遵守同一律,虽然变化但还是有某种不变的东西在,有限者与无限者的存在方式不同,无限者存在于无限之中,无法进入经验,但往往是哲学研究的对象。有限者与自身同等,不断在成就自己的过程当中,那哪一个是有限者的界限呢?有限者也是一个总体,是对无限者的有边界性的牵制。

韩国首尔大学哲学系郭沂教授发表《写作与思考的路径:中西哲学发源之不同》(Writings and the Ways of Thinking: An Origin of the Deference between Chinese and Western Philosophy)。提到语言问题,他讨论了表达的方式、传达意义的方式、冥想与领悟,比较了中西语言表达的区别,讨论了分析与整体性、表象性与类似性等问题。讨论涉及理性与语言的问题,黑格尔存在哲学语言描述绝对性的,而不是分析性的,与关于绝对的哲学语言根本不同,是完全另外一个系统的。哲学语言就是完全另外一种关于绝对的方式,不是一般的概念和美学式的。康德到胡塞尔都是关于全体的哲学思想,但分析哲学很不同,反对关于全体的思考。不同的方式来表达哲学思考的对象,可以模糊,也可以清楚。问题是二者的关系如何?西方哲学关于智慧,关于实践智慧比较接近中国哲学,但希腊系统关于科学的哲学思考是另一种语言。哲学家从不清楚到清楚表达我们的思想。

南开大学乔清举教授讨论《儒家哲学的"通"与其生态意义》(*On Confucian Natural Philosophy of "Tong" and its Ecological Significance*)。他指出,"通"是中国生态伦理学非常重要的思想,并从中国的很多哲学经典出发加以深入系统的论证。乔清举教授多年来研究生态伦理学,已经有多部专著,关于"通"的研究是他的整体研究的一部分。

德国特里尔大学汉学系的苏费翔(Christian Soffel)教授讨论了《经学能否作为儒学研究的方法?》(*Cannon Studies [jingxue] as Confucian Methodology?*)。他认为,中国的经典主要是儒家经典,尤其是经学所指一定是儒家而不是佛教的。今天恢复经学有其意义,思想的发展需要重新面对经典。今天中国经学正在现代化,很多人编经学史,但没有多少人认真研读经典。讨论涉及经学是否可以取代中国哲学。他认为不可以,但在合法性讨论之后,很多人希望用传统的方式取消现代的、西化的中国哲学,这对于比较哲学的事业是一个大挫败,因为经学的复兴势头反对西学。但今天回复到经学,主要是一个学统的问题,社科院先搞,之后北大搞(如汤一介提出中国的诠释学),这样可以抓住经学的话语权,其实也是不允许中国哲学西方化的一种表现,主要是反对任何比较的眼光。关于经学与哲学的关系,复兴经学者多反对西方哲学的方法。经典诠释运动用古典学、古希腊的研究方法转向来研究中国材料,比较接近比较哲学,是把西方哲学作为方法,改造中国哲学的经典。其实,经学的现代化本身就是一个不可能的事情,因为蔡元培废经就表示经学的现代化相当困难。国学院也是反对西方哲学、反对比较哲学的,经学基本上都是国学院的一部分,也都是反对以西方观点研究中国经学的,所以西方哲学在经学复兴运动中长期被拒绝。

韩国首尔大学Nam-In Lee教授发表了《胡塞尔和儒家日新的伦理学》(*Ethics of Renewal in Husserl and Confucius*)。他发现了儒家与胡塞尔哲学的同构性,讨论了儒家自然的日新:自然的生生不息,如日日新,"周虽旧邦,其命维新"等等。孔子讨论"克己复礼"是否有理想主义倾向？孔子指出为仁由己，认为应该自主，但不是没有反省的自主（autonomous），而是反省之后的自主（active agent）。个人的"日新"不是纯粹的自动，而是反省之后的日新，从天到人而有道德。讨论涉及儒家不可能分裂个人与社会伦理，如成己仁也，成物知也；儒家自新原来就是好的，不是一般的新就好，旧就不好。通过比较胡塞尔与儒家的伦理，是一个新的建构，结果跟两者都不同。

本次会议是一次中国哲学家与德国哲学家全面细致的思想交锋，彼此交流讨论了很多中国与德国哲学研究中的重要问题，是中国哲学与德国哲学交流的一次盛会。会议对于推动中国哲学与德国哲学对话，推动中西哲学对话，以及整体意义上的比较哲学研究都有重大意义。

（温海明，中国人民大学哲学院教授）

学术动态

编者按：本部分将介绍两项研究项目，第一项是斯洛文尼亚罗亚娜（Jana Rošker）教授主持的儒学研究项目——"儒学复兴与中国现代化的理论基础"，第二项是法国 Pierre Kaser 教授主持的"远东文学法文译版数据库"项目。两篇文章形式上各有不同，第一篇是对项目论证报告书的"原始再现"，不做任何编辑，以便于认识其内在逻辑，把握其思维脉络；第二篇则是项目主持人对项目的背景、实施方法、意义与价值的概述性介绍。虽然方式不同，但两篇文章都能使我们对欧洲学者的方法有所领悟。

罗亚娜现任斯洛文尼亚卢布尔雅那大学汉学系主任、教授，主要研究领域是东亚的儒学。由罗亚娜教授主持的这一研究项目，于 2014 年 7 月由斯洛文尼亚国家研究院批准立项，网罗了众多欧洲优秀的学者参加，具有广泛的影响。该项目采用跨文化的研究工具，在后殖民研究、史学研究、社会学研究、哲学研究四个维度，从社会文化、认识论、思想史与制度史、比较哲学、概念分析、价值论、意识形态七大视角，致力于研究现代儒学思想里的现代性理论，探讨其参与全球现代性话语体系建设的方式，通过考察儒家复兴思潮及其社会反响，揭示文化对现代化进程的影响力。本项目的实施，对于促进亚洲与欧洲的理论对话，探索现代性与文化之间的内在关联，都具有重要的价值。

Pierre Kaser 现任法国艾克斯—马赛大学亚洲研究所教授。"远东文学法文译版数据库"项目由 Pierre Kaser 教授发起，旨在对中国文学在法国翻译和传播的历史过程用更准确、更科学的方式来予以衡量。迄今为止，学界对中法两大文学体系之间相互影响的范围和规模仍然没有恰当的定论，因此，现在是对过往所有关于中国古典文学在法国传播的情况进行总结的最好时机。数据库不仅限于收集书目，同时还要对每个译本都提供齐全的相关信息，包括对原著的考察、对译文的分析、译者的情况、译文对译入语文学的影响等等。有了上述资料，便可以对长达四个世纪的中法文化交流有一个宏观的判断，为学者研究提供便利，为今后的翻译提供借鉴。

儒学复兴与中国现代化的理论基础*

［斯洛文尼亚］罗亚娜撰　史凯译

一、课题论证

（一）背景

21世纪的东亚诸国正在重绘世界的发展图景：即便政治中心还未改变，经济中心已开始从欧美转向亚洲，由此催生各种问题，引发物质与思想范式的变化，导引亚洲国家的发展走向，也深刻影响着全球的国家关系。寻找解决问题的战略方案，需要以更为开阔的视野考量特定的文化语境。此中所涉角度，不仅限于经济和生态命题，也包括意识形态和文化场域所塑造的价值观念的政治社会功用，后者表征着东亚国家的轴向认识论的共性，构成它们的社会制度赖以存在的最具典型性也最为持久的基础。

---

*　原文标题是 The Confucian Revival and the Theoretical Foundations of Chinese Modernization。译文中的"现代化"对应原文modernization，"现代性"对应原文modernity。作者对这组概念的区分是：modernization侧重从传统到现代的转变过程，modernity主要描述社会发展达到一定阶段后的基本属性（the first term refers to a process and the second one to a certain stage of socio-economic development. Modernity）。——译者注

近年来，探讨儒学复兴的发展态势在中国（事实上在整个东亚）成为理论界的一个焦点，这也是本项目的主要研究对象。这场复兴是中国当代历史上最重要的反转事件，它涌现于现代儒学（Modern Confucianism）[1]的哲学浪潮之中。后者是中国现代化意识形态的构建进程中最重要的思潮之一，兴盛于20世纪的台湾地区和香港地区，继而扩散到深受儒学传统影响的东亚社会（例如日本和韩国），获得广泛认可。

1980年代初期，现代儒学在中国大陆重新登场，成为意识形态领域的一个主要关切。这一现象极具研究价值——它不但有助于我们深刻地理解自己所处的时代，也是当今全球化时代最宝贵的哲学遗产之一。这场思潮源自人们找寻西方学说与中国传统思想的结合点。它试图确立一个思想价值体系，解决全球化时代的社会政治问题。因此，我们的研究不仅聚焦现代儒学的哲学取向、思想和方法，而且着力澄明儒学复兴的政治、社会、意识形态背景，并考察它与中国现代性的理论基础存在哪些内在关联。

韦伯指出，基督新教伦理极大地促进了现代化的兴起与发展。基于这一论断，我们认为批判性地检视后儒学命题（Post Confucian thesis）[2]也是值得尝试的。过去几十年里，后儒学理论在中国日渐兴起，它的基本主张是，就实现工业化、物质财富和现代化而言，一个以儒家伦理为基石的社会终将在诸多方面优于西方社会。韦伯曾多次提到中国，认为这个国家的传统与现代化极不相宜。为了论证这种欧洲中心主义的现代性视角是否成立，本项目将深入剖析上述各派观点。我们的立论起点是，现代化意味着一个复杂的社会转型过程，它包含着普遍主义的因素，也体现着区域性文化的色彩。

---

[1] 以直译如实呈现原作指称。——译者注
[2] 又译"儒家资本主义"。——译者注

为此，我们有必要看一看，东亚模式可否打造一个去个人主义的（non-individualistic）、群体主义的（communitarian）现代性版本。若能证实成立，则说明尽管国际现代性理论主张现代性与个人主义之间存在"必然的"和"内在的"关联，并且这一说法已深入人心，其实不过是西方历史范式的产物。

（二）理论框架

1. 研究假设（hypothesis）：现代性的文化条件

今天，资本的跨国流动造成一个重要后果，那就是现代的生产模式脱离了欧洲的原生土壤，首次获得名副其实的全球性。由是，资本主义叙事不再是欧洲历史的专利。欧洲之外的资本社会终于发出自己的声音，讲述现代化的历史。中国思潮在这一问题上的表现如何，西方理论界对此知之甚少。因此本项目致力于研究现代儒学思想里的现代性理论，探讨其参与全球现代性话语体系建设的方式。本研究的一手材料以现代儒学阵营的著述为主，它们投射出当今中国人社会（中国和新加坡）所呈现的独特关系，即新的儒家文化与迅速崛起的超级工业化经济之间的关系。本研究希望通过现代化进程的文化制约论，阐明这一组关系。

2. 核心概念

研究者将分析现代儒学领军学者的代表论著，这些人试图调和"西方"与"传统中国"的价值观，创立一个区别于"西方化"的现代化模型。他们认为现代化就是世界的理性化（rationalization），并在自己的传统内部寻找独有的概念去对应西方的一对核心范式：一为主体性（subjectivity），一为理智和理性（reason and rationality）。我们以此为出发点，在中国大陆与台湾地区两种社会政治语境里解读儒学的核心价值观，评估它们对主流意识形态的影响。本项目还将探讨东亚各国价值观的差异，重点关注现代儒学的认识论和伦理观，因为那是"中国版"现代性理论的基础。就这一重意义而言，道德自我（moral self）、无限的智心（unlimited heart-mind）和智的直觉（intellectual intuition）等概念尤为关键。由此，项目组将系统完整地梳理现代儒学的内容、认识论创新和社会意义。

3. 意识形态、经济与政治的三元关系

我们还要看一看，哪些因素促成中国传统价值观融入（后）资本主义意识形态和价值体系。现代儒学运动倡导的价值体系旨在助力经济发展，维护政治稳定。强调社会等级和形式的国家学说过去一度控制着社会秩序，而现代社会主张社会稳定（人们想当然地以为只有在资本主义生产模式下才能实现）应与"民主化"（"democratization"）[1]并存，可是这一要求本身在传统儒学那里是充满矛盾的。在本研究中，这种矛盾性具体化为一系列关涉经济和文化转型的议题，它们都可以回溯到传统与现代之间（大多属于人为建构）的差异。现代儒学试图为中国的现代化确立自己的哲学基础，对此我们应联系到与"被发明的传统"（Hobsbawm & Ranger 1995）有关的那些问题，在它们提供的语境中评价现代儒学的努力。我们也得思考，哲学"传统"在多大程度上建立于历史推定（assumption），又在多大程度上仅仅出于当下时代（意识形态和政治）的需要而被制造。

（三）缘起（Problem identification）

上文提出一种假设，即现代性受到文化语境的规定，我们通过儒学的复兴思潮考证此说。现代儒家在论著里表征着这场复兴，他们展示出

---

[1] 根据原作者的邮件说明，原文中的引号具有特别含义，意在反思时下盛行的民主概念。包括东亚社会在内，很多人倍加推崇以政党选举为基本内容的民主形式，但作者认为，这一风潮最大的缺陷就是存在简单化、形式化和数量化的倾向，可能严重压迫处于社会边缘地带的少数群体，而一个真正成熟的民主社会恰恰应该有效保障该群体的利益。不仅如此，跨国金融机构凭借强大的经济实力和操控能力，可能取代民众成为社会权力的掌握者。——译者注

的价值观念和知识储备无疑能够丰富我们对传统与现代性差异的认识。然而我们也须记得，这个时代不仅有传统复兴的影响，努力使传统融入主流的经济、政治和价值观体系也是全球化世界的时代特质。在这一点上，几乎所有的现代儒学话语都坚定地认同，现代性是不同生活方式和相异价值观的调色板。

毛泽东主义史学（Maoist historiography）把儒学打入历史的冷宫，大多数西方现代性理论也认为，中国若想成为充满活力的现代社会就必须放弃儒学。马克思等重要的理论家声称，中国传统文化与现代性无缘。马克斯·韦伯指出，基督新教伦理极大地促进了现代化的发生、发展。由此看来，我们也值得批判地审视过去二十年里在亚洲出现的一种观点，那就是，以追求工业化、物质财富和现代性的目标而言，一个尊奉儒家伦理为基础的社会必定在诸多方面优于西方国家。韦伯常常提到中国和印度，他认为亚洲的文化、政治和宗教传统与现代化格格不入。我们有必要进一步检验他的观点，考辨这种西方中心论的现代性视角是否合理。

（四）方法论

项目组的基本看法是，西方的认识论仅仅代表人类诸多认知模式中的一种。我们将遵循跨文化研究的基本原则，充分考虑不同文化造就的范式的独特性，比较不同语言文化环境下生成的理论话语框架，希望在方法论上整合各派视角、知识、技巧和认识论，以此推进研究进展。这是因为，尽管我们的课题本身不乏系统性，却唯有从多角度观照方能收获充分理解。在跨文化的人文研究的广阔天地里，我们打出跨学科的旗帜，聚拢以下研究视角：

1. 社会文化视角：现代化的各种模型；
2. 认识论：理解的文化和语言条件；
3. 中国思想史和制度史：现代儒学的政治思想背景；

4. 比较哲学：德国唯心主义哲学如何影响现代儒家改进传统范式、融合中西哲学；

5. 概念分析：重要的现代性概念，特别是主体和理性，在亚洲哲学里获得怎样的深化与更新；

6. 价值论：新的"亚洲价值"如何形成，现代儒学对当今世界价值体系建设做出哪些贡献；

7. 意识形态：现代儒学怎样催生东亚新思潮，中华人民共和国最近以和谐观念为基础的新的官方意识形态有何理论背景。

以上就是本课题组专家成员查考的主要方向。他们多为中国研究学者（包括少部分日本研究学者），长于从后殖民研究、史学研究、社会学研究和哲学研究的角度切入问题。

（五）研究目标

我们的研究势必会触及当代中国人社会内部价值观的差异，并且，可以预见的是，儒家价值观在不同行业、阶层和国家有何表现，其影响怎样因时代和性别不同而变化，这些都将在我们的研究中得到阐述。我们希望让更多的西方学者了解现代儒家为国际理论界做出的最大贡献。尽管相关论著在亚洲已颇具规模，用西方语言出版的有关成果仍然非常有限。既然现代儒学复兴、重建儒家思想的行为被赋予抵抗西方思想统治、保护亚洲文化身份的意义，我们有理由相信，本研究也将为亚洲与欧洲的理论对话做出贡献。

前述种种，都离不开一个基本前提，那就是我们要重新解读过去与现在的差异。传统的全球现代性模式带来的问题不再限于所谓"非欧洲"社会，也摆在欧美社会的面前。我们有必要寻找"替代性的现代性"方案，这直接挑战着欧美现代性文化。新的模式将重绘欧美现代性文化的边界，现代性概念本身也将进入新一轮的本土化过程。

二、研究问题与范围

（一）核心问题

本研究通过考察儒家复兴思潮及其社会反响，揭示文化对现代化进程的影响力。包括马克斯·韦伯在内，大多数西方主要的现代性理论家都声称儒家思想阻碍现代经济制度的发展。在韦伯眼中，只有欧洲北部的新教主义才能提供现代社会必需的伦理支撑。然而时至今日，我们已清楚地看到，21世纪"最具资本主义色彩"的国家恰恰出现在亚洲。本研究重点探讨中国的现代儒学及其与中国现代化的关系，但不会忽视整个东亚的发展状况，这样才能回答人们的疑问，即正在高速实现现代化的亚洲社会同属儒家文化圈，是否只是巧合而已。我们还要讨论，日本和亚洲四小龙（韩国、中国台湾、中国香港和新加坡）的成功，以及近来中华人民共和国的爆炸式发展，能否归因于，至少部分归因于儒家的某些核心思想，比如等级、自律、社会和谐、强大的家庭文化、重视教育等。尽管有关儒学的假说已经前所未有地引发国际学界对这股思潮的关注，并且愈演愈烈，我们也听到不同的声音。反对者认为，所谓儒家价值观实为一些国家构建且强加于民的"现代化意识形态"，其目的在于维护经济发展，保证社会稳定。所有这些议题或者问题，都将在这里得到审视。项目成员使用跨文化的研究工具，深入剖查现代儒学话语，考究它们对历史和经济过程的解释力与影响力。

（二）研究范围

本研究指向的基本问题是不同社会里现代性的文化限定论或者文化相对论模式。研究者质疑现代性进程的普世主义路径之说。既然儒学展现了"中国主义"（sinism）的精髓，我们就专门探寻一番现代性的"中国主义"模式。顾立雅在1929年创造的这个词指涉中国传统里生发的社会、知识和政治特质以及学理模式，也涵盖——从社会到观念——其东亚社会，那里从古至今都在使用中国的表意文字。最典型的代表是韩国和日本，当然也包括中国台湾、中国香港和新加坡。课题组认为表意文字书写系统呈现着独特的观察与交流方式，却并不认同所谓"中国主义的认知模板"之说。这个话题正在东亚引发激辩，其间出现的本质主义式的比较与概括都令人生疑。根据本质主义的观点，"中国主义的认知模板"表现出实用的、具体化的和归纳式的导向，与之相反，西方社会的思维是形而上的、缜思的、演绎的和普遍化的。我们注意避免这种大而化之的思路，具体分析东亚社会的社会结构和主流价值观的基本面向，思考现代儒学的角色定位。尽管现代儒学思潮兴盛于20世纪中国的台湾和香港地区，过去二十年在中国大陆也获得快速发展，当前已成为东亚人文世界里最具影响力和重要性的思想潮流，在中国传统语言与思想主导的现代社会（中国大陆和港台地区以及新加坡的一部分）里代表着新的主流意识形态。

三、材料

本节主要介绍项目使用的原始材料和文献，简述如何把材料融入研究框架。

近年来国家和地区间现代化进程的比较研究呈现井喷之势（Eisenstadt and Schluchter 1998, Wittrock 1998）。虽然亚洲的经济发展令人惊羡，仍有批评意见认为"快速却不成熟"（Peerenboom 2002: 12）。其实西方学界对亚洲的社会、政治和法律制度知之甚少，谈不上了解它们的本质特征、演进过程和发展前景（Schmidt-Glintzer 1983）。我们希望通过本项目，系统分析亚洲发展的思想动力，在现代儒学思潮中发现它们的源头。

儒学复兴的先驱（梁漱溟、熊十力、张君劢、冯友兰、贺麟、方东美、唐君毅、徐复观、牟宗三）留给我们丰富的一手材料，健在的第三代现代儒家（成中英、刘述先、杜维明、余英时）和第四代（杨祖汉、李明辉、林国雄等人）从不同层面和角度关注着同一个问题：儒学与东亚社会过去三十年现代化的成功有何关联？本研究尝试批判性地审视他们的基本立场。普世主义的现代性理论有一个经久不衰的前提，即现代性等同于资本主义。由于这个原因，现代儒家的论著里随处可见他们对发展问题的看法。不少学者都阐述过现代性概念的文化相对性，例如 Peter Berger（1988）、Fred Dallmayr（1993）、Tu Weiming（2000）、Norton Wheeler（2005），这也是本课题的基本观点，所以回顾现代儒家的发展观就显得格外重要。

过去二十年的研究清楚地告诉我们，现代儒学为中国社会提供了重要的社会价值观念，促进了工具理性（instrumental rationality）在当代东亚社会的传播（Bresciani 2001，Bunnin 2002，Cheng 1991，Fang Keli 1989，1997，Geist 1996，Hua Shiping 2001，ali 1995，Li Ming-huei 1991，Tu Weiming 1996，Yang Zuhan 1994）。本研究详细分析现代儒学价值论的理据、功用和基本范式，希望把我们对中国的认识向前推进一大步。

关于东亚各国和地区主要的认知模式，前人已有不少研究发现（例如，Maruyama 1974，Wajima 1988，Koyasu 1998，Kurozumi and Ooms 1994，Yamashita 1994，Choe 2000，Kim 2007）。我们将充分利用这些成果，揭示文化如何决定现代生活的定义。就此而言，研究团队还将批判性地回顾20世纪80年代的有关著述，它们讨论了东亚现代性的儒学特征，主要作者有 Herman Kahn、Peter Berger、Roderick MacFarquhar、Kent Calder、Michio Morishima、William Ouchi、Ezra Vogel、方克力、李明辉、杜维明、成中英等中外学者。

不过，现有的论著普遍忽视了一个问题，那就是"传统"与"现代"作为社会发展线性理论的两极，其实属于"社会发展研究中错置的极性"（misplaced polarities in the studies of social change）（参见 Gusfield 1967）。在本课题的框架下，传统与现代的关系不再被定位于相互替换、二元冲突和彼此排斥。业已公开的研究成果清楚表明亚洲现代性并未削弱传统的地位（Cui Zhiyuan 2000）。当代中国就是一个复杂的样本，它努力让传统牵手工业化时代的政治和社会需求。我们的研究试图澄明，尽管传统可能推动或者阻碍变化，但传统与现代也可以合力构成思想形态与社会行为的基础，将两极的张力转化为发展的愿景。为了证实这一点，我们将在中国研究、日本研究和韩国研究的统摄下，从后殖民主义、历史学、社会学和哲学的理路分别进行论述。我们重视使用对象国家的母语材料，希望收获的见解更为客观，也更符合诠释学意义上的恰当理解。

后殖民视角让我们置身于亚洲自身的政治和历史语境中观察该地区。萨义德认为，欧美的东方观构建起一个虚拟的现实，东方社会被迫居于其中。事实上，本研究借力的各门学科都指向一个共同的主题，即东方主义话语不仅存在于历史上的殖民时代，即若今日它的魅影也未消失（Chaibong 2000）。Dirlik（2001）、Rozman（2002）和Rosker（2008）等人指出，虽然儒家话语的生命力旺盛依旧，但东方主义可能已经在全球资本主义时代占了上风。例如，儒学复兴思潮中的某些做法其实在宣扬毫无历史与社会根基的虚无的儒家，它们重复着东方主义鼓噪的本质主义思维，区别只在于行为主体变成了东方人自己（这就是德里克在2001年大加检讨的"逆向东方主义"）。我们深感必须重申前人的警示（Culiberg 2007），提请人们注意，"亚洲"和"他者的东方"要跳出东方主义的话语陷阱，还有很长的路要走。在这一点上，我们还会谈及科学、殖民主义和现代国家之间的关系。

史学视角帮助我们爬梳现代儒家如何自20世纪初开始建构有关中国历史和社会的知识，这些知识又如何塑就中国的历史与现状。历史研究也可以还原儒学复兴的文化和制度语境。研究者钩沉史料，勾勒中国前现代传统的基本样貌（Lubman 1999），探究19世纪以来西方冲击的影响，绘制下一个世纪社会变迁的模型（Bloom, Williamson 1998），揭示权力与文化的嵌置关系，在比较中看清儒学的基本面向，揭示它缘何一度衰落而今再焕生机。

很多人相信，今日亚洲的文化身份仅仅是其前现代的传统时代的遗产，社会学视角对此提出质疑。我们希望提供另一种方式解读传统和现代亚洲的社会制度与价值观。Gluck等人曾用一个双重视角把现代"西方"资本主义与传统农业社会牵合在一起（Gluck 1995），我们借鉴这一观点，在此基础上揭示儒家思想中复杂的一面，它决定着当代中国的精神气质和社会风貌（方东美1992）。本研究也尝试建立现代儒学不同社会界别（social constituencies）的原型，明晰儒学遵循怎样的原则进行文化系统重组，以此阐述儒学复兴的走势如何受到它所试图解释的情状影响（这是方克力等人提出的问题。参见方克力1997）。当然，我们也会考察用儒学"医治资本主义"的主张（Dirlik 1995：252），因为这一观点部分地揭示了有利于现代儒学发展的外部因素。我们的社会学专家还将评估儒学之于管理形态、教育制度和组织结构的意义，其中映射的适用性与灵活性可以告诉人们，儒学何以成为不同社会情貌下自洽的世界观。这里，我们将使用知识社会学派（sociology of knowledge）的理论工具，探讨儒学如何衍生出一套适用于现代社会发展的知识论。

至于我们的哲学理路，它的基本思路是重新挖掘亚洲传统概念与范畴，用另一种方式将其植入现代性理论的框架。据此，研究者把欧洲传统话语里支撑现代社会的核心概念，即人道主义（humanism）、主体（subject）和理性（rationality），作为分析工具（Habermas 1986），观察现代儒学怎样诠释传统中国概念（例如，仁、性、理）。我们也想知道，西方的理性与科学概念自19世纪末进入中国之后，如何化身为象征自由、进步和普遍理性的符号与会通工具（Rošker 2008）。研究者还原20世纪中国思想界众声喧哗的历史现场，整理传统价值体系在现代儒学场域里的重构和再生历程。近来已有不少学者探讨过传统价值观如何影响"现代社会"概念的出现，他们的各种高见都是我们跟进的对象和深化的基础（例如，Hall and Ames 2003，Bresciani 2001，Bunnin 2002，Cheng Chung-ying 2003，Tu Weiming 2000，Li Minghui/Lee Ming-Huei/2001，Lin Guoxiong 2007）。他们在思考中传递出一个共同的倾向，那就是，分析学（analytical）和诠释学（hermeneutic）相结合的方法比西方传统的逻各斯中心更适宜理解中国传统哲学话语，唯此方有望收获更为客观的发现。我们的研究亦接续这一基本方法。伽达默尔诠释学（1989）认为，到达真理的道路就是在诠释中把历史和现在融合在一起。我们跟随伽达默尔，认为诠释中的确发生"视域融合"（fusion of horizons），历史的确"制造效果"（effective），因为在诠释的那一刻，传统与现在或其他对象之间表现为生发关系（effectuate）。

一言以蔽之，我们从多种视角切入研究工作，理性选材，批判分析。多重的学理观照最终将汇入方法论总框架的体系之中。

四、方法论

当代的中国研究（Chinese studies）并不必然采用文献学（philological）的进路，而首先属于文化研究，这两种路径在人文社会科学的其他学科领域里也表现出若干根本性的差异。要而言之，文化研究范式在以下两个层面有别于文献学范式：

第一，研究主题来自相对固定的语言/文化区域。中国研究以传统和现代相结合的动态方式，探讨、解读中国社会、思想和政治发展状况。换言之，我们的项目话语无意针对人类与自然永恒谜题的本原抛出一个深奥的提问，反而选择避免笼统地界定模糊的抽象概念。在文化研究的框架内，我们关心的是中国文化内部的社会、知识和政治机制的具体面貌。这一研究角度的先决条件，是中国历经数个世纪发展形成的今日之现状以及由此生成的关于具体内容和方法论的前设性基础知识。中国研究虽然脱胎于欧洲的社会科学研究，其根本动机却不仅在于了解"异域文化",而是思考特定的价值体系和认知结构。这种相对化理路的前提是洞察具体的历史、经济、政治、社会和认识论内涵的概念结构与相互关联。明辨这些要素,也就把握住了中国现状的物质基础和观念土壤。

中国研究的第二个重要特征是,它在语言和文字上更为贴近中国文化/语言领域。语言文字具有至关重要的基础价值,是超越文化研究中积极主体(active subject)与被动客体(passive object)二元对立的唯一途径——至少在科学方法论标志的框架下如此:利用中文的原始材料有助于研究者深入认识问题的结构特点和阐释面向,这两个要素正对应着对象社会的具体起源。

本研究避免把"西方"和"东方"作为严格的政治甚或地域限定性字眼使用,而视它们为区分先验形而上学(transcendental metaphysics)与内在形而上学(immanent metaphysics)的自反性术语。这里,"西方"代表那个文明开化的半球,它以三个倚重于此的亚伯拉罕—闪米特宗教(Abrahamic-Semitic religions)为标签:犹太教、伊斯兰教和基督教。而当"西方或西方的"这样的语词被用于语言学语境时,则指整个印欧语系。

本研究将涉及儒学复兴对当代欧洲可能产生的影响与启示。因此课题团队会面对现代化进程中前设标准的一般性问题。考虑到"西方"文化身份的演变和生长,我们应当明确一点,中国研究视域下的"西方"查考以比较研究为核心和本质。每一例跨文化研究个案无不建基于研究主体的认知反应,这种反应又映射在语言和文化的关系上。包括中国研究在内,跨文化研究中的语言和文化要素完全有别于一般欧洲学者的理解和用法。这就是为什么我们需要预设一个前提,以此规定本研究的内容结构。根据这个前提,我们在比较不同的社会和知识范式时,应把每一个研究对象都视为由其自身文化决定的独立现象。

令人遗憾的是,虽然处理的材料牵涉不同社会文化结构中不同条件下生成的不同内容，当今的跨文化研究工作仍以流行的学术话语为标准。鉴于此，本项目中的具体概念并不对应纯粹的客观化过程（pure objectivization），也就是使用单一准则评价对象材料的过程。毕竟，每一个被考察的个体现象，在特定的文化网络中都有各自的含义，也只有置于对象社会的框架和（伦理）规范下才能为人理解。哪怕外部因素看似与现象本身发生重合，这一判断依然成立。所以，我们在制定研究方案、融合各种研究进路和它们内在的方法论时，立足点是充分意识到该课题的架构本身就源自特定的历史进程及其典型的社会组织方式。即便站在本研究的框架内部，忽略这个前提都可能是危险和错误的。我们努力保持结构关系的基本属性，充分保证研究对象文化圈的合法性，以此回应关键性的方法论要求。唯此，我们方能超越纷繁复杂的问题，收获妥切的新见。

我们分别从中国研究的下列维度论证课题的核心假设，即后殖民研究、史学研究、社会学研究、哲学研究。在此总体框架下，项目专家将重点关注的层面有：社会文化观察视角、认识论视角、思想史与制度史视角、比较哲学视角、概念分析视角、价值论视角、意识形态视角。

上述的跨学科路径意在挑战那些公认客观和绝对权威的主流观点，展现中国现代性命题的新图像。不同角度在结构和内容上相互交织，重新描绘中国历史与现状的关系图谱。

五、本课题的研究领域和学科架构

（一）后殖民研究（成员：Helena Motoh，Luka Culiberg，Matjaž Vidmar）

当前大行其道的人文研究的通用方法包藏着种族中心论的思维，跨文化的新方法将帮助研究者突破这个固有的窠臼。后殖民主义的视角可以大为减少过度的解读与批判，那样的评论绝非审视多元文化下的学术传统，而完全出自与西方话语的竞争之心。本研究将关注根植不同文化情境的学术传统。我们注重吸收中文材料，希望更加客观地认识研究问题，也更符合诠释学意义上的恰当理解。后殖民的参照系将强化研究者的问题意识，帮助他们重新理解本课题关注的现代儒家勾绘的诠释性研究结构。从这个意义上讲，以方法为中心的思路重新诠释了跨文化研究，为创制新的研究范式提供了可能。为避免落入把不同社会放在一起进行"普世主义的比较"的套路，项目组将紧密依托跨文化研究的基本概念框架，既充分重视"感染者的声音"（voice of the affected），也就是吸收了西方思想的现代儒家学说，还考量中国和欧美对儒学复兴思潮的诠释。如此一来，研究者就要审视现代儒学思想催生的社会进程和社会格局的动态图景，把握其影响效果，继而检讨、改进既成的方法结构，重新解读和诠释中国。根据本研究的基础观点，东方主义批判规定和制约着非欧文化研究中的后殖民话语。相同的情形也包括人们批判某些潜在的冲突，知识与权力的经典关系就属一例表征。此类后殖民批判话语意欲在主动的（西方的）理解主体与被动的（非西方的）理解客体组成的结构内部实现相互理解与彼此调和，这也是女性主义之所以批判西方世界方法论的目的。尽管中国在国际舞台上的地位与日俱增，一般性的、普遍主义的和国际通行的"西方话语"仍未放弃自己的方法论标准，这个标准源自所谓的西方在殖民时期和后工业时代形成的经济和政治统治力。

因此，本研究的目标之一就是创建跨文化研究的新范式。纵观整个20世纪，跨文化研究的场域里一直上演着欧洲中心论、人类中心主义、个人主义、效率至上论和实证主义的理论与实践，主流观点依旧（至少是隐性地）被西方学说左右，然而后者始终未能提供一个整合各派之说且充分建构知识的学术样本。本项目代表一种初步的探索。我们希望就此奠定一个基础性的假设，推动探索新的研究方法，为今后的学术活动开拓理论框架。本项目启发我们审视学术工作的核心观点，为中国文化思想研究探索新方向。我们还将正面回应汉学研究的机遇与挑战，提出发展跨文化知识的新模型。

（二）史学研究（成员：Mitja Saje，Nataša Vampelj Suhadolnik；协调人：Bart Dessein）

本项目的史学部分将挑战某些学界惯例，即以西方史观主导史学研究，用一般性的（西方的）研究方法处理中国历史，以西方史观认识史学研究。这种现象即便在中国学术圈内也司空见惯，它实则导致人们的眼光囿于当代历史思维的起源与发展。我们注意到，随着国际交流与对话从政经领域扩展到文化生活的方方面面，跨文化的史学比较愈显必要。本研究有意避免站在欧洲史观传统的屋檐下讨论中国现代化进程的历史情状。为此，我们将首先明确比较研究的基础理论，阐述影响中国文化走向的历史观念。然后我们分析这些元素在史书编纂中的具体表现，又传递出怎样的文化差异。我们也要提出自己对历史记忆的基本思考。历史记忆是一个普适的文化工具，能够指引人类当下的现实生活。本研究试图建立历史意识的理论，讨论它的构成、环节和功用。这些基本要素之间相互作用，有助于我们认识不同时期不同情境里的历史思维。我们希望史学路径可以推动塑造身份的历史观念在文化间进行双向交流。

本研究摒弃那种想当然地认为"中国社会和思想在本质上静止不变"的说法，致力发展跨文化研究的新史观。研究者将重点澄明的是，现代儒学的代表性理论、观点和方法与儒学复兴思潮的政治、社会和思想背景之间存在何种关联。我们认为必须在中国现代化进程早期和当前的时代背景下检视儒家学说的位置，并尝试初步确定若干参数以帮助人们重新认识转型进程中的过渡性概念（transition concept）。本研究还将探讨，我们应在怎样的历史条件下看待中国在资本跨国流动时代的角色，进一步分析资本主义生产模式的转移说。按照后者的观点，资本主义生产模式是一个真正的全球性思想形态，它正在历史上第一次告别欧洲的原生土壤。我们希望揭示的是，中国学者何以又如何（同样地，历史上第一次）对资本主义和现代化的历史发出自己的声音。

项目成员还将分析现代儒家学者在过去二十年里怎样把资本主义推向儒家价值观。人们曾经深信儒学并不亲近资本，甚至是资本的障碍，然而眼下却上演着逆势反转。我们的研究者将挑战现代性"必然地"、"天然地"导致个人主义的说法，其准确性和客观性都令人生疑，在我们看来，那样的看法其实是特定的（比如，西方的）历史话语的产物。

基于以上评价，我们进一步爬梳现代儒学自20世纪初兴起后如何一路生产关于中国社会文化的知识。通过这个过程，一整套知识体系塑造着中国的过去与现在。本项目也关注儒学复兴思潮得以出现的历史语境和机制背景，还要回顾前现代的中国在物质和知识传统层面表现出哪些特征，19世纪以来西方的冲击产生怎样的影响，遥望下一个世纪，中国社会上下可能开启哪种全面变化的模式。一言以蔽之，历史学的视角旨在提供新的洞见，剖查文化中的权力嵌入，从比较史学的角度探索儒学复兴。

（三）文化社会学视角（成员：Nataša Visočnik，Tea Sernelj；协调人：Geir Sigurðsson，Agnes Schick-Chen）

我们认为"现实的"社会关系总与特定的空间或思想范畴有关。后者是由文化决定的表达式，它们既影响个体，也在族群和机构的层面发挥作用。本研究的文化社会学视角主要探究中国与儒家人文主义思想网络之间的黏合，由此揭示现代儒学的社会影响。影响的范围和效果如何，怎样准确又不失批判性地借用现代儒学自己的理论表达和社会成因评估这股思潮，什么是现代儒学对现代化的核心关切，中国传统怎样移植到现代社会的各个侧面，这些问题都将成为我们的着力之处。

本课题选择中国的现代化进程为考察对象，自然免不了比较西方主流的现代化理论（声称儒家思想与现代化格格不入）和与其针锋相对的现代儒学，或曰所谓的后儒学命题（观点恰好相反）。通过比较中国现代化的不同范式，研究者试图表明一个基本事实，那就是内外因素往往交错而功，要想泾渭分明地解开纷繁的思想绳结实则不易。所以，本研究也将谈到文化的普世化（universalization of cultures）与文化碎裂的若干基本问题。我们希望能够结合当今中国研究的理论进展提出一个解释框架。

本课题之所以引入社会学的视角，因为我们认为现代儒家话语以新的方法论和跨文化高度，再次提出三个关键问题，即现代资本主义与文化的关系、个体和族群的角色、国家与社会的关系。这预昭着方法论范式的转移，人们应放弃把普适概念作为分析单元的想法，转而聚焦思想文化形态所限定的具体的社会结构，这一点在现代儒家学者的社会理论中已经得到初步的描述。我们希望为丰富现代化理论的新方法提供学理补充，推动跨文化研究领域的范式重构。现代性既是社会现实也是概念框架，所以我们的社会学研究者也要谈及人类的世界知识与社会结构之间的关系。基于社会学视域的跨文化研究意味着更新人们的发展观，这必将对发展社会学（the sociology of development）产生影响。

项目组在社会学研究部分将检视以下三组核心议题，它们主导着现代儒学的社会话语：

（1）中国现代化进程中传统元素的角色与功用；

（2）中国对于当代西方进行自我理解的意义；

（3）"本土"知识的"全球"价值。

社会学研究视角还将查考现代儒家的一个重要观点（一般被称作"后儒家命题"）。他们认为，东亚社会尊崇共同的经济伦理，提倡竞争性的激进主义、勤俭、重教、顺从威权，由此促成本地区的发展，而这些道德训诫都直接源自儒家价值观。为准确评价这一命题，我们将梳理中国的文化实践及其与主流意识形态、制度和阶级的关系，把握中国社会各层面的基本格局。

在这一部分，我们也要质疑一个通行已久的看法，即中国当前的文化身份是其前现代传统的历史遗产。此外，研究者将告诉人们，哪些看似鼓励参与的制度实则把某些重要的社会成员，比如女性，拒之门外。

本课题建构一个社会参与的原型，根据它来分析排斥性制度所反映的两性平等与效率问题，解释背后的原因。我们力求充分考虑中国独特的文化传统，全面看待性别排他的过程，寻找调控机制。

这就引出了权力、接受与排斥的相互关系。学界在研究可衡量的低生活质量的边缘群体时（不仅限于女性，也有移民、残疾人士以及遭受歧视的少数族群，这里的少数包含人种、宗教、语言和性别因素），经常涉及此论题。我们将依据现代儒家思想对其展开讨论。现代儒学的社会话语里有一些前设性概念，比如群体主义（collective/communitarian），与群体身份和个体身份的形成密切相关，如今有人质疑它们的合理性，我们试图分析出现这种情况的原因和语境。本课题的社会学视角还要审查一个特别的内容，那就是我们将批判性地具体分析现代儒学话语里的生活质量概念。我们从个案中选取代表性的样本，论述文化如何影响价值观念。在人们的想象中，价值观是普适的，决定着如何判定生活质量和其他相关概念，比如人权。本研究试图告诉人们，这样的看法在社会学领域虽然应者众多，其实隐藏着典型的西方意识形态范式，传递着西方价值论的含义。

本课题的社会学视角立足于一点，即文化差异规定了个体与社会的真实关系呈现出不同的情貌，如果从欧洲传统出发看待这对概念的起源和发展，注意力就集中于个体在一个机械设计的社会里处于什么位置。在那些典型的"民主社会"里，个体的基本权利同时受到他人权利的制约，所以西方人文主义民主的思想基础，是公平与正义，属于量化的确定性概念。欧洲的各种协议、公约、法律不断强化着希腊—基督教传统，然而类似的情形在中国却从未真正生根，传统的中国社会似乎并不重视通过订立标准和公认的强制性规则来实现人际公义与和谐。仅以个人权利为例便不难证明差异。这个概念根本就是特定文化价值观念的产物，对于中国人文主义传统而言是一个舶来物。

因此，本课题从社会学的角度展开研究时，有必要进入现代儒家的哲学和价值观系统，细致探讨现代儒家话语里核心性的人文主义概念，尤其是那些由王朝时代前儒学系统里演进而来的概念，它们构成现代儒家全部政治和社会理论的基础。

（四）哲学视角（成员：Jana Rošker, Olga Markič, Andrej Ule；协调人：李明辉）

本课题的这一视角同样关注文化如何影响现代性范式，重点在于考察现代新儒家发展（或重释）的核心概念有哪些语义的和社会的内涵，由此整理现代儒学的认识论和道德观里支撑"中国式"现代化理论的概念。

过去几十年，汉学和当代中国哲学的主要理论关切在于整理和比较"西方"与"东方"各自的基本思想和方法论。不论缘何需要"明辨"、"确定"两套认识论体系之间的异同，学术界从未停止建立对话的努力，努力突破知识的边界，在揭示与接受、叙事与诠释之间谋求调和。跨文化研究领域里的学术活动之所以日益活跃，除了其他原因，还有一个因素，就是人们愈发迫切需要把握现代科学理论的基本方法论，与现代科技和政治变革保持同步。

本项目的哲学视角集中探讨现代儒家哲学如何回应现代化，揭示中国怎样理解现代性和变化。从主体和理性的角度观察中国现代儒学思想，都能看到丰富的精神与伦理内蕴，闪现着中国独特的现代性观念。主体（subject）、理性（rationality）和人文主义（humanism）是现代化理论至关重要的三个概念，我们着重分析中国传统哲学思想里与之对应之处。在现代儒家看来，传统（classical）儒学（特别是理学）分别以性体（spiritual Self）、仁（humanness）和理（reasonableness）的概念表达类似的含义。性体指内在自省之心（self-reflective will），仁是个人和社会发展的途径（source）与目的（end），理是由结构决定的（中国人的）基本原则。这就避免了割裂理性（rationality）和感性（feeling）。汉字"理"一般指结构和次序（order），它的语义演变受到多种因素影响，反映出中国思想史话语与欧洲传统之间的异象。说到仁，本研究主要探讨现代儒家试图通过主体的自我统合实现仁的概念整合。现代儒家大多认为，主体的自我统合属于内在的道德性。

为了清晰地展示我们的哲学视角，本研究首先梳理现代儒学如何论述西方思想提出的本体论问题。我们考察的重点包括宇宙的终极本体、客观实在（the substance of being）、生命的绝对意义（absolute determined the meaning of life）以及其他一些重要思想，它们涉及到如何建立一个既与当前社会情貌相融又能保持文化和个体身份完整性的新的价值系统。在现代儒学思想家的眼中，本体论是一门哲学分支，它可以清晰地回答我们面临的困境，首当其冲的就是西方现代化带来的问题。现代儒学相信，只有真正准确地理解宇宙物质，现代人才能重新找回精神家园。所以，接下来的关键之举，就是明确"适当"的方向，为此，我们需要找寻新的标志，它们既指向现代文化的发展道路，同时也为解决政治和经济的现实问题提供基本准则。偏离这个坐标，整个社会将滑入精神委顿的泥沼，个体行为完全受控于专家统治效用（technocratic utility）的机械法则。如此一来，把西方思想作为中国现代性道路的精神导航必将走向碎片化、混乱化和肤浅化，那样非但不能丰富中国人的精神世界，反将加剧思想的失序与异化。我们可以把现代儒家对本体论的关注视为中国传统哲学对现代化的专门回应。根据现代儒学的解读，传统儒学以"天"为终极本体，它是超验性的基本实体，创造、改造世界万物。它还是一个内在的概念，赐人以"性"，人性中最根本的元素就是儒家道德的"仁"。现代儒家在此基础上又迈进一大步：人性不但是性体的潜在成分，同时还超越了经验性和生理性的个体逻辑特点。人们以"仁"行事，就能实现天人合一（unity with Heaven/Nature），领悟人类存在的真谛和价值。

本课题的哲学理路考察现代儒学思想家复兴中国传统思想（尤其是儒家思想）的不同思路，包括他们怎样基于自己对中国认识论传统的理解来看待人类认知潜能的程度（quality）与功用（functions）。现代儒家认为，儒家世界观的基本特征是从主体观念出发，关注人类生活中的积极因素。显而易见，这一看法的依据是，儒家拒斥社会生活中神秘的和理性难以理解的因素。这也可以解释为何儒家形而上学体系里充满道德讨论。在儒家话语里，道德超越了由实用策略组成的结构世界。赋予存在（existence）特殊的伦理内蕴在西方哲学里多属宗教研究的范畴，对儒家学说而言，却是一个重要的形而上学理性问题。从西方的角度看，传统儒学和宋明理学的主体性话语和社会交往话语（discourses of subjectivity and social interaction）改变了哲学伦理与宗教伦理之间的边界。

比较哲学是本课题极为重要的研究路径。现代儒家学者试图借用西方的方法论和范畴结构，找到复兴传统中国思想的理论框架。他们大多紧随德国唯心主义，尤为推崇作为开山鼻祖的康德哲学。康德哲学带给他们的文化亲近感远胜其他欧洲学说。在他们眼中，唯有康德哲学才能与中国哲学实现对话。我们将考察现代儒学思想家如何改变了中国传统哲学的思辨方式，变化的结果又如何规定着现代中国哲学的发展。

（作者罗亚娜，斯洛文尼亚卢布尔雅那大学教授；译者史凯，陕西师范大学外语学院）

"远东文学法文译版数据库"项目介绍

Pierre Kaser

法国与中国作为两个文化大国,有许多共通之处,比如说各自都有引以为豪的文学遗产和宝库。但是,他们又各不相同:如果我们以时间跨度和生命力这两点来将两国文学作比较,法国的文学作品略逊一筹,它既不如中国文学那样拥有源远历史,又不及其拥有的读者众与广。无可否认,我们已经拿过14次诺贝尔文学奖,而中国以莫言为代表才首次获得该奖。但是,以数量而言,我们必须要集中整个欧洲的文学才能与中国文学相抗衡。值得庆幸的是,文学不同于经济,它不牵涉任何竞赛,而且我们积累越多,进步越快。因此,我们不应该将精力集中在两种文学不同之处,而是应该通过相互的共通点来拉近彼此距离。

法语和汉语这两大语体,如果我们将两者相比较,会发现他们本身就有许多共同点:这两个语种同样都是微妙的语言,同样拥有用之不尽的词汇体系,都在不断向外扩张——以两种语体为源语言的各种翻译版、改写版都是两种语言向外延伸的实例。

翻译就是在创造两者的共同空间,我们可以称为"两者之间"(entre-deux),这个空间需要依靠两者而存在。译者是穿梭于两者的媒介，他跨越文化差异，化解因政治理念、哲学方式造成的不理解因素。除此以外，译作的传入促进对译入语文学及文化的借鉴，有助于译入语文化发展。这个两种文化相互影响和相互促进的过程，常常不易察觉，而且受到许多因素影响，比如不同时代的文学氛围、译者的个人喜好以及某些商业因素。

本文将站在法国的角度切入，探讨这个处于"两者之间"的翻译问题。

正如法国文学在中国的翻译和接受至今仍是一个值得两国学者共同探讨的问题，中国文学在法国的翻译和传播也同样值得我们相互合作和加强探讨。要做好这项工作，首先需要我们回顾历史。从17世纪至今，中国文学在法国的翻译和传播跨越将近四个世纪，这一漫长的历史过程需要我们用更准确、更科学的方式去衡量。

当然，要对这个过程进行科学性分析是个十分艰巨的任务，因为涉及的翻译书目达一千多种。我清楚地认识到这个工作不能单靠个人能力去完成，而是需要一个研究团队共同去对翻译书目作统计以及对翻译质量作评估。这个由我发起的项目如今成为我们研究团队的共同项目，项目名称为"远东文学法文译版数据库"，缩写为ITLEO。

该项目不仅限于中法文学翻译领域，也涉及亚洲其他国家在法国的翻译文献。进入该数据库的翻译文学除了中国文学以外，还有日本、印度（以印第语为源语言）、韩国、朝鲜、越南及泰国文学。涉及的国家如此多样，是因为我们的研究团队组成人员是上面提到的各大国家语种的相关文学研究专家。我们研究团队成立于2004年，当时的核心人员是中国文学研究学者，后来由于研究队伍不断壮大，吸收了来自其他亚洲语系的相关专家和学者，并于2008年改名为"远东文学和翻译研究所"，简称"LEO2T"。2012年年初，由原来的艾克斯—马赛一大、二大、三大合并而成新艾克斯—马赛大学（Aix-Marseille Université，AMU），我们的研究队伍与另一支亚洲研究队伍合并，成为法国国家科学研究中心CNRS队伍的一员，取名为"亚洲研究所"（IrAsia）。而"远东文学和翻译数据库"成为我们新研究所的重点研究项目之一，它将成为我们研究队伍未来几年共同完成的一个重要任务。在我们看来，我们应该取"文学"广义作研究范围，不论成书年代，不论内容，不论质量。如果我们以这个定义来寻找研究对象的话，能纳入数据库的文献不下两千种。

这个项目的研究意义在于，我们对中法两大文学体系之间相互影响的范围、规模尚未有定论。虽然过去几年，在该领域的研究有一些新的进展，特别是对特定时期、特定文体、特定作品都有相关的研究论文发表[1]，但是将这个领域视为整体作为研究项目是少之又少。如果我们查找已做过的相关文献和资料，会发现其中有许多问题：或者没有收录新加的翻译文献，或者缺少某个年代的翻译作品，或者缺少某种文体的译文录入。就算某些研究是从大处着手，但作者仍会因为无法估量整体的数量和质量，而作出不恰当的结论。

总之，中国文学在欧洲最古老的国家之一的翻译和传播史是个值得后人书写的题材，这个论题放在其他任何国家和语系的研究都同样让人期待。

事实上，已存在的一些年代久远的对翻译书目的整理似乎已经非常详尽，但是如果我们仔细分析，就会发现其中有很多漏洞需要补救。比如说王丽娜对古典小说与戏剧的翻译书目整理[2]，虽然非常详细，但是对法文的翻译整理做得不尽人意：对原著的翻译版和改写版没有区分对待，而且对译文只有一些简单的评论，对原著的版本考察等资料有待补充。但是，必须承认的是，这本1988年出版的书目整理，与35年前

---

[1] 这类的研究包括2012年出版的《19世纪法文翻译史》中 Philippe Postel 所负责的关于中国文学法文译文部分研究著述，以及 Yvan Daniel 所著的于2010年出版的《法国文学与中国文化》一书，还有李金佳于2009年在巴黎友丰出版社出版的《聊斋志异在法国》中对《聊斋志异》所有已存法译版的详细书目整理与研究，以及钱林森的《中国文学在法国》等。

[2] 王丽娜：《中国古典小说戏曲名著在国外》，上海：学林出版社，1988年。

Martha Davidson做过的类似的整理[1]相比，是个飞跃性的进步。

现存所有的翻译书目整理研究，虽然资料丰富详细，但是错误连篇。如果我们对此类错误信息不加以改正，它们会作为其他相关研究的重要依据继续流传。

要对已存的翻译书目进行整理在法国汉学中属于一个新的尚未有定论的领域，困难重重。不但是因为对不断新出版的中国现代文学的法文翻译难以统计，就是中国古典文学译文也是一样。已存在的旧译版不会让新出现的翻译作品淡然无光，《列子》就是这样一个典型例子：它的两个较早的法译版分别于1961年和1997年出版，2012年增加了一个新版本，译者为Rémi Mathieu，2013年又出现一个由Jean Lévi译成的第四版。《论语》的翻译也是每年不断，新版本层出不穷。《道德经》从1842年到2010年，已经出现过不下36种的法译本。《易经》也是翻译家热衷的典籍之一。在诗歌和小说的翻译方面，我们也能找到类似的例子，如《红楼梦》。我指导的博士生黎诗薇最近做了一项研究，证明这部巨作需要有更好的法文译本。《肉蒲团》虽然已有两个分别于1962年及1991年出版的翻译版本，但是至今还没出现一个令人满意的"狄德罗母语"的翻译本。这些现象一点都不值得惊讶，因为每个译本的生命有限，而出版社也不会抗拒同一部作品源源不断的新译版，因为新译版总是更受读者欢迎。

如今的我们虽处在经济和文化不断变化的环境下，但是中国古典文籍的法文译文的出版却从不间断。通过一些新的中国丛书的建立，博大精深的汉学研究在法国得以重获生命力。这要归功于法国公立学院教授程艾兰（Anne Cheng）和社会科学高等学院教授Marc Kalinowski，在

---

[1] Martha Davidson, *A List of Published Translations from Chinese into English, French and German* [中国文学英文、法文、德文译本书目整理], Ann Arbor (Mich.)：Edwards, 1952.

他们共同指导下建立了极具学术权威的"中国丛书"（巴黎雅文出版社）[1]，收入了包括中国古代思想家及文学家扬雄、王充、苏轼、朱熹等的作品，还有《盐铁论》、《管子》、《文子》的法译版。最近该丛书又将出版陆贾所著的《新语》的法译版[2]，以及《荀子》的法文重译版[3]。该丛书旨在收录"中国古典文学类书籍，包括哲学、历史、政治、军事、医学、天文学及数学等相关方面典籍"。

这些双语译本是针对文化水平较高的读者的，因此更平易近人的休闲读物，比如中国古典小说和戏剧，并不列入该丛书出版范围。而随着伽利玛出版社（Gallimard）的"认识东方"丛书宣告结束，中国古典小说翻译家雅克·达斯（Jacques Dars，谭侠客）[4]的辞世，以及Philippe Picquier出版社[5]对出版此类书籍失去兴趣，中国古典小说和戏剧的法译版在法国出版前途未明，即使某些作品能在其他规模较小的出版社出版，译文的质量也参差不齐。

如果我们对以上情况做个小结，我们能清楚地看到，现在是对过往所有关于中国古典文学在法国传播做个总结的最好时机。中国文学在法国的翻译出版从来没有任何确定的方案和计划，现在这种情况也没有什么改变。在现代文学翻译领域，出版社常常偏爱少数著名作家的作品，比如说诺贝尔文学奖获奖者莫言等的作品。某些在中国不能得以出版的书籍，在法国"禁书"是此类书籍最好的宣传噱头。与20世纪上半叶中国近现代文学在法国得以大量翻译的情况相比，如今的法文译者和出版社都倾向于翻译中国当代文学，以此机会来寻找明日的大家。

因此，考虑综上因素，我们决定建立一个互联网数据库系统，这个

---

[1] 网址为http://www.lesbelleslettres.com/collections/bibliothequechinoise/。
[2] 此书在10年前由Jean Lévi译出法文版。
[3]《荀子》的法译版已进入法国著名的"七星文库"丛书，见http://tinyurl.com/oxl47fp。
[4] 见http://www.afec-etudeschinoises.com/IMG/pdf/Dars_Kaser_.pdf。
[5] 网址为http://www.editions-picquier.fr/。

数据库对全世界开放。到目前为止，我们已在维基建立一个空间，但是现在仅限我们研究团队工作人员才能进入此空间，对该数据库进行资料查询以及补充。这个数据库的建立为团队的工作带来很大益处。我们的研究团队的组成人员都是各个语种文学领域的专家，各自负责收集各自专项语种文学翻译的书目。

我们的研究任务不仅限于收集书目，我们所要建立的数据库，类似于荷兰的莱顿大学与香港中文大学合作的关于中国文学的数据库[1]，以及针对法国文学在中国翻译与传播的"傅雷数据库"[2]。但是此两种数据库也有一些局限，就是还是缺少十分可靠的科学性。我们的要求是，对每个译本都要提供最齐全的相关信息，包括对原著考察、译文分析以及译者翻译策略方式的介绍等。

所有作品，特别是古典文学，都应该对原著出版的年代、作者以及版本问题进行说明。对某部著作进行研究的专家学者和他们对该作品的研究成果，也应予以适当说明。如果作品还存在其他一些不同语种的重要译本，同样应该加以介绍，因为这些译本有可能对法译版有一定的影响。总之，关于作品的资料介绍必须清晰明了，特别是对作品所属文学类别要有明确说明。

对译文的分析自然也是我们研究的重点。对每部译文，我们都需要了解译者是谁，翻译的动机是什么，是个人选择、出版社要求，还是应文学或政治时事的需要，而且也需要了解译者是如何向读者介绍译文的，是否有序言，是否附有注解，以及是否对译文的传播作了介绍。我们知道，自法国结构主义学者杰哈·简奈特（Gérard Genette）提出侧文本（paratexte）的概念后，许多研究都证明侧文本在译文有极其重要的

---

[1] 网址为 http://www.unileiden.net/verretaal/Default.aspx。
[2] 网址为 http://fulei.faguowenhua.com/。

作用，特别是在古典文学翻译方面。

我们需要对译文进行严格分类：译文究竟是属于直译还是转译，是全译版还是删减版，忠实于原文还是有改写，是否对原文进行删减或擅改。最后，译文是否符合原文的文学风格。我认为这一点是最难以判断的，因为对译文风格的判断难以避免主观因素的影响。

我们已可以对译文对译入语文学的直接或间接影响等相关问题进行研究，如某作品的法译版是否有对应其他语种的译文，或者对法国文学创作有影响。对我个人而言，最令我激动的一个经典实例是，中国古典小说家李渔的一部话本小说《合影楼》，竟然影响了我们法国19世纪最伟大的小说家之一特奥菲尔·戈蒂埃（Théophile Gautier，1811—1872）及他的作品《水上楼》（Pavillon sur l'eau，1846）的创作。[1]

译者也是我们研究关注的重点，作为跨文化交际的重要使者，他们的工作、翻译能力和水平都是值得研究的问题，例如收集译者所有译过的作品，以及了解他的专项领域。对使用笔名的译者，需要对他的身份进行考证。此外，译者对译文的影响也是我们研究的重点。这些资料和信息收集积累，将为我们以后作翻译学理论和翻译史研究奠定重要的基础。

只有我们收集了以上资料和数据，我们才可能真正开始设想书写关于中国文学在法国的翻译和传播史的相关书籍；才可能对长达四个世纪的文化交流有一个宏观的判断，对每个阶段的具体情况进行评价，不仅在数量上有一个定论，在质量上也可以下判断；以翻译为研究对象的社会学科也才会有一个真正可靠的数据库来为相关研究提供数据，对相关问题感兴趣的学者可以将这个数据库运用到他们的研究当中。研究翻译史、比较文学的学者等，经常会碰到不能很好地评估译文质量的问

---

[1] 见http://kaser.hypotheses.org/64。

题,数据库的建立也会方便他们的研究。出版社可以通过数据库知道有哪些较好的有待翻译的作品,译者也可以明白哪些作品已经有质量上乘的译文,而哪些作品还需要有更好的重译版,进而为以后翻译作更好的选择。法国的中国文学教授也可以借助数据库更好地安排教学任务。还有,所有爱好中国文学的读者也可以从中得到启示,选择合适的译文去了解原著。

显而易见,这个项目受益者众多,因此这项工作有着极其重要的意义,对我们研究团体的工作人员也提出很高的要求,有一个操作简便免费的平台是这个任务最好的解决方法。

我希望这项工作在不久的将来就能真正展开,因为在法国,某项工作展开的时间跨度是很长的,而且会根据不同负责人的能力有所差别。幸好,我们研究队伍里有很多年轻的研究者,而且我相信我们的中国同行也能在中国文学在法国的翻译这个领域给我们带来新的帮助。

(Pierre Kaser,法国艾克斯—马赛大学亚洲研究所教授)

组织机构介绍

世界朱氏联合会与中国传统文化的国际传播

朱杰人

世界朱氏联合会成立于1993年，它是以中国南宋时期伟大的理学家、思想家朱熹的后人为核心组成的宗亲与准学术的民间组织。它的创始会长为韩国人朱昌均，第二任会长为马来西亚人朱祥南，第三任会长为台湾人朱茂男，现任会长为新加坡人朱耀群。现任副会长朱杰人为创会秘书长，担任秘书长长达十余年之久。世界朱氏联合会的会员来自中国（含港台地区）、美国、加拿大、韩国、日本、马来西亚、新加坡、印度尼西亚、泰国、菲律宾等国家和地区，主要为团体会员。

一、文化传播是世界朱氏联合会自觉的文化担当

世界朱氏联合会成立于20世纪的90年代初，其时世界经济的全球化大潮方兴未艾，资本主义正呈现出强劲的发展态势。但当时的联合会领导却已经敏锐地看出了西方政治、经济在整个社会发展中的诸多危机，他们认为，以朱子学为代表的东方文化可以在医治全球化之病与现代化之痛中发挥独特和有效的作用。

世界朱氏联合会成立之初，即在章程中明文规定，其"宗旨"为：

（一）居住在各国的朱氏宗亲，组成世界朱氏联合会的扩大组织，策划宗亲之间的亲睦活动；

（二）为贡献国际亲善及世界和平，继承发扬朱文公的思想精华以及中国、韩国、日本等东方优秀传统文化；

（三）支持修复朱子遗迹。

为达到如此目的，推进如下事业：

（一）调查世界各地朱氏居住情况，推进宗亲之间的亲睦活动；

（二）发行会报；

（三）支持朱子遗迹的修复；

（四）支持研究和弘扬朱子思想。

创会会长朱昌均明确指出：宗亲的联谊与朱子学术文化的弘扬，是世界朱氏联合会的两翼与两轮，缺一不可。为此，在章程规定的组织机构中特别设立了朱子学分科委员会，设委员长一人、副委员长若干人。从朱昌均会长开始，历任会长都对推动朱子学和朱子思想在全球的发展与传播高度重视，并不断采取各种措施，举办各种活动，推动以朱子学为代表的中国传统文化在各国的传播。

第二任会长朱祥南是马来西亚的木业巨商，早在1996年，他就策动成立了马来西亚的第一个朱子学研究学术团体——美里紫阳学会。在他和马来西亚朱氏联合会会长朱珖铭的推动与资助下，2001年，马来西亚朱熹学术研究会在吉隆坡成立。这是世界上第一个国家级的朱子学术研究机构，其时中国国内都还没有这样的组织。

2008年，在第三任会长朱茂男的推动与资助下，台湾朱子学研究协会成立。

世界朱氏联合会的文化担当具有自己独特的鲜明色彩。根据联合会的章程，每三年举行一次世界会员大会，轮流在世界各地举办，迄今已先后在中国大陆、韩国、中国台湾、菲律宾等国家和地区举行。每到一地，世界朱氏联合会就把朱子学和中国的传统文化带到那里，讲学、展览、高端论坛及文艺表演，丰富多彩，影响广泛，深受当地民众的欢迎。2010年，适逢朱子诞辰880年，朱茂男会长发动了一场声势浩大的朱子文化薪火相传的多元文化活动。这次活动历时一年，从中国大陆启动，经韩国、日本、马来西亚最后在台北收官。这场以"朱子与东亚儒学"为主题的学术文化活动，透过不同地域、学者、学子及朱氏宗亲之间的互动，创造跨文化、跨地区、跨国界、跨学科、多语言的交流平台，见证了朱子文化对于东亚文明的影响力和现实的生命力。2011年10月，欣逢辛亥革命百年，以朱子为代表的中华传统文化，在全球化时代的趋势下，被赋予新的人文精神与价值。世界朱氏联合会联合台湾朱子学研究协会、台湾大学人文社会高等研究院、台湾朱氏宗亲文教基金会，在台北举行了为期两天的"世界朱氏联合会第八届会员代表大会暨两岸四地朱子学论坛"，会议丰富多元，包括朱氏儒商论坛、朱氏宗亲论坛、两岸四地朱子学论坛、《朱子家训》演唱等。

二、推动朱子学的学术研究

朱子学的学术研究，是世界朱氏联合会坚持不懈与着力推动的重点事业。世界朱氏联合会推动朱子学的研究主要从四个方面入手：

（一）作为朱子学研究的推动者，世界朱氏联合会主要扮演后援的角色，当好组织者、联络者与资助者。

（二）举办固定与不固定的、各种学术层次的学术研讨会。

固定的学术研讨会有：（1）每年一次的两岸四地朱子学学术研讨会，在福建、安徽、江西与台湾轮流举行，至今已举办了六年之久；（2）每三年一次的高端与普及相结合的学术报告会，一般在世界会员大会召开时举行，曾经出席演讲的有陈来、黄俊杰、杨儒宾、李明辉、杜维明、朱汉民、朱杰人等。

不固定的学术研讨则视情况而定，如朱子的诞生日、有关朱子学术活动的重大纪念日等。如2000年在马来西亚举行的"朱子学国际学术研讨会"、2003年在吉隆坡举行的"儒为商用朱子格言"讲座会和"孔子和朱熹——儒学的过去与未来"座谈会、2010年"朱子文化与东南亚社会"研讨会、2011年10月在台北举行的"全球化时代视野中的朱子学及其新意义"学术研讨会、2012年5月在美国亚利桑那州立大学举行的"朱子经学及其在东亚的流传与发展"国际学术研讨会等等，几乎每年都有，十分活跃。

（三）资助与组织出版朱子学的各类著作、刊物。如《朱子全书》、《朱子文化》杂志、《朱子格言精义》马来西亚版、《朱子研究论文选集》、《朱熹传》等等。

（四）与世界各地的朱子学学者的广泛联络与合作。世界朱氏联合会已经建立了与世界各地著名的朱子学学者联络与沟通的机制与管道。通过与各地学者的密切联络，世界朱氏联合会能够非常适时地了解和把握世界各地朱子学研究的现状和动态，并尽可能地为他们的研究提供协助。

三、建立在民间与草根基础上的文化演绎

世界朱氏联合会在长期从事于朱子学术文化的传播中认识到，朱子学术与中国传统文化的弘扬与传播应该有两个层次的面向：基于学术研究的形而上的面向和建立在民间与草根基础上的大众的面向。如果说推动朱子学的学术研究是第一个面向的话，那么"礼"的实践、"家训"的推广、艺术表演及各种展示与竞赛则是第二个面向。

（一）朱子家礼的复活

2009年，朱杰人以自己儿子的婚礼为契机，设计并实施了一场"朱子家礼·婚礼"的中国传统婚礼仪式，拉开了世界朱氏联合会活化和推

行《朱子家礼》的社会实践活动。婚礼取得了极大的成功，受到广大群众的欢迎，也引起国际学术界的重视。著名的美国汉学家田浩教授连续著文研究了这场婚礼，将之视为中国大陆儒学复兴的重要标志。此后，世界朱氏联合会又把"冠、笄礼"、"祭礼"复活演绎，同样受到很好的社会关注与欢迎。由于世界朱氏联合会卓有成效的组织与传播，朱子婚礼已在东南亚地区、台湾地区得到推广。2013年孔子诞辰日，世界朱氏联合会又与上海秋霞圃书院合作，在上海嘉定孔庙举行了一场朱子婚礼，并摄成高清视频向全球发行。

（二）朱子家训的推广

《朱子家训》是朱子为教育子女、规范家庭伦理而写作的一篇短文，全长仅317字。此文原载于朱氏族谱中，是一份家族的内部文献。进入新时代以后，联合会的领导认为，这是一份非常重要而且具有当代意义的文献，应该与世人共享，于是将之公之于世，并进行了一系列的全球推广与传播活动。

2010年7月1日，在马来西亚孝恩集团的支持与资助下，世界上第一块中英文对照的《朱子家训》大理石碑刻在吉隆坡落成。马来西亚首相署部长丹斯里许子根博士出席了揭幕典礼，并发表讲话。他认为，"虽然《朱子家训》是古代圣贤的智慧，不过每一句话都可灵活使用在现今社会，非常有意义和放诸四海皆准"。世界朱氏联合会副会长、上海华东师范大学教授朱杰人在揭幕仪式上致辞，指出《朱子家训》具有普世意义，是东方人奉献给人类和世界的具有东方特色的普世价值。

此后，世界朱氏联合会组织将《朱子家训》翻译成英、法、德、俄、西班牙、韩、日、马来等十种语言，又延请中国的音乐家为《朱子家训》谱曲。谱成歌曲的《朱子家训》在民间迅速流传，并在各种艺术表演场合被传唱。2014年12月，一本题为《朱子家训》的出版物也由华东师范大学出版社出版，此书收录了《朱子家训》全文、今译、今注、导读十种语言的翻译及附录。

（三）新竹朱子学堂

2013年新春，台湾举行了为时半个月之久的飚灯会系列活动。"2013台湾飚灯会系列活动——新竹朱子学堂系列讲座暨书院文化论坛"，是台湾飚灯会的卫星活动。"新竹朱子学堂"代表了新竹的人文特色，更成为推广当地人文、传承朱子文化之重要交流平台。"新竹朱子学堂系列讲座"以"儒家与庶民生活"为主题，扩展了朱子文化的社会普及，提高了民众的人文素养与社会关怀。从《朱子家训》、《朱子家礼》、书院文化与社会教育、客家文化、武夷文化、闽南文化等多个角度，以茶文化、书法文化等多种形式开展朱子文化的推广与普及，可视为朱子文化的一大创新发展！

（四）艺术表演

世界朱氏联合会注意用艺术形式传播与演绎朱子学说与传统文化。

2013年12月16日，在中国福建省南平市南平大剧院演出了一场名为"朱子之歌"的综艺晚会。这场晚会以朱子的诗词、格言等为主要素材，采用歌曲、舞蹈、说唱、朗诵、器乐演奏等艺术形式将文本的朱子予以艺术的演绎，为观众奉献了一台精彩纷呈、赏心悦目的艺术盛宴。当孩子们用稚嫩的嗓音吟诵《朱子家训》时，人们感受到了传统的力量；当少女以曼妙的肢体语言诠释朱子的《春日》诗之意境时，人们感受到了青春的气息和生命的律动；当《九曲棹歌》在南词如歌般飘逸、如诗般优雅的旋律中展开时，人们仿佛又一次坐在了九曲溪的竹排上，享受着眼前的美景，追寻着逝去的韶华……这是一台非常成功的演出，是将传统带回到现实生活的成功演绎。这台晚会，是在广场群众演出的基础上提炼加工而成，演员以业余为主，有老年大学的学员，有中小学和职业学校的学生，有干部、职员，甚至有森林武警的战士。当然，南平地区南词艺术团的演员们为这台演出增添了光彩。演出既保留了群众文化活动的草根气、泥土气，又兼具了专业艺术表演的职业水准，可谓下里巴人与阳春白雪的完美结合。

2014年10月，在世界朱氏联合会名誉会长朱茂男的强力推动下，这一台节目被原汁原味地搬到了台北和新竹县的舞台上。10月24日，在台北中山堂举行的台湾光复节音乐会上，台湾的艺术家与大陆南平地区的艺术家们合作出演了一场名为"朱子之歌·道东之传"的音乐会，用朱子的诗词和具有闽台风格的音乐为观众奉献了一台独具朱子文化特色的艺术盛宴。26日，在新竹县文化局演艺厅上演了由南平市的专业与业余演员们与新竹县教师们合作演出的"朱子之歌·两岸同声"歌舞表演，这是把南平的"朱子之歌"原封不动地搬上了台湾的舞台。全场座无虚席，成群结队的中小学生来到了会场，受到了一场生动形象的中国传统文化的教育。

世界朱氏联合会的朱子文化的民间演绎，形式多样、生动活泼。如今在南平地区，大妈们的广场舞也多有朱子诗词歌曲的伴唱、伴舞；以朱子诗词、格言为主题的书法展，在吉隆坡、槟城、台北、武夷山等地也都有过展出。

由世界朱氏联合会副会长朱述贤组织策划的"中国朱子文化藏书票专题展"，2013年起每年举办一次。展会的作品集中了中国当今藏书票艺术家的著名作品，可说是代表了中国藏书票创作的最高水平，这种以一个古代文化名人为主题的票展开创了藏书票展览和藏书票创作的一片崭新的天地，其引领与示范效应非常突出。

2010年7月，在吉隆坡，马来西亚朱氏联合会组织了一场中小学生《朱子家训》默写大赛。在八家华文独立中学校长的支持下，五百多名在籍学生同场竞技，最后评选出一、二、三等奖，颁发了奖金与奖状。赛前，由来自中国大陆、中国台湾与马来西亚的学者向学生们介绍了朱子的生平与学说，同时还举办了朱子生平事迹及墨宝展。这是一次极具创意的文化活动，受到了学校、学生和家长们的热烈欢迎，马来西亚的舆论界与学界也给予了广泛的好评。

世界朱氏联合会建立在民间和草根基础上的文化演绎，真正使朱子的学术思想与中国的传统文化落了地，在广大的社群与民众中生了根，它的影响必将随着时间的推移而彰显出它的光芒。

四、着眼于培养国际朱子学后备人才的学术与教育活动

世界朱氏联合会十分注重对朱子学后备人才的培养，认为这是使朱子学研究与中国传统文化可持续发展的根本所在。为达此目的，世界朱氏联合会采取了一些具体的措施，如每次学术研讨都有意识地邀请一些年轻学者参与，帮助青年学者发表或出版他们的研究论文和专著，定期向他们赠阅《朱子文化》杂志及朱子学研究著作等。但是最重要的则是两项活动，一是世界朱氏联合会国际青年学者朱子学研究优秀成果奖，二是朱子之路研习营。

（一）世界朱氏联合会国际青年学者朱子学研究优秀成果奖

这一奖项设立于2006年，奖金为5000美元，每三年颁发一次，一般在世界朱氏联合会三年一届的世界会员大会召开期间举行。设立此奖的宗旨是"为弘扬中华文化，促进全球范围内朱子学研究的更大发展"。奖励对象为世界各国各地区年龄在45周岁以下的朱子学学者或有朱子学研究成果的其他学者，以及在法定评选期限内公开发表的研究朱子学的论文、专著。

为此，世界朱氏联合会专门设立了以时任会长朱祥南和陈来教授为主任，朱杰人教授为副主任兼秘书长的评审委员会。参与评审采用推荐制，评审委员会委员为推荐人，评审采用通信表决法。获奖者必须前往出席世界朱氏联合会代表大会接受奖励，并有义务在大会上作一次学术演讲，世界朱氏联合会负责提供来回机票及食宿费用。2008年第一次颁奖，获奖者为中国学者田智忠；2011年第二次颁奖，获奖者为日本学者藤井伦明；2014年将第三次颁发，提名与评奖工作业已完成。

（二）朱子之路研习营

2008年，时任世界朱氏联合会会长的朱茂男与"台湾清华大学"教授杨儒宾共同策划以教育为目的而推动朱子思想文化的活动——朱子之路研习营。

这是一个从形式到内容都具有创新色彩的学术、教育活动，活动的对象为两岸为主兼容世界各地的、以朱子学为研究方向的硕士、博士研究生。所谓"朱子之路"，即从朱子的出生地出发，沿着朱子一生在闽北（主要是武夷山地区）成长、求学、讲学、终老的足迹，参访、听课、研讨、学习。拜谒朱子的遗迹，听取当地朱子后裔们介绍朱子的逸闻逸事。期间，两岸的朱子学专家、教授以专题讲座的形式对学生们授课，同学们之间则有论文的发表与交流。

2008年8月，第一次朱子之路研习营成功举行。2009年5月，在广东台山举行的世界朱氏联合会运营委员会上，副会长朱杰人指出，这是一个创举，是一件非常好、非常重要的事情，借此可以培养和储备年轻的朱子学研究精英，并提出把"朱子之路"固定下来并扩展成为具有国际特色的学术文化品牌，每年举办一次。朱茂男会长当即决定，把这一活动列为世界朱氏联合会的重大项目予以实施，并表态他个人愿意提供资金资助。此后，每一次的研习营他都亲自参加。2013年他在《朱子之路的缘起与展望》一文中动情地写道："朱子之路研习营，从朱熹出生地尤溪开始走入历史隧道，经南平、政和、建阳、武夷山、江西的鹅湖书院和福州，去亲身体验朱熹七十年寒暑的人生行止，沿途展开多场专题讲座，两岸的学者及学生面对面研习探讨。课程紧密，路途长远，一周的'魔鬼训练'连身强力壮的年轻学子都觉得疲累，但心中的兴奋又胜过一切……本人在'朱子之路'的始业式和结业式的致辞中表达了我的感恩、谦卑与传承的志业思维，及对未来的期许和方向。相信在我们手中，我们拥有今天；在我们梦中，我们拥有明天；在朱子学的信念里，我们拥有永远！"

"朱子之路"自2008年开始，至今已连续走了七年，受训学生将近三百名，除了中国大陆与台湾的学生外，还有来自日本和欧洲的学生，影响遍及海外。杨儒宾教授在第三届朱子文化节开幕式上的讲话中指出："13世纪后，由于朱子成了道统中的人物，而且可说是三代以下，唯一可以上挤到孔门圣殿的鸿儒，他一生的足迹也就变成了圣迹。遍布中国东南地区的大小城镇，我们都可以发现纪念他'过化'之地的石碑、祠堂、书院。同样的，他一生走过的路也就赋予了文化的意义，路成了道。对后世学子而言，朱子之路变成了一条重要的精神修炼之路。走在朱子之路上，行行复行行，学者不是在赶里程，不是在看风光，而是透过遗迹的奇妙转化作用，学子可以参与到朱子的精神世界。如果说所有的朝圣之旅都是种内在的冥契体证的外在化，那么，朱子之路的意义正是要透过亲身实感，在朱子之路上体悟朱子之道，朱子之路要由空间转移的作用转至精神提升的契合途径。"他的话深刻地揭示了朱子之路的意义与价值。

五、出版物与期刊

在朱子学与中国传统文化的国际传播中，世界朱氏联合会还注意对有关出版物的编修出版，如《朱子全书》的编修出版就得到联合会的资助，此外朱子学研究的专著也是被关注与资助的对象。

另外，世界朱氏联合会还与南平地区宣传部门合作编辑出版一本面向海外发行的刊物——《朱子文化》。《朱子文化》为双月刊，以普及、通俗地介绍和研究朱子思想、学术为主，同时大量报道世界朱氏联合会及各国朱氏宗亲们所开展的各种宗亲联谊与文化活动。

结语

　　世界朱氏联合会成立至今已经走过21年的路程。21年，它走出了一条与一般宗亲组织完全不同的路径，使自己在华人文化圈内独树一帜而蜚声海内外。当然，世界朱氏联合会的独特首先受惠于它有一位声名显赫的先祖——朱熹，是朱子的思想光辉照亮了这一族群的心灵与他们正在前行的道路。但是，我们也不能不看到，这一族群的领导者们自觉的文化意识和充满自信的文化认同，使他们能够在多元的文化中脱颖而出，也使他们能在各种困苦、磨难中坚守而不动摇。

　　中国社会正经历着有史以来最宽松和最有利的传统文化复兴期，过去的21年，世界朱氏联合会在充满艰辛、压抑和不被理解的大环境中蹚出了一条坦途，他们是一群中国文化复兴和国际传播的先行者和开拓者，他们的经验一定会对中华文化全面复兴的大趋势、大潮流提供帮助和借鉴，从这一视角看，世界朱氏联合会无疑是值得骄傲和敬重的。

2014年10月4日于海上桑榆非晚斋
（朱杰人，世界朱氏联合会副会长、秘书长，华东师范大学教授）

中国传统文化研究年度进展目录

编者按：亚洲研究书目数据库（Bibliography of Asian Studies，BAS）由美国亚洲研究协会（Association for Asian Studies）主办，其前身是为1941年创办的《远东季刊》（Far Eastern Quarterly）而编纂的书目索引。1956年，《远东季刊》改名为《亚洲研究杂志》（Journal of Asian Studies），开始独立出版《亚洲研究书目》。从1991年起，该书目被建设成一个电子数据库。

目前，亚洲研究书目数据库包括近850 000条数据，涉及的语言不但有英语，还有荷兰语、法语、德语、意大利语、葡萄牙语、俄语、西班牙语和其他西方语言，主题是跟亚洲相关的研究，不但包括对东亚、东南亚和南亚文明的研究，还包括对在美洲、欧洲和其他地区的亚洲群体的研究。

数据库涉及的学科领域包括人文科学、社会科学、建筑学，以及医学、公共健康、地质学、环境科学等与人文关系密切的自然科学。具体有人类学、社会学、艺术、传记、通讯、媒体、经济、教育、地理学、历史学、语言学、图书馆与信息学、文学、哲学、宗教、政治、管理、心理学、自然科学等。

数据库中的资料包括专著、文集、书籍章节、期刊论文、会议论文等。在目前的年度数据中，期刊论文超过半数，绝大多数以亚洲为研究对象的英文期刊和大量其他欧洲语言的期刊都被收入数据库，发表在"非区域研究类"（non-area）期刊中的有关亚洲研究的文章，也被收录其中。

亚洲研究书目数据库是目前世界上有关中国研究的信息搜集最全的数据库之一，系统记载了每一年度主要西方国家有关中国主题的研究成果，对于我们了解西方汉学/中国学的发展历程与最新进展，都具有重要的价值和意义。令人遗憾的是，该数据库目前在国内还较少为人所用，仅有为数不多的几个大学图书馆购买了该数据库。基于对亚洲研究书目数据库的整理，本刊将连续刊出数据库所记录的以儒学为核心的中国传统文化研究的年度研究目录，以求为国内学界的研究提供便利。本期刊登的，是2010年至2013年中国传统文化研究的英语论文目录。

亚洲研究书目（BAS）数据库儒学相关英语论文目录（2013年）

于浩

1. Alimov, I, Good reviews: three early collections of Buddhist stories [回望：三个早期的佛教故事集], *Manuscripta Orientalia: International Journal for Oriental Manuscript Research* 19, no.1 (Jun 2013) pp. 3–13.

2. Becker, Carl; Hsiao, Li-Ling, The meaning of impermanence in Wang Wei's poetry ['Farewell to Spring' (Songchun ci) and 'An Autumn Night, Sitting Alone' (Qiuye duzuo)] [王维诗歌中"无常"的寓意(《送春词》和《秋夜独坐》)], *Southeast Review of Asian Studies* 35, (2013) pp.161–169.

3. Beningson, Susan L., Dunhuang:Buddhist art at the gate of the Silk Road [China Institute exhibition] [敦煌：丝绸之路咽喉的佛教艺术（中国研究院展览）], *Orientations* 44, no.4 (May 2013) pp.77–83.

4. Boileau, Gilles, The sage unbound:ritual metaphors in the Daode jing [自由圣人——《道德经》里的礼仪象征], *Dao jiao yan jiu xue bao = Daoism: Religion, History and Society*, no.5 (2013) pp.1–55.

5. Botz-Bornstein, Thorsten, The heated French debate on comparative philosophy continues:philosophy versus philology [since 1990, two eminent

French-speaking Sinologists, François Jullien and Jean François Billeter, have been engaged in a debate on the principles of comparative philosophy and Sinology] [法国就比较哲学展开持续激烈的争论：哲学与文献学（自1990年起，两位著名的法国汉学家，弗朗索瓦·于连和毕来德，已就比较哲学和汉学的原则展开争论）], *Philosophy East and West* 64, no.1 (Jan 2014) pp.218-228.

6. Brindley, Erica F., The cosmos as creative mind:spontaneous arising, generating, and creating in the Heng Xian [作为创意思维的宇宙：在《恒先》中的自然出现、产生和创造], *Dao:A Journal of Comparative Philosophy* 12, no.2 (2013) pp.189-206.

7. Brindley, Erica F.; Goldin, Paul R., Guest editors' introduction [special issue:Heng Xian and early Chinese philosophy] [特邀编辑的简介（专刊:《恒先》和中国早期哲学）], *Dao:A Journal of Comparative Philosophy* 12, no.2（2013）pp. 141-144.

8. Brindley, Erica F.; Goldin, Paul R.; Klein, Esther S., A philosophical translation of the Heng Xian [《恒先》的哲学翻译], *Dao:A Journal of Comparative Philosophy* 12, no.2 (2013) pp.145-151.

9. Camus, Rina Marie, The wise man and the sage:metaphysics as wisdom in Aristotle and the neo-Confucian school of principle [智者与圣人：亚里士多德与新儒学主义有关作为智慧的形而上学对比], *Frontiers of Philosophy in China* 8, no.1 (Mar 2013) pp.120-139.

10. Cao, Feng, A review of the issues related to 'names' in Lao Zi's first stanza:brought on by the discovery of the Peking University Han bamboo slip Laozi [《老子》首章与"名"相关问题的重新审视——以北大汉简《老子》的问世为契机], *Contemporary Chinese Thought* 44, no.4 (Sum 2013) pp.72-91.

11. Cao, Feng, Huang-Lao thought and folk techniques and calculations:using

clues from excavated texts [黄老思想与民间术数——以出土文献为线索], *Contemporary Chinese Thought* 44, no.4 (Sum 2013) pp.46–71.

12. Cao, Feng, Value and limitations:significance and value of excavated texts for intellectual history [价值与局限：思想史视野下的出土文献研究], *Contemporary Chinese Thought* 44, no.4 (Sum 2013) pp.10–45.

13. Chan, Christine, 'Assimilationism' versus 'integrationalism' revisited:the Free School of the Khong Kauw Hwee Semarang [重温"同化主义"与"整合主义"：三教会的自由流派], *Sojourn: Journal of Social Issues in Southeast Asia* 28, no.2 (Jul 2013) pp.329–350.

14. Chen, Frederick Shih-Chung, Who are the Eight Kings in the Samādhi-Sūtra of Liberation Through Purification? Otherworld bureaucrats in India and China [Chinese Buddhist scripture entitled Jingdu sanmei jing] [三摩地王经（中国佛经又名《月灯三昧经》）中国和印度的来世官僚中的通过净化解放的中八王], *Asia Major 3rd series*, 26, pt.1 (2013) pp.55–78.

15. Chen, Lai, The basic character of the virtue theory of Mencuis' philosophy and its significance in classical Confucianism [孟子哲学中德性论的基本特征及其在传统儒家中的意义], *Frontiers of Philosophy in China* 8, no.1 (Mar 2013) pp.4–21.

16. Chen, Xunwu, Law, humanity, and reason: the Chinese debate, the Habermasian approach, and Kantian outcome [法、仁和理：中国式的辩论、哈贝马斯式的方法和康德式的结果], *Asian Philosophy* 23, no.1 (Feb 2013) pp.100–114.

17. Chen, Xunwu, The ethics of self:another version of Confucian ethics [自我伦理：儒家伦理的另一个版本], *Asian Philosophy* 24, no.1 (Feb 2014) pp.67–81.

18. Chung, So-Yi, Dasan's moral epistemology [analyzes Dasan's argument on the goodness of human nature in his commentaries on the Book of

Mencius（Mengzi）]［茶山的道德认识论（分析茶山在《孟子》评述中有关人性善的观点）］, *Korea Journal* 53, no.2 (Sum 2013) pp.105-123.

19. Cook, Constance A., The ambiguity of text, birth, and nature [examines the language of the Heng Xian and suggests that the text purposely plays with Ru-style rhetoric, particularly that associated with the 'Heart Method' for self-cultivation]［文本、起源和性质的模糊性（考察《恒先》的语言，并表明文本故意呈现儒家风格的修辞，尤其是与修身"心法"相关的内容）］, *Dao:A Journal of Comparative Philosophy* 12, no.2 (2013) pp.161-178.

20. Ding, Weixiang, The realistic actualization of the Moist passion for salvation and its historical destination［墨家救世理想的现实实现及其历史目标］, *Frontiers of Philosophy in China* 8, no.2 (Jun 2013) pp.309-331.

21. Dy, Aristotle C., Planting good roots and creating affinities: engaged Buddhism in the Chinese-Filipino context［打好根基提高亲和力：将佛经植入中菲关系中］, *Journal of Chinese Overseas* 10, no.1 (2014) pp.33-60.

22. Froese, Katrin, Humour as the playful sidekick to language in the Zhuangzi［《庄子》中的诙谐语言］, *Asian Philosophy* 23, no.2 (May 2013) pp.137-152.

23. Ge, Zhuang; Fletcher, Carissa, tr., A survey of modern Buddhist culture in Shanghai [during the Republican period]［近代上海佛教文化研究（民国时期）］, *Chinese Studies in History* 46, no.3 (Spr 2013) pp.79-94.

24. Gomouline, Andrei, Permanence, something, being:the cosmogenic argument of the Heng Xian［永恒、事物与是：《恒先》中关于宇宙本源的讨论］, *Dao:A Journal of Comparative Philosophy* 12, no.2 (2013) pp.179-188.

25. Gongkatsang, Tsering; Willis, Michael, Tibetan, Burmese and Chinese inscriptions from Bodhgayā in the British Museum [inscriptions preserved as facsimiles in the British Museum that were found at the site of the Buddha's

enlightenment in eastern India] [英国博物馆收藏的在菩提伽耶发现的藏语、缅甸语及汉语碑文（这些碑文在佛祖释迦牟尼悟道之处被发现，英国博物馆收藏了复印本）], *Journal of the Royal Asiatic Society 3rd series*, 23, pt.3 (Jul 2013) pp.429–439.

26. Guang, Xing, Buddhist impact on Chinese culture [discusses the impact on philosophy and moral teaching, religions and popular beliefs, language and literature, art and architecture] [佛教对中国文化的影响（讨论对哲学和道德教育、宗教和民间信仰、语言和文学、艺术和建筑的影响）], *Asian Philosophy* 23, no.4 (Nov 2013) pp.305–322.

27. Guo, Qiyong, On Confucian political philosophy and its theory of justice [uses Western political philosophy as a frame of reference for evaluating the Confucian conception of justice as well as Confucian ideas of distribution, fairness of opportunity, caring kindness for 'the least advantaged', and institutional construction] [论儒家政治哲学和正义论（将西方政治哲学作为评价儒家正义观以及儒家分配思想、机会均等、对"弱者"的仁爱和体制建设的参照框架）], *Frontiers of Philosophy in China* 8, no.1 (Mar 2013) pp.53–75.

28. Halperin, Mark, Case studies in efficacy:a reading of the Shenxian ganyu zhuan [Traditions of Responsive Encounters with Divine Transcendents, an early tenth-century collection of tales] [仙药药力的案例研究：阅读《神仙赣榆传》(《神仙赣榆传》，一部10世纪早期的神话集）], *Journal of Chinese Religions* 41, no.1 (May 2013) pp.1–24.

29. Han, Christina, Between poetry and philosophy:the neo-Confucian hermeneutics of Zhu Xi's nine bends poem ['The Boat Song of Wuyi's Nine Bends'（1185 A.D.）] [诗和哲学之间：对朱熹《九曲棹歌》的新儒学阐释（《武夷的九曲舟歌》，公元1185年）], *Asian Philosophy* 23, no.1 (Feb 2013) pp.62–85.

30. Harris, Eirik Lang, Constraining the ruler:on escaping Han Fei's criticism of Confucian virtue politics [约束统治者：摆脱韩非对儒家德政的批评], *Asian Philosophy* 23, no.1 (Feb 2013) pp.43-61.

31. Harris, Eirik Lang, The role of virtue in Xunzi's political philosophy [荀子政治哲学中美德的作用], *Dao:A Journal of Comparative Philosophy* 12, no.1 (Mar 2013) pp.93-110.

32. He, Jianming; Fletcher, Carissa, tr., An outline of modern Chinese Buddhism's 'response' to Eastern and Western philosophy [discusses attempts by modern Chinese Buddhists to engage in dialogues with materialism, idealism, Marxism and other philosophical schools] [近代中国佛教对东西方哲学的回应概观（讨论近代中国佛教致力于与物质主义、理想主义、马克思主义和其他哲学流派的对话）], *Chinese Studies in History* 46, no.3 (Spr 2013) pp.44-58.

33. Ho, Chien-hsing, Ontic indeterminacy and paradoxical language:a philosophical analysis of Sengzhao's linguistic thought [a leading Sanlun philosopher of Chinese Buddhism] [本体的不确定性和矛盾的语言：僧肇语言思维的哲学性分析（中国佛教中重要的三论宗哲学家）], *Dao: A Journal of Comparative Philosophy* 12, no.4 (Dec 2013) pp.505-522.

34. Huang, Zheng, An overview of yüan-wen from Tun-huang [敦煌愿文概述], *Acta Asiatica*, no.105 (Aug 2013) pp.1-17.

35. Hung, Kam, et al., Exploring Buddhist travelers' expectations toward Buddhist-themed hotels [探寻佛教徒旅客对佛教主题酒店的期望], *Journal of China Tourism Research* 9, no.2 (2013) pp.191-206.

36. Hwang, Kyung-Sig, Moral luck, self-cultivation, and responsibility: the Confucian conception of free will and determinism [道德运气、修身和责任：儒家的自由意志和决定论], *Philosophy East and West* 63, no.1 (Jan 2013) pp.4-16.

37. Ishii, Kōsei, Ganmon in Buddhist studies:comments on papers presented at the symposium "A Comparison of 'Written Prayers' (Yüan-wen / Ganmon) in China and Japan" [prayer text, or written dedicatory prayer] [佛教愿文研究："中日'祈祷文'（愿文）比较"研讨会论文综述（祈祷文或书面献纳文）], *Acta Asiatica*, no.105 (Aug 2013) pp.101-109.

38. Israel, Jonathan, The battle over Confucius and classical Chinese philosophy in European early enlightenment thought (1670-1730) [on the profound split in the way European scholars and commentators attempted to understand and describe classical Chinese thought] [欧洲早期启蒙思想关于孔子和中国古典哲学的争论（1670—1730年）（欧洲学者和评论家试图了解以及描述中国古典思想的深刻分裂）], *Frontiers of Philosophy in China* 8, no.2 (Jun 2013) pp.183-198.

39. Jones, Charles B., The wheelwright and the butcher: Master Zhuang's recipe for mindful living [teaching resources essay] [车匠和屠夫：庄子用心生活的方法（教学资源库论文）], *Education About Asia* 18, no.1 (Spr 2013) pp.62-64.

40. Jülch, Thomas, Wang Anshi's 'Treatise on great men' [analysis and translation] [王安石的《人才论》（分析与翻译）], *Acta Orientalia* 66, no.2 (Jun 2013) pp.97-204.

41. Jung, Hwa Yol, Wang Yangming and the way of world philosophy [王阳明与世界哲学方法], *Dao: A Journal of Comparative Philosophy* 12, no.4 (Dec 2013) pp.461-486.

42. Kawa Sherab Sangpo, Analysis of Tibetan language prints produced during the Yuan period (hor spar ma) [元代时期的藏语印刷文字的分析], *Inner Asia* 15, no.2 (2013) pp.201-224.

43. Kenderdine, Sarah, Preservation and interpretation: digital representations of the Mogao Caves at Dunhuanga [保存与演绎：敦煌莫高窟

的数字化呈现], *Orientations* 44, no.4 (May 2013) pp.84–89.

44. Kim, Moonkyong, Introduction: towards comparative research on 'written prayers' (yüan-wen / ganmon) in China and Japan [简介：对中国和日本"祈祷文"（愿文）的比较研究], *Acta Asiatica*, no.105 (Aug 2013) pp.iii–xiv.

45. Kim, Myeong-seok, Choice, freedom, and responsibility in ancient Chinese Confucianism [中国古代儒家思想中的选择、自由和责任], *Philosophy East and West* 63, no.1 (Jan 2013) pp.17–38.

46. Knightly, Nickolas, The paradox of wuwei? Yes (and no) [considers P.J. Ivanhoe's critical challenge to Slingerland's analysis of wuwei (effortless action)] [无为的悖论？是（和不是）（参考P.J.艾文贺对Slingerland无为分析的批判）], *Asian Philosophy* 23, no.2 (May 2013) pp.115–136.

47. Komine, Kazuaki, The ganmon as an example of the 'ritual arts and literature': the view from East Asia [prayer text, or written dedicatory prayer] [从东亚的角度看"愿文"（ganmon）作为"仪式艺术与文学"（祈祷文或书面献纳文）], *Acta Asiatica*, no.105 (Aug 2013) pp.35–55.

48. Lee, Mabel, Zhang Taiyan:Daoist individualism and political reality [in early Republican China] [章太炎：道家个人主义和政治现实（民国初期）], *Frontiers of Literary Studies in China* 7, no.3 (Sep 2013) pp.346–366.

49. Li, Silong; Fletcher, Carissa, tr., The practice of Buddhist education in modern China [现代中国佛教教育的践行], *Chinese Studies in History* 46, no.3 (Spr 2013) pp.59–78.

50. Liu, Chun, The natural imagery in the Zhuangzi:a preliminary study [includes comparisons with important classical Chinese and Greek texts] [《庄子》中的自然意象：初步研究（包括与中国和希腊重要古籍的对比）], *Frontiers of Literary Studies in China* 7, no.1 (Mar 2013) pp.65–86.

51. Liu, Chunhua; Fletcher, Carissa, tr., Buddhism and the modern intellectual elite [discusses the efforts by key Chinese intellectuals to update the

teachings of Buddhism by turning it into scholarship, merging Confucianism as well as modern Western philosophy] [佛教与现代知识精英（探讨中国重要知识精英通过把佛教教义转变为学术、融入儒家和现代西方哲学，从而对其修正的努力）], *Chinese Studies in History* 46, no.3 (Spr 2013) pp.28-43.

52. Liu, Qingping, Emotionales versus rationales:a comparison between Confucius' and Socrates' ethics [情绪与理智：对比儒家伦理学与苏格拉底伦理学], *Asian Philosophy* 23, no.1 (Feb 2013) pp.86-99.

53. Ma, Min, Special issue:tradition:things that could be interpreted': The Confucian merchant tradition in the late Qing and the early Republic and its contemporary significance [特刊：传统：可理解之事：清末民初儒商传统及其当代意义], *Social Sciences in China* 34, no.2 (May 2013) pp.165-183.

54. Makeham, John, Research and reflections on Zhang Taiyan [对章太炎的研究和反思], *Frontiers of Literary Studies in China* 7, no.3 (Sep 2013) pp.339-345.

55. Mancilla, Alejandra, The bridge of benevolence: Hutcheson and Mencius [仁性之桥：哈钦森和孟子], *Dao: A Journal of Comparative Philosophy* 12, no.1 (Mar 2013) pp.57-72.

56. Marchal, Kai, Moral emotions, awareness, and spiritual freedom in the thought of Zhu Xi (1130-1200) [朱熹（1130—1200）思想中的道德情感、意识及精神自由], *Asian Philosophy* 23, no.3 (Aug 2013) pp.199-220.

57. Marchal, Kai, The virtues, moral inwardness, and the challenge of modernity [book symposium:Stephen C. Angle's Sagehood: the Contemporary Significance of Neo-Confucian Philosophy (New York: Oxford University Press, 2009)] [美德、道德心性及现代性的挑战（著作研讨会：安靖如《圣境：宋明理学的现代意义》，纽约：牛津大学出版社，2009年）], *Dao:A Journal of Comparative Philosophy* 12, no.3 (Sep 2013) pp.369-380.

58. Monkhouse, Lien Le;Barnes, Bradley R.; Thi Song Hanh Pham,

Measuring Confucian values among East Asian consumers:a four country study [in Tokyo, Hanoi, Beijing and Singapore] [评测东亚消费者的儒家价值观：四国研究（在东京、河内、北京和新加坡）], *Asia Pacific Business Review* 19, no.3 (Jul 2013) pp.320–336.

59. Nuyen, A.T., The 'mandate of heaven': Mencius and the Divine Command Theory of political legitimacy ["天命"：孟子和神旨论的政治合法性], *Philosophy East and West* 63, no.2 (Apr 2013) pp.113–126.

60. Olberding, Amy, Confucius' complaints and the Analects' account of the good life [孔子之抱怨与《论语》对美好生活的描述], *Dao:A Journal of Comparative Philosophy* 12, no.4 (Dec 2013) pp.417–440.

61. Park, Sohyeon, Thinking with Chinese cases:crime, law, and Confucian justice in Korean case literature [examines how Korean legal specialists reestablished a way of judicial thinking through Chinese legal cases, and illustrated how a genealogy of specialist knowledge was constructed in the East Asian tradition in which legal norms were rooted in Confucian ethics] [联系中国对韩国犯罪、法律和儒家正义在韩国文学中的情况进行思考（考察韩国法律专家通过中国法律案件重建司法思维，并说明一个有专业知识体系的家谱在法律体系根植于儒家伦理的东亚传统中是如何构建的）], *Korea Journal* 53, no.3 (Fall 2013) pp.5–28.

62. Peng, Chengyi, Traditional Confucian Constitutionalism:current explorations and prospects [identifies and analyzes three main approaches to the issue of Confucian Constitutionalism in contemporary academia: the institutional approach, the ritualistic approach, and the religious approach] [传统的儒家宪政：目前的探索与展望（辨别分析三个主要探求当代学术界儒家宪政问题的途径：机构途径、仪式途径和宗教途径）], *Frontiers of Philosophy in China* 8, no.1 (Mar 2013) pp.76–98.

63. Qu, Hongmei, A comparative study on Confucius' and Chrysippus'

cosmopolitan theories [儒学和克里西帕斯国际化理论的比较研究], *Frontiers of Philosophy in China* 8, no.3 (Sep 2013) pp.397–409.

64. Ramsey, John, The role dilemma in early Confucianism [早期儒家思想的角色困境], *Frontiers of Philosophy in China* 8, no.3 (Sep 2013) pp.376–387.

65. Roberts, Moss, Balancing power:the ascent of the vassal (chen) [traces and discusses the meaning of the term chen and other terms referring to ministers in ancient Chinese texts] [平衡力：诸侯（臣）的崛起（追溯并讨论"臣"等术语在中国古代典籍中的"大臣"之意）], *Chinese Studies in History* 46, no.4 (Sum 2013) pp. 6–26.

66. Schlütter, Morten, 'Who is reciting the name of the Buddha?' as gongan in Chinese Chan Buddhism ["谁在呼唤佛的名字？"中国禅宗"公案"], *Frontiers of History in China* 8, no.3 (Sep 2013) pp.366–388.

67. Schneider, Henrique, Han Fei, de, welfare [explores the relation of order and welfare for Han Fei's philosophy] [韩非子、德与福祉（探索韩非子哲学中秩序与福祉的关系）], *Asian Philosophy* 23, no.3 (Aug 2013) pp.260–274.

68. Slote, Michael, On virtue ethics [includes coverage of Chinese philosophy] [论德性伦理学（兼论中国哲学）], *Frontiers of Philosophy in China* 8, no.1 (Mar 2013) pp.22–30.

69. Stalnaker, Aaron, Confucianism, democracy, and the virtue of deference [儒学、民主与尊重的美德], *Dao:A Journal of Comparative Philosophy* 12, no.4 (Dec 2013) pp.441–459.

70. Szczepanski, Beth, Ghost festival rituals: redeeming hungry ghosts, preserving musical heritage [中元节仪式：救赎饿鬼，保护音乐遗产], *Chime Journal*, nos.18–19 (2013) pp.37–66.

71. Tavor, Ori, Xunzi's theory of ritual revisited: reading ritual as corporal

technology [重新审视荀子礼仪的理论：礼贤下士], *Dao:A Journal of Comparative Philosophy* 12, no.3 (Sep 2013) pp.313-330.

72. Tiwald, Justin, Does Zhu Xi distinguish prudence from morality？[book symposium: Stephen C. Angle's Sagehood:the Contemporary Significance of Neo-Confucian Philosophy (New York: Oxford University Press, 2009)] [朱熹是否能区分道德和审慎（著作研讨会：安靖如《圣境：宋明理学的现代意义》，纽约：牛津大学出版社，2009年）], *Dao:A Journal of Comparative Philosophy* 12, no.3 (Sep 2013) pp.359-368.

73. Travagnin, Stefania, Yinshun's recovery of Shizhu piposha lun:a madhyamaka-based Pure Land practice in twentieth-century Taiwan[印顺法师对《十住毗婆沙论》的复原：基于20世纪台湾中观派的净土教行], *Contemporary Buddhism:An International Journal* 14, no.2 (Nov 2013) pp.320-343.

74. Tu, Weiming, Confucian humanism in perspective [客观看待儒家人文主义], *Frontiers of Literary Studies in China* 7, no.3 (Sep 2013) pp. 333-338.

75. Tucker, John A., Skepticism and the neo-Confucian canon: Itō Jinsai's philosophical critique of the Great Learning [怀疑主义和新儒学标准：伊藤仁斋对《大学》的哲学批判], *Dao:A Journal of Comparative Philosophy* 12, no.1 (Mar 2013) pp.11-39.

76. Walmsley, Gerard, Is there a place for traditional values and virtues in society today? [includes China] [当今社会还有容纳传统价值和道德的余地吗？（包括中国在内）], *Frontiers of Philosophy in China* 8, no.1 (Mar 2013) pp.31-52.

77. Wan, Junren, Special issue:tradition:things that could be interpreted:Ethical tradition and modernity:the problem of ethical culture in the context of modern China [特刊：传统：可理解之事：道德传统与现代性：

当代中国语境下的伦理文化问题], *Social Sciences in China* 34, no.2 (May 2013) pp.184–198.

78. Wang, Kai, Xunzi:a paradigm of rationalistic virtue ethics in early Confucianism [荀子：早期儒学中的一个理性主义美德伦理学范式], *Frontiers of Philosophy in China* 8, no.3 (Sep 2013) pp.388–396.

79. Wang, Q. Edward, Buddhism in modern China:editor's introduction [现代中国的佛教：编者的介绍], *Chinese Studies in History* 46, no.3 (Spr 2013) pp.3–6.

80. Weber, Ralph, Why talk about Chinese metaphysics? [为什么要谈中国的形而上学？], *Frontiers of Philosophy in China* 8, no.1 (Mar 2013) pp.99–119.

81. Wen, Haiming;Chen, Deming, 'Confucian cultural fallacy' in the 20th century Chinese enlightenment movement [20世纪中国的启蒙运动中的"儒家文化谬误"], *Frontiers of Philosophy in China* 8, no.2 (Jun 2013) pp.199–214.

82. Wilhite, Matthew, Do not say that you have forgotten king and father: Yunqi Zhuhong's Chan realism [examines the late Ming dynasty Chan Master Yunqi Zhuhong's commentary on the Brahma Net Sutra (Fanwangjing)] [不要说你已经忘记了国王和父亲：云栖袾宏的禅实在论（考察晚明禅师云栖袾宏对《梵网经》的评论）], *Frontiers of History in China* 8, no.3 (Sep 2013) pp.389–405.

83. Williams, Nicholas Morrow, The taste of the ocean: Jiaoran's theory of poetry [places the views on poetry of the monk-poet Jiaoran (720-ca.795) within the context of contemporary religious developments and in relation to the literary heritage of the Six Dynasties] [海水的味道：皎然的诗歌理论（在当代宗教发展的语境下，与六朝文学遗产相连，对僧侣诗人皎然[720—约795年]诗作的见解）], *T'ang Studies*, no.31 (2013) pp.1–27.

84. Wong, Pak-hang, Confucian social media:an oxymoron? [儒家社交媒介：是一个矛盾？], *Dao:A Journal of Comparative Philosophy* 12, no.3 (Sep 2013) pp. 283-296.

85. Xu, Yue; Fletcher, Carissa, tr., From rejection of Buddhism to advocacy of Buddhism:a discussion of Zhang Jian in the late Qing and early Republican periods [从排斥佛教到倡导佛教：对清末民初时期张謇的讨论], *Chinese Studies in History* 46, no.3 (Spr 2013) pp.7-27.

86. Yamin, Mohammed, Hiuen-Tsang in Orissa: a retrospect [on Xuanzang (602-664), a Chinese Buddhist monk and traveler, and his accounts of Orissa] [玄奘在奥里萨邦：追溯（玄奘，602—664年，一位中国佛教僧侣以及旅行家，以及他对奥丽萨邦的描述）], *Quarterly Review of Historical Studies* 53, nos.1-2 (Apr-Sep 2013) pp.74-78.

87. Young, Stuart H., For a compassionate killing:Chinese Buddhism, sericulture, and the silkworm god Aśvaghosa [一个富有同情心的杀戮：中国佛教、蚕桑和蚕神马鸣菩萨], *Journal of Chinese Religions* 41, no.1 (May 2013) pp.25-58.

88. Yu, Xue, Re-creation of rituals in Humanistic Buddhism:a case study of Fo Guang Shan [《人间佛教》中对礼仪的重塑：以佛光山为例的研究], *Asian Philosophy* 23, no.4 (Nov 2013) pp.350-364.

89. Zhang, Yahui, The relation between politics and religion at a Tibetan Buddhist temple from a historical anthropology perspective [reviews the reconstruction of Puning Temple in Chengde City, Hebei Province, including repair of the buildings, recovery and management of the temple's property, and re-establishment of the sangha] [从历史人类学角度看西藏佛教寺院里政治与宗教关系（回顾河北省承德市普宁寺的重建，包括建筑的维修、寺院财物的修复和管理，以及僧伽的重新确立）], *China:An International Journal* 11, no.2 (Aug 2013) pp.76-90.

90. Zhang, Ying, The politics and practice of moral rectitude in the late Ming: the case of Huang Daozhou (1585-1646) [晚明政治与端正品行的实践：以黄道周为例（1585—1646年）], *Late Imperial China* 34, no.2 (Dec 2013) pp.52-82.

91. Zhang, Zhenjun, From demonic to karmic retribution: changing concepts of bao in early medieval China as seen in the You ming lu [从邪恶行为到因果报应：从《幽冥录》看中世纪早期中国对"报"概念的转变], *Acta Orientalia* 66, no.3 (Sep 2013) pp.267-287.

亚洲研究书目（BAS）数据库儒学相关英语论文目录（2012年）

郭玉红

1. Akina, William Keli'I, Roger T. Ames's Confucian Role Ethics: a model of treating the text on its own terms [安乐哲《儒家角色伦理学》：以儒家本意解读儒家文本的典范], *Frontiers of Philosophy in China* 7, no.4 (2012) pp.600–603.

2. Ames, Roger T., Author's reflections and responses [to discussions and comments on Ames' Confucian Role Ethics] [作者反思与回应（针对安乐哲《儒家角色伦理学》讨论与评价的反思）], *Frontiers of Philosophy in China* 7, no.4 (2012) pp.640–661.

3. Angle, Stephen C., A response to Thorian Harris [on Stephen C. Angle's Sagehood: the Contemporary Significance of Neo-Confucian Philosophy] [回应托尔派·哈里斯之《论安靖如〈圣境：宋明理学的现代意义〉》], *Philosophy East and West* 62, no.3 (Jul 2012) pp.397–400.

4. Allinson, Robert E., Snakes and dragons, rat's liver and fly's leg: the butterfly dream revisited [龙与蛇，鼠肝与虫臂：庄周梦蝶新解], *Dao: A Journal of Comparative Philosophy* 11, no.4 (Dec 2012) pp.513–520.

5. Bell, Daniel A, A comment on Confucian Role Ethics [简评《儒家角色伦理学》], *Frontiers of Philosophy in China* 7, no.4 (2012) pp.604–609.

6. Bronkhorst, Johannes, Buddhism and sacrifice [佛教与祭祀], *Asiatische Studien* 66, no.1 (2012) pp.7–17.

7. Broy, Nikolas, Martial monks in medieval Chinese Buddhism [中古佛教之武僧], *Journal of Chinese Religions*, no.40 (2012) pp. 45–89.

8. Bruneton, Yannick, The figure of Baozhi (418–524) :a model for the Buddhist historiography of the Koryŏ dynasty? [宝志形象的刻画：高丽王朝佛教编史典范？], *Journal of Korean Religions* 3, no.2 (Oct 2012) pp.117–151.

9. Chai, Winberg; Chai, May-lee, The meaning of Xi Jinping's Chinese dream [习近平中国梦的内涵], *American Journal of Chinese Studies* 20, no.2 (Oct 2013) pp.95–97.

10. Chaturvedi, Amit, Mencius and Dewey on moral perception, deliberation, and imagination [孟子与杜威之道德认知、思考和想象观], *Dao: A Journal of Comparative Philosophy* 11, no.2 (Jun 2012) pp.163–185.

11. Chen, Ming; Peng, Chengyi, tr., On Confucianism as a civil religion and its significance for contemporary China [论儒家思想作为国民宗教信仰及其对当代中国的意义], *Contemporary Chinese Thought* 44, no.2 (Win 2012–2013) pp.76–83.

12. Chen, Xunwu, Cultivating oneself after the images of sages:another version of ethical personalism [效法圣人修身养性：伦理人格主义的另一版本], *Asian Philosophy* 22, no.1 (Feb 2012) pp.51–62.

13. Curzer, Howard J., An Aristotelian doctrine of the mean in the Mencius? [《孟子》中是否存在亚里士多德式的中庸之道？], *Dao: A Journal of Comparative Philosophy* 11, no.1 (Mar 2012) pp.53–62.

14. Castro, Leonardo D. de, The principlism-Confucianism debate continues [原则主义与儒家思想辩论之再续], *Asian Bioethics Review* 4,

no.1 (Mar 2012) pp.1-3.

15. Chang, Ae Soon; Hwan, Kye, A note on the concept of śūnyatā in Huayan teaching [试阐释华严经之"空性"], *International Journal of Buddhist Thought & Culture* 19 (Sep 2012) pp.23-38.

16. Chang, Ae Soon; Hwan, Kye, Contemplation of mutual identity theory in Chinese Buddhism [关于汉传佛教彼此认同理论的思考], *International Journal of Buddhist Thought & Culture* 18 (Feb 2012) pp.25-46.

17. Chen, Huaiyu, Newly identified Khotanese fragments in the British Library and their Chinese parallels [于大英图书馆最新发现的和阗语碎片及其对应的中文], *Journal of the Royal Asiatic Society 3rd series*, 22, pt.2 (Apr 2012) pp.265-279.

18. Chen, Jidong; Baskind, James, tr., The other as reflected in Sino-Japanese Buddhism: through the prism of modernity [中日佛教中的他者：现代性的视角], *Eastern Buddhist* 43, nos.1-2 (2012) pp.57-79.

19. Chen, Jinhua, Yixing (673-727) and Jiugong ('Nine Palaces'): a case of Chinese redefinition of Indian ideas [一行与九宫：中国重新定义印度观念的典例], *China Report* 48, nos.1-2 (Feb-May 2012) pp.115-124.

20. Choo, Jessey J.C., That 'fatty lump':discourses on the fetus, fetal development, and filial piety in China before the eleventh century CE [关于"胚胎"：公元11世纪前中国关于胚胎、胎儿发育和孝道的著述], *Nan Nü: Men, Women and Gender in China* 14, no.2 (2012) pp.177-221.

21. Davies, Oliver, Religion, politics and ethics: towards a global theory of social transformation [宗教、政治和伦理学：走近社会转型全球理论], *Frontiers of Philosophy in China* 7, no.4 (2012) pp.572-597.

22. Daniels, Christian, Script without Buddhism:Burmese influence on the Tay (Shan) script of MangMaaw as seen in a Chinese scroll painting of 1407 [抛开佛教教义看脚本：缅甸语对MangMaaw泰（掸族）书写的影响，见1407

年的中国卷轴画], *International Journal of Asian Studies* 9, pt.2 (Jul 2012) pp.147–176.

23. Deeg, Max, From scholarly object to religious text--the story of the Lotus-sūtrain the West [从学术对象到宗教文本——《莲华经》故事在西方的传播], *Journal of Oriental Studies* 22 (Aug 2012) pp.133–153.

24. Deeg, Max, 'Show me the land where the Buddha dwelled...'Xuanzang's 'Record of the Western Regions' (Xiyuji): a misunderstood text? ["指引佛陀所在之地" 玄奘之《大唐西域记》: 一个被误解的文本？], *China Report* 48, nos.1–2 (Feb–May 2012) pp.89–113.

25. Dy, Aristotle, Chinese Buddhism and ethnic identity in Catholic Philippines [汉传佛教与天主教国家菲律宾的民族认同], *Contemporary Buddhism: An Interdisciplinary Journal* 13, no.2 (Nov 2012) pp. 241–262.

26. Dean, Kenneth, The Daoist difference:alternatives to imperial power and vision of a unified civilisation [argues that Daoist ritual traditions played a key role in the rise of regional cultural pantheons and facilitated the transnational spread of local cults and ritual traditions beyond the Chinese empire] [道学异议：帝国权力和统一文明愿景的另种选择], *Asia Pacific Journal of Anthropology* 13, no.2 (Apr 2012) pp.128–141.

27. Defoort, Carine, Instruction dialogues in the Zhuangzi: an 'anthropological' reading [《庄子》中的教导性对话：人类学视角解读], *Dao:A Journal of Comparative Philosophy* 11, no.4 (Dec 2012) pp.459–478.

28. Elstein, David, Beyond the five relationships: teachers and worthies in early Chinese thought [五常之外：早期中国思想体系中的恩师与贤士], *Philosophy East and West* 62, no.3 (Jul 2012) pp.375–391.

29. Enomoto, Wataru, The current state of research on the history of Japan's contacts with other countries in the first half of the medieval period [ninth to the fourteenth centuries] [中世纪前半期（9世纪到14世纪）日本与其他

国家交流史研究现状], *ActaAsiatica*, no.103 (Aug 2012) pp.95-120.

30. Fan, Ruiping, Confucian reflective equilibrium:why principlism is misleading for Chinese bioethical decision-making [儒家反思平衡：为什么原则主义理论对中国生命伦理学具有误导性？], *Asian Bioethics Review* 4, no.1 (Mar 2012) pp.4-13.

31. Fang, Xudong, Confucian ethics and impartiality:on the Confucian view about brotherhood [儒家伦理学与公平：浅析儒家之兄弟观], *Frontiers of Philosophy in China* 7, no.1 (Mar 2012) pp.1-19.

32. Fung, Yiu-ming, Two senses of 'wei':a new interpretation of Xunz's theory of human nature ["伪"的双重含义：荀子人性论新解], *Dao: A Journal of Comparative Philosophy* 11, no.2 (Jun 2012) pp.187-200.

33. Fisher, Gareth, Religion as repertoire: resourcing the past in a Beijing Buddhist temple [作为保留曲目的宗教：由北京佛寺查阅过去], *Modern China* 38, no.3 (May 2012) pp.346-376.

34. Fried, Daniel, What's in a dao? Ontology and semiotics in Laozi and Zhuangzi ["道"内为何：《老子》与《庄子》本体论和符号学解读], *Dao:A Journal of Comparative Philosophy* 11, no.4 (Dec 2012) pp.419-436.

35. Galvany, Albert, Death and ritual wailing in early China: around the funeral of Lao Dan [浅析早期中国葬礼与礼仪性恸哭：围绕老聃葬礼的描述], *Asia Major 3rd series*, 25, pt.2 (2012) pp.15-42.

36. Gan, Chunsong; Keller, Jeff, tr., Kang Youwei, Chen Huanzhang, and the Confucian society [康有为、陈焕章与儒学研究会]，*Contemporary Chinese Thought* 44, no.2 (Win 2012-2013) pp.16-38.

37. Gan, Chunsong; Zhou, Yiqun [authors]; Keller, Jeff, tr., The religious nature of Confucianism in contemporary China's 'cultural renaissance movement' [当代中国"文化复兴运动"中儒家思想的宗教性], *Contemporary Chinese Thought* 44, no.2 (Win 2012-2013) pp.3-15.

38. Glomb, Vladimir, The man behind:Luo Qinshun and Korean Confucianism [背后之人：罗钦顺与韩国儒学], *Archiv Orientální* 80, no.3 (2012) pp.563-579.

39. Guo, Qiyong; Cui, Tao [authors]; Liu, Junping; Xiong, Ying, trs., The values of Confucian benevolence and the universality of the Confucian way of extending love [儒家仁爱的价值观与博爱的普世性], *Frontiers of Philosophy in China* 7, no.1 (Mar 2012) pp.20-54.

40. Galambos, Imre; Kitsudō, Kōichi, Japanese exploration of Central Asia: the Ōtani expeditions and their British connections [uses material in the archives of the Royal Geographical Society relating to the three expeditions to western China organized and financed by Count ŌtaniKozui (1902-1914) with the aim of exploring Buddhist sites in order to clarify the context of some of the discoveries that were made and to trace the interaction that occurred between Japanese and British scholarly circles] [日本中亚之探索：大谷三次探险及其与英国的联系（利用皇家地理学会关于大谷组织的三次去中国西部寻找佛教圣地的探险档案资料，旨在澄清大谷一行人探险发现的背景，追溯英日学术界的互动）], *Bulletin of the School of Oriental & African Studies* 75, no.1 (2012) pp.113-134.

41. Gao, Shan, Can the West save the East? Intrinsic value and the foundation of Chinese environmental ethics [西方能解救东方？论中国环境伦理学的内在价值与基础], *Frontiers of Philosophy in China* 7, no.1 (Mar 2012) pp.112-127.

42. Han, Pi-Chi, Confucian leadership and the rising Chinese economy implications for developing global leadership [儒家领导力与日益中国经济崛起对形成全球领导力的启示], *Chinese Economy* 46, no.2 (Mar-Apr 2013) pp.107-127.

43. Harris, R.Thorian, Sagehood:the Contemporary Significance of Neo-

Confucian Philosophy. By Stephen C. Angle. Oxford: Oxford University Press, 2009 [comment and discussion] [关于安靖如《圣境：宋明理学的现代意义》（牛津：牛津大学出版社，2009年）的评论与探讨], *Philosophy East and West* 62, no.3 (Jul 2012) pp.392-397.

44. Herr, RanjooSeodu, Confucian family for a feminist future [儒家家庭观之于女权主义未来], *Asian Philosophy* 22, no.4 (Nov 2012) pp.327-346.

45. Heirman, Ann, Sleep well! Sleeping practices in Buddhist disciplinary rules [沉睡！佛教戒律中的睡眠修习], *Acta Orientalia* 65, no.4 (Dec 2012) pp. 427-444.

46. Ho, Chien-hsing, The nonduality of speech and silence:a comparative analysis of Jizang's thought on language and beyond [言说与静默的非二元性：对比分析吉藏对言语和言外之事的思考], *Dao:A Journal of Comparative Philosophy* 11, no.1 (Mar 2012) pp. 1-19.

47. Hall, Joshua M., Hyperion as Daoist masterpiece: Keats and the Daodejing [John Keats, British poet] [道教名著：济慈与《道德经》], *Asian Philosophy* 22, no.3 (Aug 2012) pp. 225-237.

48. Halperin, Mark, Men of the way and their fellow-travelers: Daoists in Song miscellanies [行道人与同道人：宋杂记中的道教], *Journal of Song-Yuan Studies* 42 (2012) pp. 95-149.

49. Han, Xiaoqiang, The happy fish of the disputers [examination of the dialogue in the happy fish episode from the outer chapters of the Zhuangzi] ["鱼之乐"之争 (《庄子·外篇》"鱼之乐"故事考)], *Asian Philosophy* 22, no.3 (Aug 2012) pp. 239-256.

50. Hendrischke, Barbara, Religious ethics in the Taiping jing:the seeking of life [Scripture on Grand Peace] [《太平经》之宗教伦理：生命的寻求], *Daoism: Religion, History and Society*, no.4 (2012) pp. 53-93.

51. Ikeda, Daisaku; Gu, Mingyuan, Humane education, a bridge to peace

[人道教育，通向和睦之桥梁] (4) , *Journal of Oriental Studies* 22, (Aug 2012) pp. 3-38.

52. Ing, Michael David Kaulana, The ancients did not fix their graves: failure in early Confucian ritual [从先人未曾修缮其坟墓看早期儒家礼仪之不足], *Philosophy East and West* 62, no.2 (Apr 2012) pp. 223-245.

53. Idema, Wilt L., English-language studies of precious scrolls:a bibliographical survey [baojuan] [宝卷英语语言研究：文献考], *CHINOPERL Papers*, no.31 (2012) pp. 163-176.

54. Jing, Huaibin;Ma, Suhong, tr., An analysis of the psychological mechanism of Confucius' benevolence [浅析儒家仁爱心理机制]; revised by Sally Borthwick, *Social Sciences in China* 33, no.3 (Aug 2012) pp. 31-45.

55. Johnson, Daniel M., Social morality and social misfits: Confucius, Hegel, and the attack of Zhuangzi and Kierkegaard [Søren Kierkegaard] [社会道德和社会病态：孔子、黑格尔，及来自庄子和克尔凯郭尔的抨击], *Asian Philosophy* 22, no.4 (Nov 2012) pp. 365-374.

56. Ji, Zhe; Gong, Xun; Yang, Chen, trs., Chinese Buddhism as a social force: reality and potential of thirty years of revival [中国佛教作为一支社会力量：30年复兴的现状和潜力], *Chinese Sociological Review* 45, no.2 (Win 2012-2013) pp. 8-26.

57. Jorgensen, John, Goguryeo Buddhism:an imported religion in a multi-ethnic warrior kingdom [高句丽佛教：外来宗教在尚武的多民族国家的发展], *Review of Korean Studies* 15, no.1 (Jun 2012) pp. 59-107.

58. Jülch, Thomas, On whether or not Buddhist monks should bow to the emperor: Yancong's (557-610) 'Futianlun' (Treatise on the Fields of Blessedness) [includes a translation of Futianlun] [论僧侣是否应当向帝王行礼：彦琮《福田论》], *Monumenta Serica* 60 , (2012) pp. 1-43.

59. Johnson, Carl M., Computation and early Chinese thought [占卜与早

期中国思维], *Asian Philosophy* 22, no.2 (May 2012) pp. 143-159.

60. Kang, Xiaoguang; Keller, Jeff, tr., Confucianism and conceiving a cultural renaissance in the new century [儒家思想与新世纪文化复兴构想], *Contemporary Chinese Thought* 44, no.2 (Win 2012-2013) pp. 61-75.

61. Kelly, Robert E, A 'Confucian long peace' in pre-Western East Asia? [西方进入前东亚处于"儒学所谓长期和谐"吗？], *European Journal of International Relations* 18, no.3 (Sep 2012) pp. 407-430.

62. Kim, Myeong-seok, Is there no distinction between reason and emotion in Mengzi? [《孟子》中理性与情感没有差别吗？], *Philosophy East and West* 64, no.1 (Jan 2014) pp. 49-81.

63. Kim, Sungmoon, Virtue politics and political leadership: a Confucian rejoinder to Hanfeizi [德政与政治领导：儒学与《韩非子》之驳], *Asian Philosophy* 22, no.2 (May 2012) pp. 177-197.

64. Kim, Youn-Gyeong, The duality of citing Zhu Xi in the annotations of the Daodejing during the Joseon dynasty [examines the characteristics of fiveChosŏn dynasty annotations of the Daodejing] [朝鲜李王朝时期《道德经》注释引用朱熹的二元性：考察朝鲜李王朝时期《道德经》注释的特点], *Korea Journal* 53, no.3 (Fall 2013) pp. 29-47.

65. Kim, Youngmi, Political unity in neo-Confucianism: the debate between Wang Yangming and Zhan Ruoshui [新儒学中的政治统一：关于王阳明与湛若水的讨论], *Philosophy East and West* 62, no.2 (Apr 2012) pp. 246-263.

66. Kowallis, Jon Eugene von, Editorial note:rethinking China, Confucianism and the world from the late Qing:a special issue on Zhang Taiyanand Lu Xun [编者按：晚清中国、儒学与世界之再考：章太炎与鲁迅特辑], *Frontiers of Literary Studies in China* 7, no.3 (Sep 2013) pp. 325-332.

67. Kubin, Wolfgang, Do not respect anybody but yourself? What Confucian awe could mean today [只尊重自己？儒家的敬畏今天该怎么讲], *Minima sinica:Zeitschriftzumchinesischen Geist* 24, no.2 (2012) pp. 61–73.

68. Kataoka, Tatsuki, Religion as non-religion:the place of Chinese temples in Phuket, southern Thailand [非宗教的宗教：泰国南部普吉岛上的中国寺庙], *Southeast Asian Studies* 1, no.3 (Dec 2012) pp. 461–485.

69. Kim, Moonkeong, A comparison of 'Written Prayers' (Yüan-wen / Ganmon) in China and Japan [symposium report] [中日佛教祈愿文之比较], *Transactions of the International Conference of Eastern Studies*, no.57 (2012) pp. 151–156.

70. Kojima, Takahiro, Tai Buddhist practices in Dehong Prefecture, Yunnan, China [中国云南德宏傣族自治区傣族佛教徒习俗], *Southeast Asian Studies* 1, no.3 (Dec 2012) pp. 395–430.

71. Kornicki, Peter, Steps towards a history of the Tangut book: some recent publications [走进唐古特书籍史：一些近期出版著述], *East Asian Publishing and Society* 2, no.1 (2012) pp. 83–91.

72. Kuwayama, Shōshin, How Xuanzang learned about Nālandā? [玄奘是如何得知那烂陀寺的？], *China Report* 48, nos.1–2 (Feb–May 2012) pp. 61–88.

73. Lai, Karyn L., Knowing to act in the moment:examples from Confucius' Analects [懂得行在当下：孔子《论语》范例], *Asian Philosophy* 22, no.4 (Nov 2012) pp. 347–364.

74. Lee, Chan, Can we call Zhu Xi's notion of xin mind?: The neo-Confucian way of understanding the philosophy of mind [朱熹之谓"心"等同于"心智"吗？：新儒学对心智哲学的认知], *Sungkyun Journal of East Asian Studies* 12, no.2 (Oct 2012) pp. 123–140.

75. Lee, Junghwan, Jiaohua, transcendental unity, and morality in

ordinariness: paradigm shifts in the Song dynasty interpretation of the Zhongyong [outlines the history of the interpretation of the Zhongyong within a broader historical perspective] [教化、先验的统一与平凡道德：宋朝中庸阐释范式的转换（从更广泛的历史角度概括中庸之道的阐释史）], *Journal of Song-Yuan Studies* 42, (2012) pp. 151–233.

76. Li, Honglei, The wisdom of administration in The Analects [《论语》管理之智], *Frontiers of Philosophy in China* 7, no.1 (Mar 2012) pp. 75–89.

77. Li, Luzhou; Witteborn, Saskia, Confucianism in the Chinese media:an analysis of the revolutionary history television drama In Those Passionate Days [儒学之于中国媒体：评析革命历史电视剧《激情燃烧的岁月》], *Chinese Journal of Communication* 5, no.2 (Jun 2012) pp. 160–177.

78. Li, Xiangping;Keller, Jeff, tr., A reexamination of Confucianism as a religion from the standpoint of Chinese sociology of religion [从中国宗教社会学视角重新审视作为国民宗教的儒学], *Contemporary Chinese Thought* 44, no.2 (Win 2012–2013) pp. 84–103.

79. Lim, Tae-seung, Observance of forms:an aesthetic analysis of Analects 6.25 [遵守礼制：《论语·雍也篇25章》的美学分析], *Dao: A Journal of Comparative Philosophy* 11, no.2 (Jun 2012) pp. 147–162.

80. Liu, JeeLoo, Moral reason, moral sentiments and the realization of altruism:a motivational theory of altruism [道德理性、道德情操与利他主义的实现：利他主义动因论], *Asian Philosophy* 22, no.2 (May 2012) pp. 93–119.

81. Loewe, Michael, Confucian values and practices in Han China [汉代中国儒学价值观与实践], *T'oung Pao* 98, nos.1–3 (2012) pp. 1–30.

82. Luo, Shirong, Confucius's virtue politics:ren as leadership virtue [孔子之谓仁政："仁"是一种领导品德], *Asian Philosophy* 22, no.1 (Feb 2012) pp. 15–35.

83. Luo, Shirong, Setting the record straight: Confucius' notion of ren [澄

清：孔子之所谓"仁"], *Dao:A Journal of Comparative Philosophy* 11, no.1 (Mar 2012) pp. 39–52.

84. Legittimo, Elsa, Buddhānusmṛti between worship and meditation: early currents of the ChineseEkottarika–āgama [在礼拜与冥想之间：中国《增一阿含经》的早期动向], *Asiatische Studien* 66, no.2 (2012) pp. 337–402.

85. Levinovitz, Alan, The Zhuangzi and you: defining an idea without contradiction [《庄子》与游：定义不具矛盾性理念], *Dao:A Journal of Comparative Philosophy* 11, no.4 (Dec 2012) pp. 479–496.

86. Liu, Jianmei, Lu Xun's refusal of Zhuangzi [鲁迅驳庄子], *Korea Journal of Chinese Language and Literature 2* (Aug 2012) pp. 149–190.

87. Liu, Yonghua, Daoist priests and imperial sacrifices in late imperial China: the case of the Imperial Music Office (Shenye guan) [封建中国晚期道士与帝王祭祀：神乐观案例分析, 1379—1743], *Late Imperial China* 33, no.1 (Jun 2012) pp. 55–88.

88. Mattice, Sarah, Confucian ethics in the twenty–first century [21世纪儒家伦理学], *Frontiers of Philosophy in China* 7, no.4 (2012) pp. 610–613.

89. McLeod, Alexus, In the world of persons:the personhood debate in the Analects and Zhuangzi [人的世界：《论语》和《庄子》中关于为人处世的辩论], *Dao:A Journal of Comparative Philosophy* 11, no.4 (Dec 2012) pp. 437–457.

90. McLeod, Alexus, Ren as a communal property in the Analects [《论语》中"仁"的社群性], *Philosophy East and West* 62, no.4 (Oct 2012) pp. 505–528.

91. Master Yinguang;Jones, Charles B, tr., Treatise Resolving Doubts about the Pure Land (Jingtujueyilun) by Master Yinguang (1861–1947) [one of the most influential Buddhist monks in modern Chinese history] [印光法师《净土决疑论》疑点解析], *Pacific World:Journal of the Institute of Buddhist*

Studies 3rd series, no.14 (Fall 2012) pp. 27–61.

92. Mishig-Ish, Bataa, The Mongol khaans and Taoism before and during the Yuan period, [元代以前及元代蒙古可汗与道教], *International Journal of Buddhist Thought & Culture* 19, (Sep 2012) pp. 85–105.

93. Ming, Thomas, Sleeping beauty and the dreaming butterfly:what did Zhuangzi doubt about? [睡美人与梦蝴蝶：庄子之惑], *Dao:A Journal of Comparative Philosophy* 11, no.4 (Dec 2012) pp. 497–512.

94. Ōtsuka, Norihiro, The introduction of Southern Sung Buddhism to Japan by Japanese monks who visited China and its repercussions [南宋佛教经由日本来华僧侣进入日本本土及其反响], *Acta Asiatica*, no.103 (Aug 2012) pp. 1–22.

95. Park, Hong-kyu, Zhu Xi's theory of heterodoxy and King Sejong's thinking of zhongyong:focusing on the arguments over thesarigak at Heungcheonsa Temple [朱熹关于非正统的理论与世宗关于中庸的思考], *Korea Journal* 52, no.2 (Sum 2012) pp. 62–91.

96. Patt-Shamir, Galia, Filial piety, vital power, and moral sense of immortality in Zhang Zai'sphilosophy [a leading neo-Confucian moral philosopher and cosmologist of the Song period] [张载哲学中的孝道、生命力与道德意义上的不朽（宋时期新儒学主要的道德哲学家与宇宙学家）], *Dao: A Journal of Comparative Philosophy* 11, no.2 (Jun 2012) pp. 223–239.

97. Pinte, Gudrun, False friends in the Fanfanyu [《翻梵语》之友之不忠], *Acta Orientalia* 65, no.1 (Mar 2012) pp. 99–106.

98. Roth, Harold, The classical Daoist concept of li (pattern) and early Chinese cosmology [传统道学"礼"念及早期中国宇宙论], *Early China* 35–36, (2012–2013) pp. 157–183.

99. Sela, Ori, Confucian scientific identity: Qian Daxin's (1728–1804) ambivalence toward Western learning and its adherents [include three case

studies:debates over the length of the tropical year, notions of cosmology, and the value of pi] [儒学的科学性：钱大昕面对西学及其信徒的矛盾心理（围绕三个研究案例：回归年的时长，宇宙论，圆周率）], *East Asian Science, Technology and Society: An International Journal* 6, no.2 (2012) pp. 147–166.

100. Sim, May, Review of Roger Ames's Confucian Role Ethics [limited to an evaluation of Ames' exposition of the highest Confucian virtue, ren, in the book that he published through the University of Hawaii Press in 2011][论安乐哲《儒家角色伦理学》（简评安乐哲在书中关于儒家最高美德"仁"的阐释）], *Frontiers of Philosophy in China* 7, no.4 (2012) pp. 616–621.

101. Sen, Tansen, The spread of Buddhism to China:a re-examination of the Buddhist interactions between ancient India and China [佛教传入中国：重新审视中国与古印度佛教互动], *China Report* 48, nos.1-2 (Feb-May 2012) pp. 11–27.

102. Song, Yoo-who, 'Breaking blood-pond (poxuehu)' ritual and women in China [破血湖仪式与中国妇女], *Asian Journal of Women's Studies* 18, no.1 (2012) pp. 62–86.

103. Struve, Lynn A., Deqing's dreams:signs in a reinterpretation of his autobiography [the eminent late Ming monk HanshanDeqing (1546–1623)][德清《梦游集》：德清自传新解的几大迹象（晚明杰出僧侣憨山德清）], *Journal of Chinese Religions*, no.40 (2012) pp. 1–44.

104. Suda, Maikiko, The experiences of Japanese monks sent as envoys to Ming China [明代日本僧侣出使中国之经历], *Acta Asiatica*, no.103 (Aug 2012) pp. 53–75.

105. Smits, Gregory, Conduits of power:what the origins of Japan's earthquake catfish reveal about religious geography [能量渠道：看日本地震鲶的起源披露了哪些宗教地理], *Japan Review:Journal of the International Research Center for Japanese Studies = Nichibunken*, no.24 (2012) pp. 41–65.

106. Thorian, R.Harris, A reply to Stephen Angle [on Sagehood: the Contemporary Significance of Neo-Confucian Philosophy. By Stephen C. Angle. Oxford: Oxford University Press, 2009] [致安靖如《圣境：宋明理学的现代意义》（牛津：牛津大学出版社，2009年）], *Philosophy East and West* 62, no.3 (Jul 2012) pp. 400–402.

107. Van Norden, Bryan W., 'Few are able to appreciate the flavours': translating the Daxue and Zhongyong [review article of Daxue and Zhongyong:Bilingual Edition, translated and annotated by Ian Johnston and Wang Ping (Hong Kong:Chinese University Press, 2012)] [鲜少有人品其真味：论《大学》《中庸》的翻译（评析《大学》《中庸》：双语版，伊恩·约翰斯顿译，王平作注，香港：中文大学出版社，2012年）], *Journal of Chinese Studies*, no.56 (Jan 2013) pp. 295–314.

108. Valussi, Elena, Printing and religion in the life of Fu Jinquan: alchemical writer, religious leader, and publisher in Sichuan [active 1800–1842] [印刷与道教之于傅金铨：四川道术作者、道教领导、出版者（活跃于1800—1842年）], *History and Society*, no.4 (2012) pp. 1–51.

109. Wang, Hongxia;Lei, Yongqiang, tr., On the academic differences between Xihe School and Zhusi School [论西河学派和洙泗学派的学术差异性], *Frontiers of Philosophy* in China 7, no.1 (Mar 2012) pp. 55–74.

110. Wang, Huaiyu, Ren and gantong:openness of heart and the root of Confucianism [identifies one of the oldest meanings of ren as gantong:open and affective comportment with spiritual, human, and natural beings in the surrounding world] [仁和感同：开阔胸襟与儒教根源（认为"仁"最古老的意义之一为"感同"：对周遭精神主体、人类及自然主体持开放、感性的态度）], *Philosophy East and West* 62, no.4 (Oct 2012) pp. 463–504.

111. Weber, Ralph, Taking Roger Ames's Confucian Role Ethics on its own terms: a pragmatist critique [就以儒家之意而言的安乐哲《儒学角色伦

理学》的一种实用主义批评], *Frontiers of Philosophy* in China 7, no.4 (2012) pp. 622–626.

112. Weber, Ralph; Wen, Haiming, Author meets critics:discussions on Roger T. Ames's Confucian Role Ethics:A Vocabulary [introduction to a book symposium][作者直面批评：关于《儒学角色伦理学》], *Frontiers of Philosophy in China* 7, no.4 (2012) pp. 598–599.

113. Wen, Haiming, Confucian role ethics in Chinese- and English-language contexts [中英文语境下的《儒家角色伦理学》], *Frontiers of Philosophy in China* 7, no.4 (2012) pp. 627–634.

114. Wen, Haiming; Akina, William Keli'I, Human rights ideology as endemic in Chinese philosophy: classical Confucian and Mohist perspectives [substantiates the fact that historic Chinese philosophy supports a meaningful framework for human rights and refutes the claim thathuman rights is alien to the Chinese way] [人权理念之于中国哲学：传统儒学和墨学视角（证实中国历史哲学为人权理念提供了有意义的框架支撑，驳斥人权理念与中国文化相悖的观点）], *Asian Philosophy* 22, no.4 (Nov 2012) pp. 387–413.

115. Wen, Haiming; Akina, William Keli'i, Confucian morality for human rights [儒家伦理之于人权], *Asian Philosophy* 22, no.1 (Feb 2012) pp. 1–14.

116. Wong, Wai-Ying, Ren, empathy and the agent-relative approach in Confucian ethics [儒家伦理学之"仁"、"感同"及"主体相涉"], *Asian Philosophy* 22, no.2 (May 2012) pp. 133–141.

117. Wang, Youru, Paradoxicality of institution, de-institutionalization and the counter-institutional: a case study in classical Chinese Chan Buddhist thought [体制悖论，去体制化和反体制：传统中国禅宗佛教思想案例研究], *Dao:A Journal of Comparative Philosophy* 11, no.1 (Mar 2012) pp. 21–37.

118. Wang, Richard G., The Ming princely patronage of Daoist temples [明

朝王室资助道观的修建], *Ming Studies*, no.65 (May 2012) pp. 57–92.

119. Williams, Nicholas Morrow, The metaphysical lyric of the Six Dynasties [六朝时期玄学派诗歌创作], *T'oung Pao* 98, nos.1–3 (2012) pp. 65–112.

120. Xing, Guang, Buddhist influence on Chinese religions and popular beliefs [佛教对中国宗教及大众信仰的影响], *International Journal of Buddhist Thought & Culture* 18, (Feb 2012) pp. 135–157.

121. Xue, Yu, Dialectical centrism:Buddhist response to the controversy between anthropocentrism and eco-centrism [辩证中心论：佛学对人类中心说和生态中心说之争的回应], *International Journal for the Study of Humanistic Buddhism*, no.2 (Mar 2012) pp. 1–12.

122. Yan, Mengwei, Tolerance or hospitality? [includes the beliefs in Chinese traditional philosophy, especially Confucianism] [包容抑或友好？（内含中国传统思想，尤其是儒家思想）], *Frontiers of Philosophy in China* 7, no.1 (Mar 2012) pp. 154–163.

123. Yu, Jiyuan, Transmitting and innovating in Confucius: Analects 7:1[对孔子的继承和创新：《论语》述而篇第一章], *Asian Philosophy* 22, no.4 (Nov 2012) pp. 375–386.

124. Yan, Yaozhong; Keller, Jeffrey, tr., Buddhist discipline and the family life of Tang women [佛教戒律及唐代女性的家庭生活], *Chinese Studies in History* 45, no.4 (Sum 2012) pp. 24–42.

125. Zhang, Xianglong, Time in familial reverence-deference:a comment on Roger T. Ames's Confucian Role Ethics [Honolulu: University of Hawaii Press, 2011] [家族至上时期：安乐哲《儒家角色伦理学》评析], *Frontiers of Philosophy in China* 7, no.4 (2012) pp. 635–639.

126. Zhang, Tieshan; Zieme, Peter, A new fragment of an unknown commentary to the Yuanjue Jing [《圆觉经》解注之新发现], *Acta Orientalia*

65, no.4 (Dec 2012) pp. 419–426.

127. Zhang, Yinong, Between nation and religion:the Sino-Tibetan Buddhist network in post-reform China [focuses on the cultural encounter between the Tibetan lamas/monks from China's ethnic borderland and the urban Han Chinese Buddhists/patrons from China's metropolises] [民族与宗教：改革开放后中国汉藏佛教徒分布（着重讲述来自中国边境民族西藏喇嘛、僧侣与中国城市汉族佛教徒之间的文化交互）], *Chinese Sociological Review* 45, no.1 (Fall 2012) pp. 55–69.

《国际儒学研究通讯》创刊征稿启事

为及时反映和沟通世界各国以儒学为核心的中国传统文化研究的基本状况、最新进展和动向，联络和介绍世界各国儒学研究机构、研究者的情况及活动，更好地为儒学在世界的研究与传播提供服务，国际儒学联合会与北京外国语大学联合创办了《国际儒学研究通讯》（以下简称《通讯》）。《通讯》由北外中国海外汉学研究中心承办，以辑刊的形式出版，每年四期，涉及的领域包括儒学及与儒学相关的历史、哲学、文学等。

《通讯》目前设置的栏目有：

一、学术研究

以儒学为核心的中国传统文化研究的学术性论文或综述，包括对于整体研究状况和趋势的评论，对于最新理论和研究方法的讨论，对于重大问题及热点、难点问题的分析。

二、以儒学为核心的中国传统文化经典翻译

以儒家典籍为主体的中国传统文化经典翻译的介绍和述评。

三、以儒学为核心的中国传统文化研究学者及研究机构、儒学教育情况介绍对各国以儒学为核心的中国传统文化研究者、研究机构的成就及特点进行推介,对各国儒学教育进行报道。

四、学术动态

对世界范围内召开的儒学相关学术会议进行介绍;对各国学者主持的儒学研究项目进行追踪;对与儒学相关的最新研究成果进行评述;对知名学者、儒联成员、儒联各国分支机构重要活动进行报道。

五、儒学研究年度进展目录

按国家和地区编辑年度儒学研究著作、论文目录索引。

本刊反对一稿多投,来稿一律不退,请作者自留底稿,两个月内未接到采用通知,稿件请自行处理。来稿请附作者简介、工作单位、通讯地址及联系方式。本刊对来稿有删改权。如不愿删改,请于来稿中注明。本刊不收取版面费,来稿一经采用,即致酬。

来稿请寄:北京外国语大学海外汉学研究中心《国际儒学研究通讯》编辑部收

邮编:100089

电话:010-88818289

投稿邮箱:gjrxyjtx@163.com

《国际儒学研究通讯》撰稿体例

本刊鼓励撰稿人撰写中文稿件。中文研究性论文稿件的撰文体例如下：

一、论文或报告结构

论文基本内容应包括：题名、作者、摘要（中、英文）、关键词（中、英文）、正文、注释。

标题一般不超过3行。题注用星号（*）表示。

作者按署名顺序排列，姓前名后。作者非中国籍时，其中文名（或译名）后用括号附上其外文名（非西文的外文名要罗马化），名和姓的首字母大写。

中、英文摘要一般均不超过200字，应能概述全文内容（研究目的、过程、方法、结论）；不能含有参考文献；如用缩略语，应用括号加以说明。

中、英文关键词以3—8个为宜。英文关键词除专有名词大写外，全部小写；英文关键词之间用";"分隔。

正文后附作（译）者单位，放在括号内。

插图、表格等均需按其在正文中被引用的先后顺序，用阿拉伯数字统一编号。

二、正文体例

1. 正文中的各级标题采用三级标题，第一级用"一、"、"二、"的格式；第二级用"（一）"、"（二）"的格式；第三级用"1"、"2"的格式。第一级标题用宋体小四号字，加粗；第二级标题用宋体五号字，加粗；第三级标题用宋体五号字。

2. 正文使用五号宋体字，单倍行距。

3. 首次出现的非中国籍人名、非中文书名需在括号内标明原文，非中国籍人有通用的中文名者应以其中文名称谓。如：美国汉学家费正清的英文名是 John King Fairbank；美国传教士丁韪良的英文名是 W.A.P. Martin。非英文人名的翻译，应采用其固定的英文拼写方式，如日本作家大桥健三郎英文名为 Ohhashi Kenzaburou；俄罗斯汉学家比丘林英文名为 Iakinf Bichurin。非中文书名，如黄仁宇的《万历十五年》，英文版书名是 *1587, A Year of No Significance*。对于英文原著的作者，包括华裔作者，要使用原署名，不必加拼音。如黄仁宇的英文署名是 Ray Huang。

4. 非英语国家的地名，在提供原文名称的同时，应尽量查找相关的工具书进行翻译。

5. 英文之外的外文文献，用该文献通行的拼写方式。如日文《东洋史研究》的表示法是 *Tōyōshi kenkyū*。非英文文献的出版机构，也要查找其拉丁化的拼写名称。如日本东洋文库的拼写规范是 Toyobunko。

6. 正文中的引文，若独立成段，请用五号楷体字，并且左侧缩进2字符。

7. 正文中如有英、法、拉丁文等外文词句，保留外文词、句段，并在其后加括号附上中文译文。外文句段较长的，正文中使用中文译文，页下脚注附上外文原文。

三、注释体例

1. 请用页下脚注[1]、[2]、[3]……编号方式采取每页重新编号。

2. 所涉参考书第一次出现时注明作者、出版地、出版社、出版时间和页码。

3. 引用中国古典文献材料一般只需注明书名和篇名。注释方法如下：《论语·学而》。

4. 引用现代汉语著作及文章或现代翻译的著作及文章，注释方法如下：

王瑶：《中古文学史论》，北京：北京大学出版社，1985年，第87页；

[美]格里德著，鲁奇译：《胡适与中国的文艺复兴》，南京：江苏人民出版社，1996年，第67页；

[德]海德格尔：《走向语言之途》，载《文化与艺术论坛》，香港：艺术潮流杂志社，1992年，第166页。

5. 同一著作及文章的第二次出注，请省略出版社、出版年代、版本，只标注作者、书名或文章名以及页码，如：王瑶：《中古文学史论》，第88页。

6. 引用外文著作与文章应保留原文书名、作者等内容。

如[美]爱德华·W. 赛义德《东方学》应注：Edward W. Said, *Orientalism*. Random House，1979，p.2。

[美]温迪·马丁：《安娜·布莱特斯惴特》（Wendy Martin, "Anne Bradstreet"），载艾默利·艾利特《文学传记词典·第24卷·北美殖民地作家1606—1734》（Emory Elliott, *Dictionary of Literary Biography*, Volume 24, *American Colonial Writers, 1606-1734*. Gale Research Company，1984，pp.29-30）。

注意：英语原文书名请用斜体，如 *Orientalism*；文章名请用双引号，如 "Anne Bradstreet"。引文跨两页以上者用双"p"，如 pp.29-30。

7. 所有的汉译著作和汉译文章第一次出现，其后需跟原文书名或文章名，如《东方学》(*Orientalism*)，又如《想象的地理学及其表述：东方的东方化》("Imaginative Geography and Its Representations: Orientalizing the Oriental")。所有拼音语言国家与地区之作者名第一次出现,其后需跟原名,如爱德华·W. 赛义德(Edward W. Said)。

四、参考文献

本刊不设"参考文献",请把相关信息融入注解中。

《国际儒学研究通讯》编辑部

2014年9月

Select Abstract

Three Epochs of Chu Hsi Studies in SEA
Tee Boon Chuan

Abstract: Chu Hsi Studies developed into insular Southeast Asia along with Chinese immigrants since the late Ming dynasty or the early 17th century. The Chu Hsi Studies in the last 400 years in Singapore, Malaysia and Indonesia has been evolved from its traditional epoch (1600–1876) as the mainstream system of Neo-Confucianism to an unpleasant tradition to the true Confucian teaching popularized in modern epoch (1877–1954), and only as a part to classical Sinology in contemporary epoch (1955 onwards). However, the three epochs of Chu Hsi Studies in Southeast Asia was evolved solely from his studies of Confucian *Four Books*, and not his whole encyclopedic study of the great tradition.

Keywords: Southeast Asia; Zhu Xi; Chu Hsi; Neo-Confucianism; Confucianism; Sinology

The Jesuit Translation of the Confucian Concept *Ren* in the 17th Century
– With Examples from the Latin Translation of *Zhongyong* in *Confucius Sinarum Philosophus*

Luo Ying

Abstract: This paper focuses on the Jesuit mission in China of the 17th Century and their Latin translations of the Confucian *Four Books*. In virtue of the analytical method "Begriffgeschichte" (the concept history) and with examples from the Latin translation of *Zhongyong* in *Confucius Sinarum Philosophus* (Paris 1687), a masterpiece in the "Transmission of Chinese Learning to the West", this paper uses the Jesuit translation of the Confucian concept Ren 仁 as individual case, in order to identify the orient and western cultural element permeating in the translating progress and the resetting of the Confucian concept's Signifier and Signified by the Jesuit translators. So that it could not only provide a realer representation of the Jesuits' understanding and reception of Chinese cultures, but also depict the Confucianism image among the western readers which was molded by the Jesuits in China according to their own needs.

Keywords: *Zhongyong*; Zhu Xi; Concept Translation; Jesuits; Christianity

Robert Morrison and His Translation of *Daxue*
Zhang Xiping

Abstract: In the 19th century, Robert Morrison went to China and published a book entitled *Horae Sinicae :Translations from the Popular Literature of the Chinese*, in which included his translation of *Sanzijing*,

Daxue and *Xiaojing*. His translation of *Daxue*, which is the first English translation of that book, is very important in the history of Sinology. This translation shows two main characters, firstly, the author attempts to understand Confucian ethics from the perspective of western science; secondly, it is a literal translation of the text.

Keywords: Robert Morrison; *Daxue*; Translation

A Summary and Comment of the Current situation of Translation on *Shi-ji* and *Han-shu* in Korea
Je Hae-sung

Abstract: *Shi-ji* (《史记》) and *Han-shu* (《汉书》) is not only China biographical history books created and successors, but also for the development of China later history and literature have had a profound impact. At the same time, they also had spread to foreign country, also have a lot of influence in the Chinese cultural circle in the country. Among them, *Shi-ji* and *Han-shu* incoming ancient Korean, especially by the ancient Korean intelligentsia personage concern and respected, valued by academic circles for Korea. By the early 1970's, with the development of the national economy, the development of Korea society as a whole has entered a new historical period, not only the country has undergone fundamental changes, the academic culture is also on track, at the same time, care and study of Korean academia to China academic culture has gained high attention. It is on this basis, the contemporary Korean scholars on the *Shi-ji* and *Han-shu* translation and research has made significant progress, in the aspect of propagation, dissemination and popularization make positive contributions. Besides the brief *Shi-ji* and *Han-shu* in Korea spread background and receiving process, were summarized since twentieth Century of the current situation of translation on *Shi-ji* and *Han-shu* in contemporary Korea, and make a review and evaluation of the results of some existing problems.

Keywords: *Shi-ji* ; *Han-shu* ; Contemporary Korea; Spread background; The current situation of translation